Trotsky en los días de México

メキシコ時代のトロツキー

1937—1940

小倉英敬［著］

新泉社

はじめに

メキシコ・シティのコヨアカン地区に、世界でただ一つのトロツキー博物館がある。訪問者はそれほど多くはない。この博物館は、一九三七年一月九日に亡命者としてメキシコに到着したレフ・ダヴィドヴィチ・ブロンシュタイン（レオン・トロツキー）が、一九三九年五月五日から暗殺された一九四〇年八月二〇日までの一年三カ月半を過ごした住居である。博物館となったのは一九九〇年代に入ってからのことで、初代館長には長女ジナイーダ（ジーナ）の息子であり、本書の中で「セーヴァ」という名で登場するフセヴォロド・プラトノヴィチ・ヴォルコフ（メキシコ名はエステバン・ヴォルコフ）がなった。

一九八九年に東西冷戦構造が終焉し、一九九一年一二月にソ連邦が崩壊して以来、社会主義思想そのものが崩壊したかのように論じられて久しくなった。しかし、一九八〇年前後より顕著になった新自由主義的な経済のグローバル化が進展する中で、一九九〇年代末頃から世界各地でこれに反対する運動が活発化した。反グローバル化運動はヨーロッパやラテンアメリカを中心として拡大し、ラテンアメリカにおいてはこのような傾向を有する政権が一九九九年以後続々と誕生している。また、これらの国々は国際政治の面でも、ポスト冷戦期に顕著となった米国による一国覇権主義的なグローバル秩序に対抗するもう一つの国際社会秩序を模索する動きを強めている。

こうした中で、社会主義を今一度再考しようとする動きも活発化してきている。なぜなら、新自由主義を否定するにせよ、その代替的な選択肢ぬきには、方向性が具体化しないためであり、そのような選択肢の模索が始まっている。より具体的に言えば、マルクスやアナーキズム（およびアナルコ・サンジカリズム）の思想が資本主義システムの「自由主義段階」に生まれ、レーニン主義やボリシェヴィキ(*)の思想が「帝国主義段階」に生まれたのであれば、「新自由主義段階」にはどのような変革理論がありうべきなのか、という問題である。

そうであるなら、現在人類が模索すべき新しい社会主義（名称は「社会主義」でなくともいいのだが）はどのようにあるべきか、あるいはどのようにあってはならないかの議論も必要である。そこで私は、一九三七年一月九日に始まり三年七カ月一一日間に及んだトロツキーのメキシコ滞在時代を人間ドラマとして描くことを通じて、ロシア革命（一九一七年）の結果をめぐって対立した二つの潮流のあり方をたどることで、ロシア革命後のプロセスを総括するとともに、そこから人類はどのような教訓を得られるかを探ってみたいと考えた。

その作業に際してもう一つ、思想的な論点や運動上での対立もさることながら、晩年のトロツキーが追い込まれた生活環境を描き出すことによって、一九三〇年代のメキシコという特殊な環境の中で、トロツキーの滞在がどのような影響をもたらしたかを織り交ぜて、社会主義の理論や運動が、当時の用語で「半植民地」と表現された地域（別の用語に言い直せば「途上地域」）において持った意味を考えることも目的とした。

もとより理論的に本格的なトロツキー研究ではなく、既存の資料に基づいた歴史の再構成をめざしたものであることを申し上げておく。その意味では、トロツキズムに関する理論的な研究書を期待しておられる方には不向きな書であるかもしれない。だが、世界的にもまだあまり充分に紹介されていないメキシコで刊行されたスペイン語の資料も多く活用し、同国における初期左翼運動の歴史と一九三〇年代のカルデナス政権期の政治状況を絡ませて、トロツキーのメキシコ滞在の歴史的意味に関する再解釈を試みたという点においては、それなりの意味があるものと考えている。

＊ **ボリシェヴィキ**は「多数派」の意。一九〇三年、「ロシア社会民主労働党」がロンドンで開催された第二回党大会で二つのフラクションに分裂したうちの左派グループ。レーニンに率いられ、暴力革命を掲げた。一九一七年のロシア革命後、一九一八年三月の第七回党大会で名称を「ロシア共産党」に変更した（一九二四年のソ連邦形成の翌二五年、さらに「ソ連邦共産党」へと改称している）。

一方のフラクションである**メンシェヴィキ**は「少数派」の意で、マルトフに率いられた右派グループ。ボリシェヴィキは政敵を罵倒する際、しばしば「メンシェヴィキ」の語を用いた。

＊ 本書の中では、**GPU**や**NKVD**というソ連邦の保安・情報機関を表す言葉が二通り出てくるが、これに関して予め説明しておく。ソ連邦の保安・情報機関は、一九一七年に設立された「反革命・サボタージュ・投機行為取締非常委員会（CHECA、チェカ）」を起源として、その後、内務人民委員部内の国家政治保安部（GPU／NKVD）、合同国家政治保安部（OGPU）、内務人民委員部内の国家保安管理本部（GUGB／NKVD）、国家保安人民委員部（NKGB）、国家保安省（MGB）、内務省（MVD）、国家保安委員会（KGB）に至る。本書の対象期間である一九三〇年代は、一九三四年までがOGPU（一九二三年〜）、同年以後はGUGB／NKVD（〜一九四一年）である。本書の対象時期では一九三四年以後は**NKVD**と表記しているが、当時の人物が書いた文章の中では、ソ連邦の保安・情報機関を一九二〇年代の**GPU**（ゲーペーウー）で表すことが多く、原文のまま**GPU**と表記している。

メキシコ時代のトロツキー●目次

装幀　勝木雄二

◉ 写真提供
柘植書房新社
風媒社
瀬浪恵莉
上山純二

第1章

トロツキー追放

パスポートの写真（1915年）

1　闘争の開始

一九二二年から二四年までのロシアにおける革命後の将来の方向性を決定した最も重要な時期に、トロツキーにはレーニンの自分に対する信頼への過信、自信過剰、情勢判断の誤り、スターリンの能力に対する過小評価があった。これらのすべての要素が絡まって、ソヴェト国家と全ロシア共産党に拡大しつつあった官僚主義に対する批判など、トロツキーの主張は歴史的な評価からすればより正当なものであったにもかかわらず、トロツキーはスターリンに敗北した。

トロツキーがその後なぜ国外追放され、トルコ、フランス、ノルウェーを経て、一九三七年一月にメキシコに亡命することになり、最後には一九四〇年八月二〇日に暗殺されるまでに至ったかを理解するためには、一九二二年から二四年にトロツキーとスターリンとの間でレーニンの「遺訓」を軸として展開された闘争を理解することが最低限必要である。本書の冒頭においてこの闘争の概要を振り返っておきたい。

ことは一九二二年四月のスターリンの党書記長選出と、その直後の五月にレーニンが最初の脳梗塞を起こした頃にさかのぼる。この頃から、党と国家における官僚主義化の問題、党機構の改変問題、外国貿易の国家独占の問題、民族問題が重要課題として浮上し、これらの諸問題を前にレーニンの心配は深まってゆくが、彼の体調は悪化をたどる。同年一〇月初めまでにレーニンの容態は回復し、一時的に職務に復帰したものの、一二月には再び悪化し、翌一九二三年五月には再起不能の状態に陥る。この時期から、一九四〇年八月のトロツキー暗殺まで続く、スターリンとトロツキーを両極とする抗争が開始した。

この間レーニンは、「大会への手紙」をはじめとする一連の論文を主に口述で残した。これらの論文が「レーニンの遺書」＝「遺訓」と呼ばれるものである。

まず、官僚主義の問題に関して、レーニンは職務に復帰した一九二二年一〇月中旬、トロツキーをクレムリンの執務室に呼び、ソヴェト（評議会）機構における官僚主義の増大に対処する必要性について語り、中央委員会に特別委員会を設置することを提案するとともに、この問題に積極的に参加するようトロツキーに求めた。これに対してトロツキーは、「私が確信するところでは、ソヴェト機構の官僚主義とのたたかいではいまや次のことを忘れてはなりません。それは、地方でも中央でも、県や地区や、中央、つまり中央委員会で、党の一定の指導的なグループや人物のまわりに党員非党員を問わず役人や専門家を抜擢するという特殊な制度ができかけているということです。役人に圧力をかけると、その専門家をとりまきの中に加えている指導的党員にぶつかります。今のような状態ではそういう仕事は引き受けられません」と答え、党の組織局も対象にすべきだと主張してレーニンの同意を得た（藤井一行『レーニン「遺書」物語』）。

同年五月にレーニンが脳梗塞で倒れた直後に、スターリンはジノヴィエフとカーメネフと組んで、いわゆる「トロイカ（三人組）」を組織するとともに、書記局をスターリン、モロトフ、クイブイシェフの三名で固め、組織局においてもモロトフとクイブイシェフを通じて影響力を固めつつあった。

翌一九二三年一月から二月にかけて、レーニンは党と国家の機構の改革問題に関して一連の論文を口述したが、三月の『プラウダ』に掲載された「量は少なくても、質のよいものを」と題する論文において、「わが国の国家機構は、悲惨なとまで言わなくても、非常に嘆かわしい状態にある」、「ソヴェト機関だけでなく、党機関の中にも官僚主義がある」と指摘した。レーニンは、この指摘は自分だけのものではなく、そのように考える人々を代表して問うているとし、スターリンが牛耳る労農監督部と党の中央機構の改革案を提起すると述べた（レヴィン『レーニンの最後の闘争』）。

また、レーニンは「われわれは労農監督部をいかに改組すべきか」と題する論文においては、中央統制委員会の改革案として、第一に労働者と農民の中から、第二に七五～一〇〇名の委員を新たに選出することを提起した。さらに中央委員会、とくに政治局に対する中央統制委員会の監督権限を強化することを提起し、「一定の数で政治局のすべての会議に出席する義務を負う中央統制委員会のメンバーは、結束したグループを形づくらなければならず、このグループは自分たちが尋問を行ない、文書を点検し、総じて事態に無条件で通暁し、それがこのうえなくきびしく正確に処理されるように努力することを、だれの権威によっても、〈書記長の権威であれ、中央委員会の他のメンバーのだれかの権威であれ〉妨げられることがないように、〝だれにもはばかることなく〟注視しなければならない」と主張した。

この論文は一九二三年一月に『プラウダ』に掲載されたが、右の〈　〉の部分は削除されていた。しかも、レーニンは論文を即刻掲載することを求めたが、政治局会合ではスターリン、モロトフ、ルイコフ、ブハーリン、カリーニンが改革案に反対し、書記局ではスターリン、モロトフ、クイブイシェフの書記長以下の局員三名全員が反対し、クイブイシェフにいたっては、レーニンをなだめるために特別号を一部だけ印刷し、党には隠しておくことを提案するほどであった。いわゆる「ボツ未遂事件」である

（藤井、前掲書）。

こうしたレーニンの指示を骨抜きにする策謀を企みかねないスターリンの危険性については、レーニンも敏感に感じていた。「遺書」である手紙「党大会に向けて」において、「同志スターリンは、党書記長となってからは無限の権力を彼の手中に集めた。私は、彼がつねにその権力を充分な注意をもって行使できるかどうかについては確信がない」と記し、一月四日には、「遺書」の「追記」として「スターリンはあまりに粗暴である。この欠陥は、われわれだけの中では、またわれわれの中で党員を扱うには充分耐えていけるが、書記長の職務にあっては耐えがたいものになる。それが、私が同志諸君に対して、スターリンをその地位から取り除く方法について考え、彼に代えてあらゆる点で同志スターリンよりも優れた別の人、つまり彼よりも寛容で、忠誠で、鄭重で、同志に対して配慮に厚く、気まぐれでない別の人を任命することを提案する理由である」と書くまでに至る（レヴィン、前掲書）。

ここでレーニンがスターリンに代わりうる人物として想定していたと思われるのが、トロツキーであった。「党大会に向けて」の中でレーニンは、「同志トロツキーは、通信人民委員の問題をめぐる彼の中央委員会に対する闘争がすでに立証したように、傑出した能力によって群を抜いているだけではない。彼は個人としては、おそらく現在の中央委員会の中でもっとも有能な人であろう」と書いている。だが一方で、この文章に続けて、トロツキーの欠点として、「しかし彼は、あまりにも大きい自信を誇示し、仕事の純粋に行政的な側面に過度の関心を示してきた」人間でもあると書いた。

レーニンとトロツキーは、官僚主義化の問題、党機構の改革問題だけでなく、外国貿易独占問題と民族自決問題においても共通した問題意識を有していた。

外国貿易の国家による独占に関しては一九一八年の人民委員会議の布告によって確立されていたが、ネップ（新経済政策、一九二一～二八年）への移行に伴って、党指導部の中に独占の廃止もしくは緩和を主張する声が出てくるようになった。一九二二年一〇月に開催された中央委員会総会（レーニンは病気のために欠席）は、ソコリニコフの報告に基づいて独占を緩和する決定を採決した。レーニンはこの決定に強い危機感を抱き、中央委員会のメンバー宛てに一〇月一三日付で長文の手紙を書き、重大な決定がまともな議論もなしに採決されたことを問題視し、問題の解決を次回総会まで二カ月間延期するように提案した。党幹部の意見は、ブハーリンは内容的に「緩和」を支持し、ジノヴィエフは形式論的に「総会決議の再審議」に反対を表明してレーニンの姿勢に反発、スターリンは内容的には「緩和」は間違ってはいないが、レーニンの延期要求が強いのでこれに同意するとの姿勢を示し、結果的には二カ月後に再審議を行なうことになった。レーニンは、この問題で総会決定を覆すべくトロツキーに協力を求め、トロツキーの同意を得て、一二月一五日付の中央委員会のメンバー宛ての手紙で独占の緩和に反対するとともに、この件では「外国貿易独占にたいする私の見解の擁護についてトロツキーとの合意を得た」と書き添えた。同月一八日に開催された中央委員会総会ではレーニンの意向が尊重され、「外国貿易の独占の維持と組織的強化の絶対的必要性」が確認されたが、のちに一五日付の手紙が『レーニン全集』に収録された際には、トロツキーの同意をとりつけたとする部分と、スターリン、カーメネフ、ジノヴィエフがレーニンの意見に反対していると言及した部分が削除されていた。

この外国貿易独占問題に関連して、スターリンがレーニン夫人のクループスカヤを罵倒する事件が発生する。一二月二一日、レーニンは独占を堅持できたことを祝うトロツキー宛ての手紙をクループスカヤに口述筆記させたが、これを知ったスターリンが、クループスカヤを電話で呼び出して罵倒し、統制委員会にかけると脅したのである。その事実をレーニンが知ったのは翌一九二三年三月であった。スターリンの罵倒がどの程度のものであったかは、テクストとして残されていないが、クループスカヤがカーメネフに宛てた一二月二三日付の手紙には、「私が医者の許可を得てウラジミール・イリイチ［レーニン］の口述によって筆記した手紙のことで、スターリンは昨日私に対し、あえて並外れた乱暴な行為にでました。私は、昨日や今日入党した新米党員ではありません。この三〇年間というものずっと、私は、一度として、同志の誰からも乱暴な言葉を耳にしたことはありませんでした。党やイリイチの問題はスターリン同様、私にとっても大切です。今、私はかつてないほど自分を抑える必要にせまられています。（中略）私はイリイチの親しい友人としてあなたとグリゴーリー［ジノヴィエフ］にお願いしたいのです。どうか私の私生活に対する乱暴な干渉や悪罵や脅しから私を護ってください。スターリンが統制委員会を使って私を脅そうとしているのが確かである以上、この統制委員会の万場一致の決議がどんなものかは明々白々です。私にはこの争いのために消費しなければならない力も時間もありません。そのうえ、私とて生身の人間です。今、私の神経はぎりぎりまで張りつめています」と書くほどのものであった（フルシチョフ『秘密報告「スターリン批判」』）。

レーニンは翌年三月までこの事実を知らなかったのだが、三月五日にスターリンからレーニンに電話が入った際、クループスカヤが電話に出て、レーニンが「誰から」と問うたときに、彼女が「スターリンから。私たち、仲直りしました」と答えてしまったことから、クループスカヤはスターリンとの間で起こったことをレーニンに話さねばならなくなった。レーニンは、ただちに同日付で「あなたは私の妻を電話口に乱暴に呼びつけ、無作法にも彼女をどなりつけた。妻は、あなたが口にした言葉を忘れてもよいと言ったが、ジノヴィエフとカーメネフはこの事件を彼女から聞きだした。私は自分に対してなされたことをそれほど簡単に忘れるつもりはない。妻に対する振る舞いはすべて私個人に対するものだ、と私が考えているということをとくにここで強調しておく必要はないだろう。そこで、あなたは自分の言葉を撤回して謝罪するほうを選ぶか、それともわれわれのあいだの関係を断つほうを選ぶか、よく考えてもらいたい」と口述した手紙を秘書のヴォロヂーチェヴァに筆記させてスターリンに送りつけた（フルシチョフ、前掲書）。

これに対してスターリンは、レーニン宛てに短い手紙を書いた。だが、レーニンの症状が悪化したために、カーメネフに相談した上で、その手紙がレーニンに渡されたのかどうか詳《つまび》らかではない。しかし、詫び状を書かされたとの屈辱感がスターリンに強く残ったらしいとの、クループスカヤの秘書ドリーゾの証言が残されている。

次に民族自決問題である。この時期の民族自決問題とは、ロシア連邦ソヴェト共和国と隣接する地域に成立した一連のソヴェト共和国との連邦国家形成に発して、民族自決をどのように尊重するかに関わる問題であった。一九二二年八月、全ロシア共産党中央委員会政治局はロシア連邦ソヴェト共和国とウクライナ、ザカフカース、ベロルシアなどのソヴェト共和国との関係を検討するために特別委員会を設置するよう組織局に提案し、クイブイシェフ（のちモロトフに交代）を議長とし、スターリン、オルジョニキーゼ、ラコフスキー、ソコリニコフ、アゼルバイジャンのアガマリ＝オグルイ、アルメニアのミャスニコフ、グルジアのムヂヴァニ、ウクライナのペトロフスキー、ベロルシアのチェルヴャコフ、極東のヤンソン、ブハラのエフ・ホジャエフ、ヒヴァのア・ホジャエフを委員とする特別委員会が設置された。そして、この委員会においてスターリンの国家統合構想が提出されたが、その構想は各共和国が「自治共和国」としてロシア連邦に加入するというものであり、各民族とロシア民族の対等性を否定し、統合国家ではロシアの支配権が全体に及ぶようにするものであった。このスターリンの「自治共和国化」構想に対して、諸共和国側からはアゼルバイジャンとアルメニアの代表を除いては反対意見が大勢を占めた。九月二三～二四日に開催された特別委員会会合では、スターリン案を原案とすることを決定した上で、修正決議案を作成することに合意した。原案からの修正点は、ロシア連邦への加入にあたって条約締結を行なうこと、全ロシア中央執行委員会の幹部会に各共和国の代表が入るようにしたことであった。討議ではウクライナ代表が各共和国の県委員会レベルでも審議することを提案したが、四（ウクライナ、アゼルバイジャン、ベロルシア、グルジア）対五（スターリン、モロトフ、オルジョニキーゼ、ソコリニコフ、ミャスニコフ）で否決された。そして書記局は、この特別委員会決議を政治局での審議に委ねることなく中央委員会のメンバーに通知した。

　レーニンは特別委員会での審議過程と決定内容に重大な疑念を抱き、九月二六日スターリンと長時間にわたって会談した。

　レーニンは会談の様子をカーメネフに手紙で知らせ、その中で、

レーニン邸を訪れたスターリンの写真（1922 年）

問題はきわめて重要なものであるにもかかわらず「スターリンは事を急ぎすぎる傾向がある」と指摘し、「われわれは、みずからをウクライナ社会主義ソヴェト共和国その他と平等の権利をもつものと認め、これらの共和国といっしょに、同列に並んで、新しい同盟、新しい連邦、ヨーロッパとアジアのソヴェト共和国連邦に加盟するのである」、すなわち他のソヴェト共和国が「自治共和国」としてロシアへ加入するのではなく、ロシアと対等に新たな連邦に加わるべきであるとの原則を主張した。このレーニンのカーメネフ宛て手紙は一九五九年まで『レーニン全集』に掲載されることはなかった（藤井、前掲書）。

スターリンはレーニンとの会談でレーニンが主張する「対等」原則を受け入れた。そして、「委員会決議は基本的に正しく容認できるものである」が、若干の項目について正確を期す必要があるとして、①ロシア連邦共和国をはじめとする諸共和国が「同盟」からの自由な離脱の権利を留保しつつ、「社会主義ソヴェト共和国連邦」へ統合することで条約を結ぶ、②「連邦中央執行委員会」を「連邦」の最高機関とし、人口に比例して選ばれる各共和国の中央執行委員会の代表をもってこれを構成する、との修正点が通報された。しかし、他方で極秘裏に、「(イ)レーニンの提言をいれて、各共和国が「ヨーロッパ・アジア・ソヴェト共和国連邦」へと統合することに同意する、(ロ)全ロシア中央執行委員会と並んで「連邦」の中央執行委員会を設けるというレーニンの案には賛成できない。下院と上院があるようなことになって、混乱を招くだけである。むしろロシアの中央執行委員会を全連邦中央執行委員会に改組し、その決定が連邦に加わる各共和国の中央機関を拘束するようにしたほうがいい、(ハ)財務、食糧、労働、国民経済の各人民委員部を連邦人民委員部に融合させようというレーニンは「やや急ぎすぎた」。この「性急さ」が「独立主義者」に餌をあたえて同志レーニンの民族的自由主義に仇なすことはまず疑いのないところである」とする書簡が回された（藤井、前掲書）。スターリンは、レーニンとの会談後においてもロシア中心的な大国主義的姿勢を根本的には撤回してはおらず、逆にレーニンの立場を「民族的自由主義」と批判していたのであり、服従はあくまでレーニンをごまかすためだけに装われたのである。

同一九二二年一〇月六日に開催された中央委員会総会においては、スターリンがレーニンに屈従した形で特別委員会の決議案が一部修正点を加えて採択された。これによって一応は、ロシア大国主義が克服されたと思われた。しかし、一〇月末には、この中央委員会総会決議の内容に相反する形でグルジア問題が発生し、スターリンの党および国家の運営上の姿勢に対するレーニンの危機感が再び煽られることになる。

問題はグルジア共産党中央委員会とロシア共産党ザカフカース地方委員会との間に生じた。ザカフカース地方委員会の指導者であり特別委員会の委員であるオルジョニキーゼは、スターリンの支持を背景に、グルジアをザカフカース連邦への加入を通じて連邦国家に統合しようとしたが、ムジヴァニらグルジア共産党の指導者たちが、中央委員会決議の理念に合致させた形で、グルジア共和国を直接連邦国家に加入させようとしたのである。これに対してオルジョニキーゼがグルジア共産党を「許し難い党規律違反」と批判し、中央統制委員会にかけると脅しただけでなく、指導者に暴行を加えるという事態に発展した。スターリンはオルジョニキーゼを支持した。しかし、事態を知ったレーニンは憤激し、ソヴェト社会主義共和国連邦の第一回目のソヴェト大会が開催され、レーニン的原則に基づく連邦国家の結成が宣言された日である一二月三〇日に、「少数民族の問題、または「自治共和国化」の問題によせて」と題する論文を口述し、「悪名高い自治共和国化問題」に自分が病身のために充分に関与できなかったことを自己批判しつつ、ソヴェト国家の現状に危機感を表明するとともに大ロシア主義的傾向を批判した。翌三一日にはさらに論文口述を続けて、「侮蔑的に「社会民族主義」といった非難を投げつけるようなグルジア人」との表現でスターリンとオルジョニキーゼを批判し、彼らの姿勢はプロレタリアートの階級的連帯を損ねるものであると強く非難した。そして、オルジョニキーゼを処罰するとともに、スターリンとジェルジンスキーに政治的責任をとらせることを提言した。そして論文の末尾を次のような文章で結んで、ロシア革命によって実現した社会主義国家が少数民族に対して抑圧的な姿勢をとるならば、帝国主義化した西欧資本主義との戦いには勝利できないとする姿勢を強く表明した。

「もしわれわれが東洋のこの「歴史の舞台への」登場の前夜に、そしてその覚醒のはじまりのときに、自国内の異民族にたいして少しでも粗暴かつ不当にふるまうことによって東洋の中で自己の権威を傷つけるとするなら、それは許しがたい日和見主義であろう。資本主義世界を擁護する西欧の帝国主義者にたいする団結の必要性と、(中略)われわれ自身が、たとえ些細な点においてであろうと、被抑圧民族にたいする帝国主義的な態度におちいることとは、まったく別のことがらなのである。」(藤井、前掲書)

社会主義の下におけるヨーロッパとアジアの対等な立場にたった共闘が、本来あるべき形で成立する可能性が閉ざされたことの意味を教える重要な文章である。この論文は党大会のために準備されたものであり、その日のうちにスターリンに届けられたが、スターリンは事実上この論文を握りつぶした。レーニンはこの論文の作成後も、問題をより適切に解決するために、党大会に向けて秘書を動員してグルジア問題の検討作業を行なわせた。

翌一九二三年三月三日、秘書たちが行なったグルジア問題の検討結果がレーニンに報告された（内容不明）。これを踏まえてレーニンは、この問題でのトロツキーの擁護を求める「極秘」で「親展」の手紙を口述し、トロツキーに直接電話で伝えさせた。これに対するトロツキーの回答が三月二〇日付の『プラウダ』に掲載された論文「民族問題と党の青年の教育」である。トロツキーは、革命における民族的契機の重要性を提起することは、メンシェヴィズム、自由主義というものだということを、ある共産党員からごく最近耳にする機会があったと、スターリンを暗に批判しつつ、階級闘争と民族運動の関係のあり方について論じた。この論文に続いて三月二四日にスターリンの新しい論文が掲載され、トロツキーの姿勢に沿うかたちでスターリンの姿勢は修正された。こうして、民族自決問題も一応は収束した形とはなったが、種々の問題でトロツキーに煮え湯を飲まされたと感じたスターリンの側に、トロツキーへの対抗意識と、レーニンのトロツキーに対する信頼と期待への憎悪感がいやおうなく膨らむことになる。

一九二三年四月、レーニンが病床のため欠席を余儀なくされた初めての党大会である、第一二回党大会が開催された。開会の挨拶に立ったカーメネフは、党大会には三つの主要な課題があると言い、それは工業の組織化、民族問題、国家・党の改組であると指摘し、病床にあるレーニンが示した一連の指示に基づいてそれらを解決しようと呼びかけた。

大会の議事はジノヴィエフによる政治報告から始まった。彼は冒頭から、「われわれは次のことを知らなければならない。党の路線にたいするいっさいの批判は、たとえいわゆる「左翼的」なものであろうとも、現在では客観的にはメンシェヴィキ的な批判である」と、民主的な議論に否定的な発言を行ない、さらに「危険なのは、規約にも綱領にもすべての点で賛成だといいながら、農民問題を「ほんのちょっぴり見直したり、民族問題での命題をちょっとだけあらためたり、大国的排外主義をやっつけようとして、わずかででも党の独裁を見直したりしたいと思っている人間である」と、トロツキーと同時に暗黙裡にレーニンをも批判する発言を行なった（藤井、前掲書）。しかし、大会ではジノヴィエフの発言を含めて党中央の官僚主義的な党運営に対して厳しい批判が生じた。

コシオールという代議員は、中央の指導部が国家と党の仕事、および党機関への人材起用にあたって「派閥的政策」をとっており、討論で党中央の公式方針に反対する党員を排除しているため、党の統一が保たれる必要条件が党内に欠けている問題を提起した。またコシオールは、一九二一年の第一〇回大会で採択された「党の統一について」に関する決議は、社会主義建設の段階に入った現時点においては、党の集団的経験の発展を阻害することになるため廃棄すべきだと主張した。他方、ルトヴィノフという代議員は、党内に一連のグループが「地下」的に存在して、匿名の文書を配布している事実を取り上げ、それは党内に正常な手段で意見を表明する可能性が存在しないからであると主張した。とくにジノヴィエフ発言を批判し、政治局のみを「無謬」として批判の権利を抑圧するものであると主張した（藤井、前掲書）。

このように、第一二回党大会においては、党内民主主義を求める意見が広く表明された。しかし、スターリンはこれらの意見を押しつぶした。それは第一〇回党大会で採決された「党建設の諸問題に関して」と題された決議において決定された「労働者民主主義」を党運営に導入することを否定する方向性を示すものであった。

スターリンは、ルトヴィノフが主張した党内の自由な討論は、四〇万以上の党員、二万以上の細胞を有している状況では、党は「永久におしゃべりしていてなにも決定しない討論クラブ」に堕してしまい行動できなくなる、二万もの細胞で討議を行なえば敵に手のうちを見せてしまうことになると述べ、ルトヴィノフの民主主義はユートピアであると否定した。

また、スターリンは「中央委員会の組織活動にかんする報告」を行なったが、その中でレーニンが批判した労農監督部の問題に関して、「政策」も「運転手」も立派だが、問題は「部品」であると問題の本質をすり替えて、労農監督人民委員としての自分自身の責任については一片も自己批判を行なわなかった。その上で、労農監督部の改組に関してはレーニンが提案した中央委員会と中央統制委員会の増員が決定されたが、中央統制委員会の政治局に対する監督権は議論されず、また増員メンバーの資格規定に関してはレーニンの指針はかえりみられず、結果的には「ボツ未遂事件」を起こしたクイブイシェフが統制委員会委員に加わり、しかも議長に選出されるなど、スターリン派の人材登用に利用され、問題の解決の観点からは逆の効果をもたらす結果となった。

他方、民族問題に関しては、レーニンが口述筆記させた文書は大会の基調文書としては扱われず、配布文書とされることもなく、読み上げられただけであり、さらに大会においてレーニンの文書に言及することさえ禁止されるなど、レーニンの意向は事実上黙殺された。民族問題に関してスターリンが行なった報告では、民族自決権の尊重、大国的排外主義の非難が前面に出されたが、実質的には労働者階級の権力の強化と民族自決の二分法的図式が押し出され、民族問題は第二義的な問題として処理された。

この民族問題に関する討議においてトロツキーは発言していない。発言できるのに発言しなかったのではなく、彼に託された「工業について」に関連する大会テーゼの作成に没頭していたためである。しかし、民族問題というソ連邦の行方を決定する重要な討議に欠席したことは軽率のそしりを免れない。トロツキーは「工業化」の問題に関して、ネップ（新経済政策）とは「労働者国家が社会主義経済の建設のために、あるいはそこへの接近のために資本主義社会の方法、手法、制度を利用すること」であり、あらゆる労働者国家はそういう時期を経るために必要悪の段階であるとして、その段階においては市場経済と国家による経済の計画化を両立させる可能性を指摘し、その路線の下で生産力を高めるための「工業化」を理論提起することに専念していたのである。さらに言えば、専念しすぎていたのである。そのために、スターリン派が着々と進めていた策謀を阻止するための時間を失ってゆくことになる。

2 レーニンの死

第一二回党大会で民族問題の討議に参加できなかったトロツキーは、大会の直後の一九二三年五月一日付『プラウダ』に大会決議の解説という形の論文を掲載した。その中で、トロツキーは、スターリンによる階級問題と民族問題の二分法的なとらえ方を暗黙裡に批判し、「階級的原則は民族自決を排除するものではなく、逆にそれを包摂するものである」と主張した。民族問題は、党大会での決議にもかかわらず、実質的には何ら解決されず、同年六月には中央委員会の拡大会議において中央統制委員会の報告に基づいて「スルタン＝ガリエフ問題について」と題する決議が採択され、レーニンの「自治共和国化」に関する手紙を宣伝したスルタン＝ガリエフを「反革命活動」を理由に除名処分にすることが決定される。レーニンの「遺訓」を形骸化する一連の策動の一つであったと見られる。レーニンは、党大会直後の五月から再起不能状態に陥っており、もはや口述にせよ指示を出すことができない状態になっていた。

こうした状況下で、スターリンと「トロイカ」は次にトロツキーの排除を進めた。同年九月、トロツキーを三段階に分けてそのポストから排除する策謀が推進された。まず九月二三日、中央委員会総会で「トロイカ」は革命軍事会議の拡大を提案した。新メンバーはトロツキー批判者で固められ、スターリンも加わった。トロツキーは、この提案の狙いが自分を革命の指導部から排除することにあることに気づいてはいたが、自分はそうした策謀とたたかう意志はないと発言した。

そして同年一〇月、トロツキーは党改革をめざして、中央委員会と中央統制委員会のメンバー宛てに一〇月八日付の書簡を送った。このトロツキーの手紙に続いて四六名の有力党員が連署した政治局宛ての一〇月一五日付の「意見書」が発表された。このトロツキーの手紙と「四六人意見書」がのちに、「左翼反対派」の綱領となると同時に、スターリン派からは「反党分子」とのレッテル貼りが行なわれることになる。トロツキーの書簡は、部分的には知られていたが、テクスト全文が公開されたのはペレストロイカ後である。

内容的には、①前大会以来、党内の状況は悪化し、中央委員会の党からの乖離がはなはだしい、②その原因は二つあり、第一は不健全な党内体制、第二は客観的要因のみならず、経済政策の誤りに起因する労働者・農民の経済上の不満にある、として経済問題に関する分析に基づいて、(イ)前大会で自分は生産原価の引き下げをはかるよう政策転換を求めた、(ロ)工業についての決議は指導的計画機関としてのゴスプランの強化を求めているが、実際には重要経済問題は政治局でそそくさと、準備もなしに、計画性もなしに決められており、偶然性、無系統性が政治局の経済政策の特徴である、(ハ)現在の商業・工業の危機の原因は財政政策の自足的性格に発しており、それは工業価格と農業価格との不均衡の増大に現れている、(ニ)前大会は経済機関への党の指導的・統制的影響を強めることを求めたが、事態は改善されていない、(ホ)鋏状《きょうじょう》価格差（工業製品価格が農作物に比して割高になること。「シェーレ」）を縮めることは、有機的な方法によってすなわちきびしい計画的集中、間接費の引き下げ、経営にたいする経営担当者の責任の保障によってのみ可能となるのであり、国家機関による価格の機械的引き下げは仲買人を儲けさせるだけである、(ヘ)国営工業の合理化と鋏状価格差の縮減こそ重要課題である、と論じた。

次に、党機構の官僚主義の問題に関して、(a)組織局の人事政策は、組織局と書記局が進める党内改革に役立つか否かで行なわれると指摘した上で、(b)党書記の中央による任命を問題として、「書記の任命制は軍事的共産主義というもっともきびしい時期にあってさえ現在の一〇分の一程度の規模であったのに、現在ではそれが日常化してしまっており、そのため書記の地位というものが地元組織から独立したものとなっている。そのため地元組織内に批判や抗議が起こると書記は中央の助けをかりて論敵を容易に配転できるようになっている」、「上から下へと組織された書記機構が〝すべての糸をみずからの掌中に集め〟ていて、党の方針の策定への一般党員の参加がますます幻想と化しつつある。他方、特殊な「党書記心理」というものができあがっている。その特徴は、書記は事態に通じていなくてもあらゆる問題を処理する能力があるという確信である。そこから無責任かつ有害な問題処理が行なわれている」と批判した。

また、「労働者民主主義」に関して、「前大会以後の党内体制は、戦時共産主義の時期よりも労働者民主主義からずっと遠ざかっている。党機構の官僚主義化は書記選抜の方法によって空前の規模に達した。(中略) 書記階層が党の意思と党の決定をつくりだす機構であると信じてでもいるかのように、みずからの党的見解——少なくとも公然と表明される——をまったく放棄しようとする党活動家が大量に生まれて、国家や党の機構に入り込んでいる。そうした党員層の下にいる党員大衆にとってはどんな決定も召喚状か命令の形で存在するだけである。そのため党内にはさまざまな不満がくすぶっているが、それは自由な意見交換や党組織にたいする大衆的影響(党委員会や書記の選挙などによる)によって解消されることなく、「内部の腫物」へと化しつつある」と指摘した(藤井、前掲書)。

このトロツキー書簡に続いて政治局に提出された「四六人意見書」は、プレオブラジェンスキー、セレブリャコフ、プレスラフの三名が起草したものであり、トロツキー書簡と同様に、政治局多数派が進めている経済政策と党運営方針を批判したものである。「意見書」は、政治局多数派の誤った方針が経済面でも党運営面でも危機をもたらしている、とくに一面的、派閥的な人材起用が問題であるとし、党内には「書記階層と〃平民〃」、「上から登用された職業的な党職員と党員大衆」の乖離が生じていること、第二に、党機関の決定に不満や疑問をもつ党員が党の会議でそれについて発言することを恐れており、党内での自由な討議は事実上消滅し、党の世論は窒息させられていること、第三に、党の協議会や大会での代議員の選出が党員大衆によってではなく党の「書記階層」によって行なわれていて、そのため党大会や協議会はこの階層の運営会議と化しつつあると指摘した。そして、結論的には、この「意見書」は中央委員会メンバーと批判的見解をもった党員をも含む主要活動家たちとの合同会議を早急に招集することを要求したものであった。したがって、プレオブラジェンスキーら三名以外の発起人は合同会議の召集に賛意を表明しただけの者をも含んでおり、四六名全員が共通の問題意識で結集しているわけではなかった（藤井、前掲書）。

これに対して政治局は、一〇月一九日付でトロツキー書簡に対する返答文書を作成したが、トロツキーの問題提起のすべてを誤りとして拒否したばかりでなく、党中央委員会に対する攻撃としてとらえ、トロツキーは「党の統一」を揺るがそうとしていると非難した。

さらに一〇月二五日から二七日に中央委員会と中央統制委員会の合同総会が開催された。合同総会では、スターリンが「トロツキーの書簡に関連しての党内の状況について」と題する報告を行ない、それに基づいて採択された決議は、トロツキーと四六名の党員の問題提起を受け止めるとの形は示したものの、政治局と九月の中央委員会総会で設置が決定された三つの委員会（「鋏状価格差」、賃金、党内状況に関する各委員会）の作業を急がせ、次の総会で報告させるというものであった。しかし他方で、トロツキーと四六名の党員の言行を厳しく非難し、トロツキーの政治局に対する攻撃は、「党の統一」に打撃を与える「分派的言動」であり、「政治的誤謬」であると批判し、トロツキーの言動が「四六人意見書」に見られるような「分派化」を促進することになったとして、トロツキーの言行を「反党的」であると決めつけた。こうして、集団的な意思表明が「分派活動」とみなされたのである。そして、合同総会は、トロツキーおよび四六人による党中央に対する批判を全党に公表しないとする決議を採択した（賛成一〇二名、反対二名、保留一〇名）。

合同総会においてトロツキーは、「政治局の中に別の政治局があり、中央委員会の中に別の中央委員会がある」と不正常な事態を問題として指摘した。そして、「いまや、トロッキーと積極的にたたかわない者が「トロツキスト」と呼ばれて、不当に更迭されたり、罷免されたりしている。そうした事実を知りながら、中央統制委員会のメンバーはまったくそれに対応しようとしなかった。そういう統制委員会がどうして信用できようか」と党の実態を厳しく批判した（藤井、前掲書）。

合同総会の決定によってトロツキー書簡および「四六人意見書」は公表されないこととなったが、党内では党中央批判が広がった。そのため、同一九二三年一二月五日に政治局は「党建設について」と題する決議を全員一致で採択して発表した。この決議の作成にはトロツキーもカーメネフ、ジノヴィエフとともに参加した。内容は、「労働者民主主義」を党生活の上に貫徹すべきことを改めて決定したものであった。この決議は、第一〇回党大会で採択された「労働者民主主義」が、重要な諸問題の全党員による審議の自由、下から上までの指導機関の選挙制を意味することを確認したことにおいて重要性を持つものであったが、分派的グループの自由を前提にするものではないと規定し、それを防ぐためには「不断の生き生きとした思想生活」が必要であり、「党の指導機関が広く党員大衆の声に耳を傾けること、いっさいの批判を分派主義のあらわれとみなしたりしないこと、そのことによって良心的で規律正しい党員を閉鎖性と分派主義への道に押しやらないことが求められる」と述べていた。そして、「労働者民主主義」の制限措置については、分派の禁止、党の粛清、入党制限、指導機関の選出における一定の党歴資格の設定、書記の人選の上級機関による承認などの一定の制限はネップの諸条件の下では今後も不可避なものとみなしつつも、書記の承認制のようなある種の制限については撤廃を検討する必要があるとした。

他方、「労働者民主主義の実行に関する当面の措置」では、「労働者民主主義」を保障し、「党の政策全体の方向に系統的に影響をあたえる可能性を全党員大衆に保障するため」、役員選挙制をきびしく実行すること、とくに細胞書記の選挙制を守ること、党の政策のすべての重要問題はかならず細胞と全体としての党員大衆の討議にかけること、「討論クラブ」網を拡大すること、党規律を不当にもちだすことのないようにすること、選挙母体と広範な党員大衆とに対する党機関の「義務的報告制」を実行すること、等々が掲げられた。また、末尾では、「労働者民主主義」を実現するため、各組織の会議にたいして「下からの党機構を系統的に刷新する」ことを提議し、実際に党内民主主義を保障する能力をもった人材を責任ある地位につけることが強調された(藤井、前掲書)。

この政治局決議が発表された後、トロツキーは「新路線」として知られる一二月八日付の党の諸会議宛ての書簡を発表した。この書簡は、政治局決議に対して党内で生じた一部の批判を念頭におきつつ、決議のもつ重要性を説明しようとするものであった。その中でトロツキーは、政治局決議は、「旧路線」によって誤って「機構」に置かれた重心を、プロレタリアートの組織された前衛としての「党の積極性、批判的自主性、自主管理」の側へと移しかえるものであると指摘し、「党は、一瞬たりとも中央集権的な組織であることをやめることなしに、自らの機構を自らに従わせなければならない」と説いた。すなわち、トロツキーは組織原理として、民主主義と中央集権制が調和した民主主義的中央集権制を主張したのである。そして、党内民主主義の発展について、「なによりも必要なことは、組織の中に支配している精神を変えることである。(中略)党機構を新鮮にし刷新し、党機構に、自分が偉大な集団の執行装置であることを感じさせなければならない」と強調した。また、分派主義に関しては、「党は労働者民主主義をめざす路線を発展させ、たしかなものにしてはじめて分派主義の危険を立派に克服することができる」と述べ、分派主義の克服には労働者民主主義を前進させることが必要であると主張した。さらに、党機構から官僚主義的な役員を追放することを呼びかけ、党の若い世代に対する官僚主義の否定的影響への懸念を表明し、青年たちに自主的な自己形成の努力を呼びかけた（藤井、前掲書）。

トロツキーの「新路線」は、一二月五日付の政治局決議に基づく形で表現され、スターリンを中心として進められつつあった官僚主義化を根底的に批判する目的を有するものであった。それゆえにまた、スターリン派の反撃は容赦のないものとなった。

翌一九二四年一月、第一三回党協議会が開催された。レーニンは再起不能の病床にあり、トロツキーは病気で欠席した。協議会では一二月五日付の政治局決議「党建設について」が承認された。そのことは、トロツキーの主張が支持され、党内における「労働者民主主義」を徹底させる必要性を全党的に確認し、そのために必要な措置をとる決意をしたことを意味するはずであった。しかし、その後の過程は決定を骨抜きにするものとなった。

協議会ではスターリンが「党建設の当面の任務」と題する報告を行なったが、内容的には政治局決議とは異質なものを含んでいた。スターリンは、一方ではこの政治局決議が「現時点での党の必要と要請に完全に応える」ものであると述べながら、他方で第一二回党大会での発言をくり返して、党内民主主義を制限する諸条件を持ち出した。スターリンが主張したことは、党内民主主義が完全に機能するためには、国内的には工業が発達していること、労働者の物質的状態が悪化していないこと、労働者階級が量的にも質的にも成長していること、労働者階級の文化水準が高まっていることが必要であり、対外的には平和的発展を保障するような一定の国際的条件が存在することが必要であるが、そのような条件は存在しないという点にあった。そして、その上で、トロツキーと四六名の批判は、このような諸条件を考えた場合、「反党的」な「分派的」行為であり、「レーニン主義からの逸脱」であるとの結論を導き出した。レーニンは、協議会終了前の一月二一日に死亡した。この時点では、レーニンの「大会への手紙」はまだ密封された状態にあり、協議会は書記長としてのスターリンの資質に疑問を投げかけたレーニンの「遺書」を知る由もなく、スターリンの提言に基づいた決議を採択する。

この決議は、トロツキーと「意見書」に署名した四六名を断罪するものであり、次のような論理であった。①トロツキー書簡と「意見書」は国の経済情勢と党内状況について誤った「分派的な評価」をくだし、国の経済危機と党の内部危機を予言したが、それらの言動は「分派的な言動」である、②中央委員会と中央統制委員会との合同総会は提起された批判を公表しないよう決定したが、トロツキーとその支持者たちは「決定に従わず」に、中央委員会に反対する活動を続けた、③トロツキーは「党建設について」の決議案の作成に際して、はじめは分派を禁止することに反対しなかったが、グループ形成の自由が禁止されないように主張した、④トロツキーの「新路線」なる表題をつけた書簡は中央委員会に矛先を向けた「分派的宣言」である（藤井、前掲書）。

また、この決議には重大な問題が含まれていた。それは第一〇回党大会の「統一について」と題する決議のうち非公開とされていた、中央委員会のメンバーが分派活動をはじめとする規律違反を犯したときには、中央委員会と中央統制委員会の合同総会の三分の二の多数決で除名を含む処分を行なうことができるとした条項を公にすることを決定した点である。この条項が、レーニンもトロツキーも出席できなかった党協議会で公表することに変更されたわけであり、狙いはトロツキーに絞られていたことがやがて判明する。

この協議会の終了前の一九二四年一月二一日にレーニンが息を引き取った。スターリンは、カフカースのチフリスで療養中であったトロツキーが葬儀に間に合わないと思わせるために、実際の葬儀は二七日に行なわれる予定であったにもかかわらず、トロツキーには二四日に行なうと日程をごまかす電報を打った。そのため、トロツキーは二六日に開催された第二回全連邦ソヴェト大会にも出席できず、大会においてはスターリンが追悼演説を行なって、大袈裟にレーニンへの忠誠を誓うパフォーマンスを見せた。そしてその追悼演説には、レーニンが「遺書」の中で示した意向は反映されていなかった。「大会への手紙」と題されたレーニンの口述文書には、スターリンの書記長としての資質を疑問視する言葉が含まれ、「追記」には書記長を解任する提言をも含んでおり、スターリンもそれを承知していたにもかかわらず（少なくとも資質問題に関しては）、自己批判の姿勢を見せなかった。

トロツキーは『プラウダ』に、「いまわれわれの胸はなぜこうも悲しみに張り裂けるのか、われわれ全員が歴史の偉大な恩寵により、レーニンの同時代として生まれ、彼とともに働き、彼に教えを請うたからだ。（中略）どうやって前に進むのか。レーニン主義の明かりを両手に持って」との一文を送ったものの、葬儀に欠席し、喪中の日々にモスクワにいなかったことは、レーニンに対する不敬の行為と一般党員に見られる結果となり、トロツキー敗北の端緒となる重大な失態となった。

のちに、亡命先のメキシコのコヨアカンで、トロツキーは死の九カ月前の一九三九年一一月、スターリンの罠にはめられた事実を次のように書いている。

「スフミからモスクワに戻り、私のところで数人の親しい友人たちと葬儀のことを話したときに、聞かされたのだが、彼（スターリン）あるいは彼ら（トロイカ）は土曜日に葬儀を行なうことなどまったく考えていなかった。彼らは私を欠席させることだけが望みだったのだと。」（ヴォルコゴーノフ『トロツキー』）

こうしてスターリンは、本来自分に不利になるレーニンの死という事態を、逆に利用して有利な状況に変えてしまう。そして、レーニンが「遺書」に託した意向さえ葬り去った。

スターリン解任を提言した「追記」を含むレーニンの「大会への手紙」は、妻のクループスカヤによってレーニンの死後、第一三回党大会の直前の一九二四年五月に党機関に届けられたとされてきたが、事実ではなかった。スターリンをはじめとする一部の政治局員はレーニンの生前に、しかも「遺書」の口述直後にその内容を知っていた。本来、この「遺書」は、レーニンの意向によって密封され、当人かクループスカヤしか開封してはならず、かつそれを第三者に手渡すのはレーニンの死後のこととされていた。それにもかかわらず、レーニンの意志は彼の生前のうちに踏みにじられていたのである。

手紙はまず、党幹部の資質に言及して、一九二二年一二月二三日に書かれ、レーニンの口述によって秘書のヴォロヂーチェヴァが速記した。ヴォロヂーチェヴァがのちに語ったところでは、もう一人の秘書のフォーチャヴァに、スターリンか誰かに見せなくてもいいのだろうかと相談したという。すると、フォーチャヴァがスターリンに見せた方がよいと意見したため、スターリンの住居に持って行ったところ、スターリン夫妻、オルジョニキーゼ、ブハーリン、ナザレチャンがいた。スターリンは手紙（写し四部の取ると、オルジョニキーゼとブハーリンを誘って別室で手紙を読んだ。スターリンは手紙うちの一部）を焼いてしまえと言ったので、命令通りにした。翌日、前夜のことをフォーチャヴァに話すと、手紙をもう一通（四通目の写し）作っておくようにと言われたのでそのようにした。一月四日に作成した「追記」の部分を速記したのはフォーチャヴァであった。しかし、それがスターリンらの目に入ったのかどうかについてフォーチャヴァは明言していない。要するに、レーニンの秘書たちとスターリンとの間には情報が筒抜けになる態勢ができていたのである。そして、カーメネフの一二月二九日付のスターリン宛ての手紙では、ブハーリン、オルジョニキーゼのほかに、トロツキーも内容を知っていた人物として言及されている。

レーニンが「遺書」を口述筆記させた翌日の一九二二年一二月二四日、スターリン、カーメネフ、ブハーリンが医師団と協議して、レーニンの看護態勢に関して、一日に五分から一〇分の口述の権利を与えるが、文通は許可しない、面会は禁止、また友人も家人も政治に関係することをレーニンに伝えないことを決定した。

一九二四年五月、第一三回党大会が開催された。この党大会においてレーニンの「遺書」が正式に取り上げられた。しかし、公表は代議員団ごとに読み上げる形で行ない、複製は作成しないことが事前に決定された。ましてやスターリン更迭問題は取り上げられず、逆にジノヴィエフがスターリンの再選を提案して受け入れられた。こうして、スターリンの書記長としての資質を疑問視したレーニンの遺志は無視されたのである。

また第一三回党大会では、その後の粛清劇で常用され、党権力保持のための常套手段とされることになる〈転向＝自己批判〉の強要が定式化された。それは大会冒頭に行なわれたジノヴィエフによる「政治報告」の中で表現された。ジノヴィエフは、「反対派がなしうる、もっとも賢明でボリシェヴィキにふさわしいこと、それは、あれこれの過ちを行なうような場合に、ボリシェヴィキが行なうこと、つまり、党大会の演壇に立って、自分はまちがっていた、正しかったのは党であると語ることである」と述べ、トロツキーらの反対派に対して挑発を行なった。ある意味で多数派が自信を強めていたと言える。しかし、この時点での〈転向＝自己批判〉の強要はあくまで本人の自覚を待つというものであったが、その後は徐々に一定の制裁を伴う強制的なものになってゆく。

3 トロツキーの敗北

レーニンの死後、トロツキーとスターリンの闘争は一方的なものとなった。スターリンが攻勢をかけ、トロツキーがつねに防戦に立たされていった。しかも、周囲の者には明確に勝敗がわかる闘いになっていった。

一九二五年一月、トロツキーが病気を理由に欠席した中央委員会総会において、トロツキーは軍事人民委員と革命軍事会議議長のポストを解任され、外資企業利権委員会本部と電気技術庁の議長、および産業化学技術庁長官という多忙をきわめる行政ポストに回された。それでも、トロツキーはこの新しいポストに専念し、一方で政治局に現れることも少なくなり、中央委員会の会合も欠席することが多くなった。トロツキーは真面目さゆえにトロイカの思うつぼに陥った。これこそレーニンが指摘していたトロツキーの弱点であったはずなのだが。しかし、トロツキーに対する新聞、雑誌を使った攻撃は続いた。

同年後半にはトロイカが内部分裂し、ジノヴィエフ、カーメネフと、スターリンとの間に亀裂が生じた。スターリンにとって、もはや彼らの利用価値がなくなったのである。換言すれば、この時点でスターリンは最大のライバルであるトロツキーとの闘いに勝利したとの確信を得たのであろう。一九二五年一二月に開催された第一四回党大会において、ジノヴィエフは反対派の立場から副報告を行ない、官僚主義的変質の危険性について党に警告した。また、カーメネフも、「われわれの第一書記は旧ボリシェヴィキ本部を自分の周囲に結集できる人物ではない」と発言した。しかし、スターリンによる党の官僚主義的支配を阻止する上ではもはや手遅れであった。

一九二六年四月、トロツキーはジノヴィエフとカーメネフらとともに「合同左翼反対派」を組織した。そして同年七月に開催された中央委員会総会に向けて、トロツキーはカーメネフ、ジノヴィエフ、ピャタコフ、スミルガ、ムラトフ、バカーエフ、ペテルソン、ラコフスキー、エヴドキーモフ、リズジン、ソロヴィヨフ、アヴジャーエフとともに、「合同左翼反対派」による「一三人声明」を発した。この声明は次のように述べている。

「反対派の道が党とソヴェト権力にたいする反乱に導くなどというのは嘘である。それに引き換え、スターリン派が自分たちの目的達成のために、肉体的破壊による決着を冷然と計画したことは議論の余地のない真実である。反対派の側には反乱の危険をうかがわせるものはない。それに引き換え、スターリン派の側には党の最高権限を将来強奪する確実な危険がある。（中略）反対派を弾圧によって打ち負かすことはできない。われわれは、われわれが正しいと思うことを最後まで守り抜くであろう。」（ヴォルコゴーノフ、前掲書）

トロツキーはジノヴィエフやカーメネフと妥協してまで反対派を強化して、スターリンに対して反撃しようとした。「一三人声明」に続いて「八三人声明」が出され、反対派の強化を全党的に図ろうとした。この「一三人声明」と「八三人声明」の主張は、一九二三年一〇月八日にトロツキーが中央委員会と中央統制委員会総会に提出した書簡、およびそれに続いて提出された「四六人意見書」の理念を受け継ぐものであった。主要点は、党の官僚主義化に対する批判である。しかし、一九二三年のトロツキー書簡および「意見書」が政治闘争の質だけでなく、「労働者民主主義」の原則に基づく思想闘争の質も有していたのに対して、一九二六年の「合同左翼反対派」による声明は「反スターリン」という政治闘争の質だけが顕著なものであった。さらにジノヴィエフらの姿勢には、スターリン派と徹底的に闘うとの意志は希薄で、復権の可能性があれば妥協も辞さないという「及び腰」的なものであった。しかし、情勢の逆転は不可能だった。スターリンの地位は不動のものになりつつあった。一九二八年には、これまでスターリンと同盟してきたブハーリンも失脚する。

一九二六年一〇月、中央委員会と中央統制委員会の合同総会において、トロツキーはジノヴィエフらとともに政治局員を解任された。この直前に開催された政治局の会合で、第一五回党協議会において「反対派は悔いる必要がある」と述べたスターリンに対する反論の中で、トロツキーが「書記長はまるで党の墓堀人になりたがっているようだ」と発言したことが、政治局員という特権的地位を失う大きな原因となったといわれる。

続いてトロツキーは、同一〇月に党中央委員を解任され、さらに同年一一月一四日には中央統制委員会においてスターリンの提案によって党から除名され、同月一七日には外資企業利権委員会本部議長からも解任された。こうして、トロツキーはすべての公的ポストから解任された。

同年五月一七日、トロツキーはレーニンの未亡人であるクループスカヤに宛てた手紙の中で次のように書いている。

「スターリンとブハーリンはボリシェヴィズムをその核心において、すなわちプロレタリア革命のインターナショナリズムにおいて裏切りつつあります。（中略）一九二三年のドイツ革命の敗北、ブルガリア、エストニアにおける敗北、イギリスにおけるゼネストの敗北、四月の中国革命の敗北は国際共産主義を非常に弱めています。（中略）わが国のプロレタリアートの国際的革命ムードの低下は事実で、これは党内体制と間違った教育活動（一国社会主義その他）によってますます低下させています。こうした情勢のもとで党の革命的、レーニン的左派が大勢に逆らうしかなかったのは不思議ではありません。（中略）最近半年のあいだ行なわれた反対派に対する「消耗戦」を、スターリンはいまや「殲滅戦」とすることを決めました。われわれはこれからも大勢に逆らい続けます。」（ヴォルコゴーノフ、前掲書）

トロツキーもスターリンと同様に戦時共産主義論を支持することでは共通する。しかし、トロツキーにとって一国社会主義論は、ソ連邦の安全を保持するために国際的革命を裏切る行為へと導くものであり、同時にソ連邦に建設されつつある社会主義をも危うくするものであった。ゆえにトロツキーは、一国社会主義論は、資本主義世界が戦争と革命の時代に突入したと言ったレーニンの思想の放棄であり、世界革命に対する解党主義的態度を意味するものであると批判した。

しかし、一国社会主義論を批判するトロツキーのこのような姿勢は、スターリンによってソ連邦国民の前に、トロツキーはソ連邦に社会主義を建設する可能性を否定している「敵」であるとのイメージを巧妙に描いてみせることに利用された。党員大衆は、官僚主義化の危険、スターリンの独裁化の危険を充分に理解できなかった。それよりも、トロツキーらの反対派が「敵」であるとの捏造された印象を容易に受け入れた。一般党員の意識水準は、トロツキーが期待したほど高いものではなかった。

一九二七年九月二七日、トロツキーはコミンテルン（共産主義インターナショナル、第三インターナショナル）執行委員会会合において、執行委員会から除名された。この会合に出席したトロツキーは、「官僚主義体制は不可避的に独裁へと導く」とスターリン支配がもたらすものを警告したが、考慮されることもなく除名決議は全員一致で採択された。この会合には、日本代表として片山潜が出席していたが、彼も大勢に同調した。コミンテルンは世界革命の総司令部ではなく、ソ連邦一国社会主義を防衛することを目的とした国際組織に変質していった。

同年一二月末、OGPU（合同国家保安部）はトロツキーに対し、ロシア南部の都市アストラハンに出発するようにと伝達した。トロツキーは即日、政治局に書簡を送り、国内のどこででも仕事をするつもりはあるが、アストラハンの湿潤な気候が持病のマラリアによくないから出発することはできないと申し入れた。この申し入れが受け入れられ、一週間後に翌一九二八年一月一六日を期限にカザフスタンの首都アルマ・アタに向けて出発するよう伝えられた。

一月一六日までに支度は整い、妻のナターリャ、長男のレオン・セドフ、秘書のセルムクスとポズナンスキーが同行することになった。しかし、OGPUはトロツキー一家を見送る参集者が多くなることを警戒して、当日になって出発を二日延期すると通告してきた。一八日、トロツキー一家は出発した。

見送りに来た次男セルゲイとはカザン駅で別れた。一月二六日、彼らはアルマ・アタに到着した。

トロツキーはアルマ・アタに翌一九二九年一月二二日まで一年間滞在した。一九二七年末から一九二八年春にかけて、左翼反対派の幹部たちの多くはシベリアに追放された。トロツキーはアルマ・アタ滞在中、自分と同様に国内に流刑されたこれら左翼反対派の人々との通信を続けた。一九二八年四月から郵便物の発受が禁止される一〇月までの間に、八〇〇通の政治的書簡と五五〇通の電報を発出し、政治的書簡一〇〇〇通と電報七〇〇通を受け取った。また、生計費を得るための翻訳や執筆活動、それに大好きな猟に時間を費やした。

アルマ・アタ滞在時のトロツキーと家族

秘書のセルムクスとポズナンスキーはアルマ・アタ到着後まもなく逮捕され、その後消息不明となった。同一九二八年六月九日には次女のニーナ（ニーナ・リヴォーヴナ・ブロンシュタイン）が肺結核で他界した。ニーナの娘で一九二五年生まれのヴォリーナは、トロツキーの先妻であるアレクサンドラ・リヴォーヴナ・ソコロフスカヤに引き取られたが、アレクサンドラ・リヴォーヴナの逮捕、流刑後に消息不明となる。

次女ニーナの病死後、トロツキーの健康状態も悪化し、九月には政治局に対して移転を要求したが、一二月一六日にヴォルィンスキー特使がOGPU二名とともにトロツキーのもとを訪れ、政治的活動の中止を確約しなければ政治生活から完全に隔離し、生活条件を変えざるをえないし、居住地も変更する問題が生じうると警告した。一〇月に通信行為を封鎖されてからも、トロツキーが極秘裏に私的な通信を続けていたことが背景にあった。

そして、翌一九二九年一月半ば、スターリンが政治局でトロツキーを隔離する必要があると発言、同月一八日付でトロツキーの国外追放が決定された。同二〇日、ヴォルィンスキーが再び訪れ、トロツキーに追放令を伝えた。

「市民トロツキーは、反ソ的な非合法の党を組織し、最近においては反ソ的活動を教唆し、政権に対する武装闘争の準備を行なってきた。このような反革命的活動にたいし、刑法第五八条一〇項により起訴されたトロツキーの件に関する一九二九年一月一八日付合同国家保安部議定書。

決定。市民トロツキー、レフ・ダヴィドヴィチをソ連邦から追放する。」（ヴォルコゴーノフ、前掲書）

こうして、トロツキーは祖国を追放されることになる。一月二二日、トロツキーらは、ソ連邦警察総本部旅券部長のフォーキンに伴われてアルマ・アタを出発した。途中、連れてこられた次男セルゲイ夫妻と一緒になるが、国内に残ることを決めたセルゲイ夫妻とは二月一〇日に到着したオデッサで別れた。ナターリャと長男レオン・セドフだけが国外追放に同行することになる。オデッサ到着前に、行く先がトルコのイスタンブールであることを知らされた。そして、同夜海路でオデッサを出発した。

後年、スターリンは重大な過ちを冒したことに気づく。トロツキーがスターリン批判の一連の著作を執筆するために使用した膨大な資料を持ち出すことを禁止しなかったことと、トロツキーを生きて国外に出してしまったことをである。

4　トルコ時代

一九二九年二月一二日、トロツキーはイスタンブールに到着した。初めはロシア領事館に滞在したが、その後状況が変化して領事館からの立ち退きを求められたため、市内ペラ通りのトカトリャヤン・ホテルに転居し、四月にマルマラ海に浮かぶプリンキポ島に年額四〇〇〇ドルの借家を見つけそこに移転した。生活費はロシア領事館から受け取った一五〇〇ドルに加え、欧米の出版社と交わした『わが生涯』（七〇〇〇ドル）や『ロシア革命史』（四万五〇〇〇ドル）など著書出版契約の前払い、種々の新聞・雑誌からの原稿依頼やインタビューに求めた。出版社との交渉は当初、トロツキーの友人であるフランス人アルフレッド・ロスメルの妻マルグリッドが行なった。

プリンキポでの滞在時期は、ロスメル夫妻など旧知の友人たちとの再会もあったが、新しい出会いが中心となり、ロシア人よりもフランスをはじめとする欧米出身の人々との関係が広がった。

三月にはフランスのトロツキストであるレーモン・モリニエとその妻ジャンヌ・マルタンが来訪して意気投合する。レーモンがフランスに帰った後も、ジャンヌは家事手伝いのために残り、その後トロツキーの長男レオン・セドフと恋愛関係におちいって結婚する。後述するが、ジャンヌはレオン・セドフの死後、トロツキーの長女ジーナ（ジナイーダ・リヴォーヴナ・ブロンシュタイン）の息子セーヴァ（フセヴォロド・プラトノヴィチ・ヴォルコフ、メキシコ名エステバン・ヴォルコフ）の養育をめぐってトロツキー夫妻と紛争を起こすことになる。

五月にはロスメル夫妻が来訪して七月まで滞在した。こうして、ロシア語の月刊機関紙『反対派ブレティン』の発行が七月にフランスで開始される。また七月にはフランスから、のちにトロツキーの弁護人となるジェラール・ロザンタールや、シュルレアリストのピエール・ナヴィルとその妻ドニーズが来訪した。ロザンタールは翌一九三〇年一月にも再訪し約二カ月間滞在している。

また、トロツキーの亡命時代に信頼できる秘書となった人々も次々にプリンキポに到着した。一九三〇年四月一五日にはチェコ人のヤン・フランケルが到着し、そのため秘書的業務から解き放たれたレオン・セドフは翌一九三一年二月にドイツに出発できた。一九三二年五月にはドイツからオットー・シュスラーが、同年七月にはフランスからピエール・フランクが、同年一〇月にはフランスからジャン・ヴァン・エジュノールが、一九三三年四月にはドイツからルドルフ・クレメントが到着した。フランケル、エジュノール、シュスラーはその後、一時的にトロツキーのもとを離れた時期もあったが、メキシコ時代にもトロツキーに合流している。とくにシュスラーはトロツキー暗殺の日にもメキシコに滞在していた。クレメントは第四インターナショナル創設のため尽力したが、創設直前の一九三八年七月にパリで暗殺された。

一方で、スターリン派の工作員もトロツキー邸に接近した。一九二九年五月末にプリンキポに到着し、同年一〇月末までとどまったオーストリア共産党党員でユダヤ系のリトアニア人であったヤコブ・フランク（別名グレーフ）の場合は、トロツキーが第一次世界大戦前にウィーンで知り合った精神分析学者アフレート・アードラーの妻ライーサの推薦もあって受け入れ、信用できるとして長期滞在を許したが、のちに工作員であったことが判明した。また、一九三一年八月にプリンキポに来訪したセーニンとロマンのウェル兄弟（アブラハムとルーヴィンのソボレヴィシウス兄弟）も工作員であった。彼らもユダヤ系のリトアニア人であり、一九二九年にドイツのライプニッツ・グループに加入して「左翼反対派」グループ内に潜入した。二人はその後、一九三〇年代半ばにヨーロッパで『反対派ブレティン』の配布に協力したが、ドイツのトロツキスト・グループの壊滅を目的に活動していたらしい。一九三二年には正体が判明しており、トロツキーは同年一〇月一〇日付でレオン・セドフに宛てた手紙の中で、ロシア語を話すというだけで重大な仕事を任せたことは誤りだったと述べている。

他方、一九三一年一月八日にトロツキーの長女ジーナが息子のセーヴァを伴ってプリンキポに到着した。ジーナにはザハール・モグリンとの間にもうけた娘アレクサンドラ・ザハロヴナ・モグリーナと、再婚の夫であるプラトン・ヴォルコフとの間にもうけた息子セーヴァの二人の子供がいたが、セーヴァだけを連れてソ連邦を離れた。彼女は父親を深く愛していたが、親子間の感情問題を解決できずに苦しんだらしく、同年一〇月二九日にセーヴァをプリンキポに残して一人でベルリンに向かった。その後、一九三三年一月五日にベルリンでガス自殺を遂げた。彼女の自殺にはトロツキーにも精神的な責任がある。彼女は、母親と夫と娘をソ連邦に残してきており、精神的な支柱は父親の存在であったはずだ。しかし、トロツキーはジーナ母子がプリンキポに来てからも、彼女を精神的に支えてやる努力を怠った。だからこそ、彼女はセーヴァを残して一人でベルリンに旅立ったのであり、ベルリンから多くの手紙をトロツキー宛てに書いたにもかかわらず、父親からの返事はあまりこなかった。それゆえに父親に愛されていないと悩んだりもした。ベルリンで世話になった異母弟のレオン・セドフとも彼女の側から感情的な齟齬があったことを考えれば、父親の離婚にも不満があったのかもしれない。その上、ジーナが精神分析の主治医にかかり始めてからは、彼女から来た手紙を治療の参考のためにとトロツキーが主治医に送ったのだ。それがまたジーナには精神的に打撃を与えたといわれている。

ジーナがプリンキポに到着してから一カ月後の一九三一年二月一八日、レオン・セドフがベルリンに旅立った。彼も父親との間に精神的齟齬が生じ、一九二九年末にはソ連邦に帰国すると言い、イスタンブールのロシア領事館に帰国許可を請求することもあった。ジーナやレオン・セドフとトロツキーの関係を考えれば、やはりトロツキー自身が国外追放生活の中で病んでいたと言うべきかもしれない。

レオン・セドフが出発して一〇日後の二月二八日の夜から翌三月一日の未明にかけて、プリンキポのイゼット・パシャ荘で火災が発生する。原因は湯沸かし器の消火忘れであり、幸い貴重な資料に大きな被害は生じなかった。トロツキーらは翌日より島内のサボイ・ホテルに移り、三週間ほど滞在した後、対岸のトルコ本土にあるカディケイ町のモーダ地区の仮家に移転した。プリンキポに戻ったのは、翌一九三二年一月であり、ハムラジ・ソカギ通りの借家に移った。

その直後の二月二日、ソ連邦政府はトロツキー一家の市民権を剥奪した。これによって、トロツキー親子は国籍も旅券も失って、無国籍状態のまま放浪の亡命生活を余儀なくされることになる。したがって、同年一一月にデンマークの学生グループからコペンハーゲンでの講演要請を受けて同国を訪問した際には、トルコ政府が発行した在留外国人用旅券で旅することになる。

一九三二年一一月一四日、トロツキーは妻のナターリャや秘書たちとコペンハーゲンに向けて出発した。他方、セーヴァがオーストリアでジーナと会うことになっていたが、オーストリアの入国査証の発給が遅れたため、秘書エジュノールがセーヴァを連れて同月二三日にプリンキポを出発した。トロツキー一行のデンマーク滞在中、エジュノールはパリにとどまり、一行のプリンキポ帰島に合流している。トロツキーらはデンマーク滞在中、同国が永住あるいは長期の滞在資格を発給する可能性について交渉したが、デンマーク政府が拒否したために、フランス経由で帰島した。フランス政府は短期滞在さえ許可しなかった。一行は一二月一〇日にプリンキポに帰り着いた（エジュノール『トロツキーとの七年間』）。

一九三三年初めにフランスにダラディエ政権が発足した後、トロツキーの自伝『わが生涯』のフランス語訳者であるモーリス・パリジャニンが同政権に対してトロツキーの滞在を許可するよう働きかけを始め、一九一六年にトロツキーに出された国外追放令を撤回させることに成功した。七月四日、パリジャニンからトロツキーに手紙が届き、追放令の取り消しが伝えられた。トロツキーらは早速フランスへの転居を決め、イスタンブールのフランス領事館に査証を申請、七月一五日にはプリンキポを離れた。トロツキー夫妻に同行したのは、五月二三日から滞在していた米国労働党（WP）のマックス・シャハトマン、六月から滞在しタイピストとして協力していた米国人女性のセアラ・ジェイコブズ、七月七日から滞在していたドイツ人のエルヴィン・アッカークネヒト、秘書のエジュノールとクレメントであった。一行は、七月一七日にイスタンブールからイタリア船「ブルガリア」号に乗り込んでマルセーユに向かった。

この時期、トロツキーは国際的な「左翼反対派」の運動の方向を転換する。一九三三年一月三〇日、ドイツにおいてヒンデンブルグ大統領がヒットラーを首相に任命し、ナチスが政権を掌握した。ナチスの政権掌握とドイツ共産党の全面敗北という事実を前に、トロツキーはこれまでの共産党改革とコミンテルンの枠内での反対派の活動という路線を放棄し、新しい党、および新しいインターナショナルの創立という路線に転換する。

三月一四日に執筆した「ドイツ・プロレタリアートの悲劇——ドイツ労働者は再起するだろうが、スターリニズムはだめだ！」と題する論文において、ドイツにおいては共産党は歴史的使命を果たすことに失敗し、革命的組織としては滅亡した、したがってその組織の改革は絶望であり、新しいドイツ共産党の建設にとりかかるほか道はないと主張した。この時点ではまだドイツ以外の国の共産党については触れていない。

六月一六日には、「左翼社会主義組織とわれわれの任務」と題する論文を各国組織に送付したが、その中で第一に、ドイツにおけるナチスの勝利は社会民主主義を危機に追いつめている、しかもコミンテルンはその磁力を喪失しているので、左翼中間主義分子を「ボリシェヴィキ＝レーニン主義」に獲得する機会が生まれているとして方向転換を主張した。しかし、ロシアは例外であり、ソ連邦に関しては新しい共産党は必要ないと主張していた（湯浅赳男『トロツキズムの史的展開』）。

だが、七月一五日にG・グーロフという筆名で執筆した「新たな共産党と共産主義インターナショナルを建設する必要がある」と題する論文において、ソ連邦共産党をも含めた既成共産党の改革を放棄することを主張し、これを各国の「左翼反対派」グループに送付した。

「左翼反対派はその成立以来、マルクス主義的批判と内部分派活動を通じてコミンテルンを改革し再生するという任務を自らに課してきた。多くの国々、とくにドイツにおけるこの数年間の諸事件は、官僚的中間主義の政策が致命的なものであることを大々的に暴露した。しかし、巨大な資源で武装したスターリニスト官僚は、歴史的発展の要求に抗して、自分たちのカーストの利害と偏見を押し通すことができた。この結果、コミンテルンは再生の道ではなく、解体と崩壊の道へと入った。（中略）ファシズムの雷鳴によって目覚めることもなく、官僚のこのような屈辱的措置にも唯々諾々と従うような組織は、そのことによって、自分がもはや死んでおり、もはや何ものもそれを再生することができないということを示したのである。（中略）スターリニスト官僚から完全に独立し、これと政治的に対抗するマルクス主義的インターナショナルを創設することだけが、ソ連邦の今後の運命と世界プロレタリア革命の運命とを結びつけることによって、ソ連邦を崩壊から救うことができるのである。（中略）ボリシェヴィキ＝レーニン主義者が、帝国主義の時代における最も重大な戦闘、その勝利と敗北の中で試された原則的基礎にもとづいてプロレタリア党建設の任務を提出している。（中略）いずれにせよ、現在問題になっているのは、新しい党と独立したインターナショナルをただちに宣言することではなく、その準備をすることである。（中略）左翼反対派は「反対派」として振る舞い行動することを完全にやめる。それは、自らの道を自分で切り開いていく独立した組織となる。われわれは社会民主党およびスターリニスト党の中に独自の分派を建設すると同時に、無党派および未組織の労働者のあいだで独自の活動を展開する。われわれは労働組合の中に、スターリニスト官僚の労働組合政策から独立して、独自の支持基盤をつくり出す。われわれは有利な条件がある場合は必ず、われわれ自身の旗のもとで選挙に参加する。改良主義的および中間主義的な労働組合組織（スターリニストのものを含む）との関係では、われわれは統一戦線政策の一般的原則を指針とする。とりわけ、そして何よりも、この統一戦線政策を、ソ連邦を外部の介入と内部の反革命から防衛するために適用する。」（『トロツキー著作集14　一九三二―三三　下』）

トロツキーはプリンキポを去る二日前にこの論文を執筆した。六月中旬から七月中旬の間にトロツキーの認識が大きく変化している。したがって、プリンキポからフランスへの移動は、「左翼反対派」の運動の方向転換と相まっていたのである。それゆえに、トロツキーはフランスへの移動に際して「左翼反対派」の運動拡大をめざして大いに期待していたと推測される。

5　フランス・ノルウェー時代

一九三三年七月二四日、トロツキー一行はマルセーユに到着した。港ではフランス入管当局とともに長男レオン・セドフが出迎えた。二年五カ月ぶりの再会であった。その間に長女ジーナが自殺している。親子の間で語り合うことが多かったに違いない。フランス入管当局の手配もあり、トロツキー夫妻はレオン・セドフが同行してカシスに上陸、秘書たちはマルセーユに上陸した。

トロツキーは翌二五日、フランスのトロツキストであるレーモン・モリニエが事前に手配した、ロワイヤンの北二〇キロのサン・パレ近郊にある借家「レ・ザンブラン荘」に到着した。二六日には、マルセーユから別行動をとりレオン・セドフと行動をともにしていた秘書エジュノールが合流した。八月三日、クレメントやセアラ・ジェイコブズら他の秘書たちもパリ経由で到着した。八月七日にはアンドレ・マルローが滞在先を訪問している。

八月にパリで欧米の一四の「左翼反対派」の組織やグループが参加する会合が持たれたが、第四インターナショナルの創設に賛同したのは三組織にすぎなかった。七月下旬の時点では、トロツキーは新しいインターナショナルの名称をコミンテルン（ボリシェヴィキ＝レーニン主義派）にするか第四インターナショナルにするか迷っていたが、八月には第四インターナショナルにすることを決めたようである。しかしまだ、トロツキーの主張は浸透していなかった。そこで、トロツキーは一〇月に刊行された『反対派ブレティン』に第四インターナショナルを創設する必要性を主張した論文を掲載した。

「レ・ザンブラン荘」はマスコミにも知られていなかったが、トロツキズムの運動に関わる多くの人々が訪れた。オランダの革命的社会主義者党のヘンリク・スネーフリートらも訪れた。スネーフリートらの左翼中間主義者は第四インターナショナル結成には賛同していない。「レ・ザンブラン荘」滞在中、ナターリャは九月から数週間、単独でパリを訪問している。

九月後半から天候が悪化し、トロツキーの健康に悪影響が出そうになったので、ナターリャが帰ってきた一〇月八日の翌日から二人はレーモン・モリニエの弟アンリ・モリニエとジャン・メシュレールが同伴してボルドー、モン・ド・マルサンからオート・ピレネー県のバニエール・ド・ビゴールに静養の旅に出た。

一〇月三一日、トロツキー夫妻はバニエール・ド・ビゴールを発ち、翌日オルレアンでレーモン・モリニエが出迎え、車でパリ南東五〇キロのセーヌ・エ・マルヌ県のバルビゾンにある「ケール・モニック荘」に移転した。同居したのは、秘書のクレメント、エジュノール、エジュノールの恋人であるガブリエル・ブローシュ、セアラ・ジェイコブズであった。バルビゾン滞在中にトロツキーは何度もパリを訪れて、ルート・フィシャーらヨーロッパ各地の「左翼反対派」の指導者たちや、シモーヌ・ヴェイユなどのフランスの知識人たちと会合した（エジュノール、前掲書）。

しかし、翌一九三四年二月にダラディエ政権が倒れて、右派のドゥーメルグ政権が発足して以来、トロツキーに対する待遇が悪化した。ダラディエ政権はトロツキーがパリに居住しないこと以外は条件をつけなかったが、ドゥーメルグ政権はトロツキーを国外追放する口実探しに努めた。同年四月一二日、秘書のクレメントがパリからの帰宅途中、オートバイ運転中に通行証不正使用の廉で身柄拘束されたことからトロツキーがバルビソンに滞在していることがマスコミに知れ、そのためトロツキーらは四月一五日にレオン・セドフが確保したセーヌ・エ・マルヌ県内のラニーにある家屋に移転した。当局側がマスコミに情報を与えたことは明らかだった。ドゥーメルグ政権はトルコ政府に対してトロツキーの受け入れを打診したが、トルコ政府はトロツキーがトルコに戻ることを拒否する旨を公表した。

トロツキーらはラニーでの滞在を短期間にすませ、いわば放浪の生活を開始した。数日間の旅の末、五月一〇日に警察当局の許可を得た上でグルノーブル近郊の町ラ・トロンシュにあるラテンアメリカ系学生が多く居住する小さな下宿屋に入った。しかし、雑誌にトロツキーの写真が掲載されたこともあり、五月二八日にはラ・トロンシュを離れ、グルノーブルの北三〇キロにある寒村サン・ピエール・ド・シャルトルーズにレーモン・モリニエが手配した家屋に転居した。エジュノールによると、トロツキーがサン・ピエールに滞在している間、非合法にオランダもしくはベルギーに出国させる可能性を探るため、エジュノールが両国に赴いてスネーフリートやアンリ・スパークなど「左翼反対派」や「左翼中間主義」グループの協力を依頼したという（エジュノール、前掲書）。

サン・ピエール滞在中にトロツキーは、フランスの「左翼反対派」グループにフランス社会党への加入戦術を提案した。この加入戦術は、各国共産党およびコミンテルンの内部での活動を放棄した路線の延長線上で、「左翼反対派」の大衆的基盤を拡大する目的で採用された方針であるが、「左翼反対派」の中にもこの方針に反対するグループが生じた。フランスではレーモン・モリニエらは賛成したが、ピエール・ナヴィルは反対した。しかし、同年秋までにグループの大半は社会党に加入した。だが、加入戦術は一年間しか続かなかった。翌一九三五年秋、フランス社会党はトロツキスト・グループを除名した。他方、加入戦術は米国などにおいて継続されていた。

一九三四年六月下旬、サン・ピエールの村長が熱狂的なカトリック信者であったことから、トロツキーの滞在が知られた場合にはスキャンダルになる可能性が生じてきたため、トロツキーらはサン・ピエールを離れ、リヨンのホテルに移り、七月中旬になってようやくグルノーブルの東一〇キロにあるドメーヌ村の学校教師ロラン・ボー宅に同居することになる。家屋が狭いのでロシア人タイピストを雇うことができず、秘書はエジュノールだけであった。

この時期、ソ連邦の国内情勢もフランスの国内情勢も激動期に入りつつあった。フランスでは、前述のとおり、「左翼反対派」グループは社会党への加入戦術を進めつつあった。他方、ソ連邦では同年一二月一日に共産党レニングラード州委員会書記のキーロフが暗殺される事件が発生し、これを契機にスターリン体制はトロツキストに対する攻撃を強めるとともに、一九三六年八月にはジノヴィエフとカーメネフをキーロフ殺害の首謀者として裁判を開始した。そのため、レオン・セドフやモリニエ兄弟のほか、ジャン・ルス、スネーフリート、ナヴィルなど多くの関係者がトロツキーを訪れた。

一九三五年、ノルウェーに労働党政権が発足した。ノルウェーに亡命していたドイツのトロツキスト、ワルター・ヘルトが労働党党員のオラフ・ショフレを通じてノルウェー政府にトロツキー受け入れのための査証発給の可能性を打診したところ、六月八日にノルウェー政府が滞在許可証を出したとの知らせを受け、トロツキーらは六月一〇日にドメーヌを発ってパリに向かった。パリ到着後、ノルウェー政府がまだ査証発給を決定していないことが判明したため、三日間ロザンタール家に滞在してノルウェー大使館を通じて交渉した結果、六月一三日に交渉はまとまり、六カ月間の期限つきで査証を発給されることになった。

一九三五年六月一四日、トロツキー夫妻はパリを出発し、翌一五日にノルウェー船「パリ」号でオスロに向かった。アントワープまではエジュノールとナヴィル・グループのジャン・ルスが同行したが、オスロ行きに同行したのはエジュノールと、アントワープで合流したヤン・フランケルの二人だった。

約二年間のフランス滞在時代は住居を転々としなければならなかったために、資料を梱包した荷物をほどく時間もなく、したがってトロツキーは執筆活動に集中することもできなかった。フランスで執筆したものには『反対派ブレティン』に掲載した時局分析的なものが多数を占めたが、ノルウェーでは大著『裏切られた革命』の執筆に取り組むこととなる。

六月一八日、トロツキー一行はノルウェーのオスロに到着し、オスロの北西五〇キロにあるイエヴナケル町のホテルに到着した。二三日、オスロの北六〇キロにあるヘーネフォス町にある社会主義者の国会議員であるコンラート・クニューセンの自宅に移転したが、手狭な個人宅で秘書は一人が限界だったため、フランケルが残り、エジュノールはフランスに帰った。一〇月、外国人の滞在手続きのためフランケルが警察に出頭しなければならなかったが、彼の旅券にはフランスからの追放の烙印を消した跡が読み取れるため、トロツキー滞在がスキャンダルになることを避ける必要に迫られた。そのため、フランケルは急遽チェコスロヴァキアに帰国し、代わりに同じくチェコのトロツキスト・グループからエルヴィン・ヴォルフが到着した。ヴォルフはクニューセンの娘ヨリスと結婚する（ロザンタール『トロツキーの弁護人』）。

クニューセン宅への入居後、労働党の創立者で党首でもあるマルティン・トランメリ、司法大臣のトリグヴェ・リー（のちの初代国連事務総長）がトロツキーを訪問した。その際、トリグヴェ・リーはトロツキーが政治活動を控える義務を認識しているかを確認しようとしたが、トロツキーはノルウェーの問題に干渉するつもりはないと返答した。これに対し、トリグヴェ・リーは「どの友好国の政府に対しても敵意ある活動」を避けるよう要求した。ノルウェー政府は、トロツキーが滞在中にソ連邦に批判的な活動をすることを恐れていた。

一九三五年九月、トロツキーは経済的破局に直面した。九月一九日から健康を害してオスロの病院に入院したが、九月二九日になって入院費があと一〇日分しか残っていないほどに困窮した。そこでトロツキーは緊急に資金確保の目的で、一九一七年から一九二二年までの書簡類約九〇〇点を売却することに決め、レオン・セドフを介してアムステルダムの国際社会史協会と交渉を始めた。オリジナルはモスクワに保管されているため、売却の対象となったのはタイプや写真によるコピーであった。同年一二月二八日に売買契約が成立した。

同年一二月初めに、フランスのトロツキスト・グループの間に分裂が生じる。社会党への加入戦術をめぐって分裂したナヴィル・グループはその後、加入戦術を受け入れて、一度はモリニエ・グループと合同したが、社会党からの除名後、今度はモリニエ・グループが分派機関紙『ラ・コミューン』を発行し始めた。このため、トロツキーやレオン・セドフとモリニエ・グループとの間に不協和音が生じることとなり、レオン・セドフとジャンヌ・マルタンの関係も悪化し始める。エジュノールも当初はモリニエ・グループについていたが、一九三六年二月に主流派に復帰した。

一九三六年六月、ブルム人民戦線政府の発足後、フランスの情勢が激動化し始めた。六月一日にはモリニエ・グループとの和解が成立し、フランスの「左翼反対派」は国際主義労働者党に再結集することになった。トロツキーは六月三日付で「決定的瞬間」、同月一〇日付で「フランス革命が始まった」を執筆し、「いたる所にソヴェトを！」と呼びかけた。

七月一九日にはスペインで内戦が始まった。トロツキーは密かにカタロニアへ行くことを希望したため、レオン・セドフとエジュノールが可能性を探ったが、結局実現していない。

八月四日、執筆に六カ月を要した大著『裏切られた革命』を脱稿し、序文の部分を出版社に送付したトロツキーは、その日クニューセン一家とともにクリスチアンサン方面に小旅行に出かけた。同日夜、クニューセン宅が留守になったことを知ったノルウェーの親ナチ派のクィスリングの支持者の一団がクニューセン宅を襲い、トロツキーの書きかけの手紙や資料を奪い去った。トロツキーが居住条件に違反している証拠の入手を目的としたらしい。翌日トロツキーらは滞在先で盗難の知らせを受けたが、重要な書類は奪われていないことを確認して滞在を続けた。

八月一三日もしくは一四日、滞在先にノルウェーの刑事警察部長が、クィスリングの配下に対する裁判に関連してトロツキーを訊問するために訪れた。訊問は、クィスリングの配下が盗み出した、トロツキーがフランスの支持者に宛てた私信の写しと論文「フランス革命が始まった」に関するもので、トロツキーが居住条件に反していないかどうかを調べることを目的としていた。

この頃、モスクワにおいてジノヴィエフやカーメネフほか一四名に対する裁判が開始されようとしており、トロツキーがノルウェーからテロリストをソ連邦に送り込んでいるとの告発も含まれていた。いわゆる「第一次モスクワ裁判」である。そのため、ノルウェー政府は神経質になりつつあったのである。八月一五日、トロツキーはこの告発に反駁して、裁判は「世界政治史上最大の偽造」であると主張し、「私はノルウェーに来て以来、ソ連邦とはなんの関係ももたなかったことを強く断言する。私はここでは、ソ連邦からたった一通の手紙さえ受け取っていないし、また誰に対しても、直接的にも、他人を通してでも、手紙一つ書いていない。私の妻と私は、私たちの息子とただの一行も手紙をやりとりすることができなかった」と述べ、ソ連邦での告発は隠れ家と自分を防衛する可能性を奪い去ろうとするためにもくろまれたものであると批判した(ドイッチャー『追放された予言者・トロツキー』)。

そして、裁判が行なわれた八月一九日から二五日までの間、ラジオに耳を釘付けにして聞き入った。裁判は、ジノヴィエフ以下全被告に死刑の判決を下すとともに、「ソ連邦内でテロリスト的行為の組織を直接準備し、自ら指導した廉で、告発されたレフ・ダヴィドヴィチ・トロツキーと、彼の子息レフ・リヴォーヴィチ・セドフは、ソ連邦領土で発見された場合には、ただちに逮捕され、ソ連邦最高裁判所の軍事委員会によって裁判されるものとする」と結ばれていた。

八月二一日付労働党機関紙『アルバイダー・ブラデット』は、二〇日にトロツキーに行なったインタビューを報じたが、これに対して、ソ連邦大使ヤクボーヴィチがトリグヴェ・リー司法大臣に面会して抗議を申し入れるとともにトロツキーの追放を求めた。トリグヴェ・リーはトロツキーがノルウェーをテロリスト活動の基地にしているとのソ連邦側の主張を否定したが、圧力に屈した。

八月二六日、上級警察官二名がトロツキーのもとを訪れて、トロツキーが居住条件に違反したとのトリグヴェ・リー司法大臣の命令を伝えるとともに、「今後は直接にも、間接にも、口頭でも、文筆によっても、他国の当面の政治問題に干渉することを控え」、そして著述においても「活動を厳に歴史的な著述や特定の国に向けられない、一般的な理論的所見に限定する」と誓約することを求めた。これに対して、トロツキーはきっぱりと断った。二日後、トロツキーはクィスリングの配下による盗難事件に関してオスロの法廷に出廷を求められて証言した。その後トロツキーは、警察によって司法省へ連れて行かれ、トリグヴェ・リー司法大臣から、ノルウェー滞在中には友好的な国家に対していかなる政治活動も行なわないとの誓約書に署名するよう求められたが、これを拒否した。

八月二九日、ソ連邦大使ヤクボーヴィチがトロツキーを追放するようノルウェー政府に要求する正式文書を手交し、「引き続きトロツキーの亡命を許すことは、ソ連邦とノルウェーの友好関係を傷つけ、国際関係を支配するルールを侵害することになろう」と述べた。

こうしてソ連邦の圧力に屈し、他方でトロツキーによる誓約書署名の拒否に遭い、ノルウェー政府は窮地に立たされた。トロツキーを受け入れる国がなかったために追放することもできず、他方でトロツキーに法廷で発言させる機会を与えてしまうので、ソ連邦は引き渡しを要求してこなかった。ノルウェー政府は、トロツキーの言動を封じることを目的として、八月三一日にトロツキーを監禁する法令を発した。

事態を憂慮したレオン・セドフの依頼で、同月二五日にエジュノールがフランスからノルウェーに赴いたが、八月二八日にエジュノールはヴォルフとともに国外退去を求められ、二九日にオスロを出発させられた。ヴォルフは翌一九三七年、イギリスの雑誌の特派員として新婚の妻ヨリスとともにスペインに赴いたが、七月二七日にバロセロナで逮捕され、一度釈放された直後に行方不明となった。

一九三六年九月二日、トロツキー夫妻はノルウェー政府によって身柄を拘束され、オスロの南西三六キロのストルサン村に近いスンビュに拘禁された。一〇月二九日にノルウェー政府はトロツキーに対し、いかなる法律行為にもたずさわることを禁止する特別政令を公布し、さらには監禁された住宅の周りを散歩することも禁止した。一一月一一日にはトリグヴェ・リーがトロツキーを訪問し、ノルウェー政府はトロツキーが同国滞在中に外国の法廷で訴訟を起こすことを禁止する決定をしたと通報するとともに、さらには他の国に滞在許可を求めるように厳命し、「当局の警護つきの現在のトロツキーの逗留は、多大な出費を招くがゆえに、近い将来、大幅な出費削減を可能にする土地および住居に移ることを覚悟されたい」と通告した（ロザンタール、前掲書）。

トロツキーは「スターリンの犯罪」の中で次のように述べている。

「私の他国での権利を守るために、私はまず「ノルウェーを離れ」なければならなかった。この言葉には、ほとんど露骨な追放の脅迫、すなわちGPUへの引き渡しの脅しがこめられている。これが、この間の事態について、フランスの私の弁護士ロザンタールへの手紙で私が下した解釈である。」（『トロツキー著作集5　一九三七―三八　上』）

ロザンタールらが中心となって、ノルウェー以外にトロツキーを受け入れる可能性のある国を物色した。しかし、ヨーロッパにおいてそのような国を見つけることはもはや不可能であった。一一月二一日には米国政府も受け入れを拒否した。

6 『裏切られた革命』

一九三六年八月にトロッキーが脱稿した『裏切られた革命』は、その当時のソ連邦および全ソ連邦共産党の現状に関するトロッキーの分析を総括した重要な理論的著作である。『裏切られた革命』の原題は『ソ連邦とはなにか、そしてソ連邦はどこへ行きつつあるか?』であったが、一九三七年にヴィクトル・セルジュ訳のフランス語版が出版されて以来、『裏切られた革命』の書名が用いられてきた。

トロッキーは『裏切られた革命』の中で、ソ連邦の現状を「資本主義と社会主義との中間にある」と分析し、その特徴として、「(イ)生産力は国家的所有に社会主義的性格を付与するにはまだきわめて不充分である。(ロ)計画経済の無数の気孔から、欠乏によって生み出される原始的蓄積への傾向が吹きだしている。(ハ)ブルジョア的性格を残している分配基準が新たな社会文化の根拠となっている。(ニ)経済成長は勤労者の境遇を徐々に改善しつつも、特権層の急速な形成を促進している。(ホ)官僚は社会的対立を利用して、無統制にして社会主義と無縁なカーストに転化した。(ヘ)社会的変革は支配党によって裏切られたが、所有関係と勤労者の意識のうちになお生きている。(ト)累積された矛盾がいっそう増大すると、社会主義に到達する可能性もあるが、資本主義へと後退する可能性もある。(チ)資本主義へと向かう途上では反革命が労働者の抵抗を粉砕しなければならないであろう。(リ)社会主義へ向かう途上では、労働者が官僚を打倒しなければならないだろう」と指摘した。

このトロツキーの指摘は、『裏切られた革命』を脱稿する二カ月前の一九三六年六月一一日に全ソ連邦共産党中央執行委員会でその草案が承認された「新憲法」が規定した「社会主義が最終的かつ決定的に勝利した」との主張に対する批判としてなされたものである。トロツキーは、ソ連邦においては社会主義はまだ完全に勝利しておらず、資本主義に後退する可能性さえ有する過渡期的段階にあるにすぎないと指摘した。それゆえにこそ、トロツキーは次のように述べてプロレタリア独裁の必要性を主張した。

「プロレタリア独裁はブルジョア社会と社会主義社会のあいだにかけられた橋である。したがってそれは本質そのものからして一時的な性格をもつ。独裁を遂行する国家の任務は自分自身の廃止を準備することにある。」

「今日のソヴェト社会は国家なしでは、いやそれどころか——一定の範囲内では——官僚なしにもやっていけない。しかしその原因は過去のみじめな残滓では決してなく、現在の強力な動向と勢力なのである。強制の機関としてのソヴェト国家の存在を正当化するものは、今日の過渡的体制がまだ社会矛盾にみち、それらの矛盾が消費の分野——だれにとってももっとも身近で神経過敏な分野——で著しく緊迫していて、いつでもそこから生産の分野へ突入する危険をはらんでいるという事態である。したがって社会主義の勝利は最終的であるとも決定的であるともまだ言いえないのである。」

「新憲法はソ連邦で「人間による人間の搾取の絶滅」が達成されたと宣言しているが、それは嘘である。新しい社会的文化によって人間にたいするもっとも野蛮な搾取形態が復活する諸条件が生まれている。」

「ソヴェト体制を過渡的もしくは中間的と呼ぶことは、資本主義（「国家資本主義」をも含めて）や社会主義というものの完璧な形での社会的カテゴリーをしりぞけることを意味する。しかしこの規定自体もまったく不充分で、今日のソヴェト体制から社会主義への移行しかありえないような誤った観念さえ呼びおこしかねない。実際には資本主義への後退も完全にありうるのである。もっと完全に規定しようとすれば、必然的に複雑かつ難解にならざるをえないであろう。」

トロツキーの分析視角から見ると、一九二四年秋にスターリンが一国社会主義路線を主張した時点から、対外的にはソ連邦の生き残りを至上視する立場に立って帝国主義列強との「平和」を模索することによって各国の革命運動を抑圧し、国内的には資本主義的要素の復活を許容しながら新しい支配層として官僚の増大と特権化が強化されてくることになった。それゆえに、全ソ連共産党とソ連邦の誤りは世界革命路線を放棄して一国社会主義路線をとったこと、そしてその結果として官僚の支配が拡大し、官僚主義が独裁的傾向を強めて反対派を圧殺している現状にあった。トロツキーは次のように述べている。

「一見すると、物質的・文化的水準が高まれば、特権の必要性が減り、「ブルジョア的権利」の行使領域がせばまり、まさにそのことによってそうした権利の庇護者である官僚の基盤が足もとからくずれるはずである。だが実際には反対のことが起こった。生産力の成長はこれまであらゆる種類の不平等、特権、特典の極度の増大を、そしてそれとともに官僚主義の増大をともなってきた。このこともまた偶然ではない。ソヴェト体制は初期には確かに現在に比べて均等主義的な性格がずっと強く、官僚的な性格はずっと小さかった。しかしそれは全体的貧困の均等化であった。（中略）今日の生産状態は必要なもののすべてを万人に保証するという事態からまだはなはだ遠い。しかし少数者に多大な特権をあたえ、かつ不平等というものを多数者を駆り立てるための鞭と化すにはすでにそれだけで充分である。これが、生産の増大がなにゆえにこれまで国家の社会主義的な特徴ではなくてブルジョア的な特徴を強めてきたかということの第一の理由である。」

「労働者国家は「ブルジョア的権利」を保護するために、そのタイプからすれば「ブルジョア的」である機関を、すなわち新しい制服を着ているとはいえ、やはり同じあの憲兵をつくりだすことを余儀なくされる。こうしてわれわれはボリシェヴィキ綱領とソヴェトの現実との基本的な矛盾の理解に向かって第一歩を踏み出した。国家が死滅するどころか、ますます専制的になっていきつつあるとしても、また労働者階級の代表が官僚化し、一方、一新された社会を官僚層が上から支配しつつあるとしても、それは過去の心理的残滓などといったなんらかの二義的原因によるのではなくて、真の平等を保障する可能性がないあいだは特権的少数者をつくりだし、支えざるをえないという鉄の必然性のせいなのである。」

「ここでわれわれがなによりも関心をいだくのは、ヨーロッパとアジアの革命のあいつぐ敗北がソ連邦の国際的地位を弱めつつ、ソヴェト官僚を異常に強化するにいたったという疑いのない、かつ教訓的な事実である。」

「ソヴェト・テルミドールの社会的意味はわれわれの眼にはっきりと見えはじめつつある。大衆の貧困と文化的後進性が再び、大きな棍棒を手にした不気味な支配者の像をして具象化した。格下げされ侮辱された官僚が再び社会の下僕から社会の主人となった。その途上で官僚は人民大衆から社会的にも精神的にもあまりに乖離してしまったため、みずからの行為にたいしてもみずからの収入にたいしてももはやいかなる統制も許すことができないのである。」

「「幹部」崇拝とはなによりもまず官僚、管理職員、技術貴族を崇拝することを意味する。ソヴェト体制は他の諸分野におけると同様に幹部の登用や養成の事業においても先進的なブルジョアジーが自国でずっとまえに解決した課題の遂行になお取り組まざるをえない。しかしソ連邦では幹部は社会主義の旗を掲げて登場するため、ほとんど神にたいするような礼と不断の昇給を要求する。こうして「社会主義的」幹部の進出はブルジョア的な不平等の復活をもたらすことになる。」

トロツキーは、党内において官僚制が強化される契機となったのは、スターリン一派がレーニンの死を利用した「記念募集」を行ない、この際に入党条件が緩和されて、旧体制に寄生していた階層も党員として入り込み官僚層に転じていったことが大きな要因であるとみなす。大衆操作に能力のある旧反革命派や日和見主義者が大量に入党し、革命派が排除されていった。トロツキーは次のように指摘する。

「一国社会主義の理論と同時に、ボリシェヴィズムにあっては中央委員会がすべてで、党は無価値であるという理論が官僚向けに流布されはじめた。（中略）支配グループはレーニンの死を利用して「レーニン記念募集」を宣した。いつも慎重に守られていた党の門戸が今やすっかり開け放たれ、労働者や事務職員や役人が大挙して入ってきた。経験がなく、自主性のない、しかしそのかわり上役に服従するという古い習慣をもった人間原料の中で革命的な前衛を溶解させてしまうことにその政治的な狙いがあった。狙いはあたった。「レーニン記念募集」は官僚をプロレタリア前衛による統制から自由にすることによってレーニンの党に致命的な打撃をあたえた。機構は必要な独立をかちとった。民主主義的中央集権制は官僚主義的中央集権制に席をゆずった。」

そして、トロツキーは、スターリン主義と官僚制の関係について、スターリンが党支配を固めていく上で官僚層を基盤にする必要性があったと同時に、官僚層もまた自分たちの権力を保証する絶対的な「不可侵の」最高指導者の存在を必要としたことに、官僚制が強化された原因があると主張した。

「大衆にとって無名の存在であったスターリンが完璧な戦略計画をいだいて舞台裏から突如として出てきたなどと考えたら素朴であろう。否、スターリンが自分の道を探しあてるまえに官僚がスターリン自身を探しあてたのである。スターリンは古参ボリシェヴィキとしての威信、強靭な性格、狭い視野、みずからの権勢の唯一の源泉としての党機関との密接な結びつきなど、すべての必要な保証を官僚にあたえた。」

「スターリン神格化はしだいにうんざりするものになっていきつつあるが、それはまったく戯画的であるにもかかわらず体制の不可欠要素である。官僚は皇帝ではないとしても不可侵の最高仲裁官、第一統領を必要としており、自分たちの支配欲にもっともよくこたえてくれる者をかつぎあげようとする。」

このように一国社会主義路線がとられる中で、スターリンによる党と国家に対する支配を強化するために官僚層の増強が図られたのであるが、官僚層の増大はソ連邦の存在維持を最大の目的として、対外的には帝国主義列強や、ブルジョア急進主義者・改良主義者との共存路線をもたらし、それが一九三五年のコミンテルン（共産主義インターナショナル）第七回大会において「人民戦線」路線を採択させることにつながる。それゆえに、トロツキーにとってはソ連邦における一国社会主義路線、官僚支配の強化、「人民戦線」戦術は論理的に連結した一連の方向性なのであり、トロツキーはそれらすべてを包括する方向性を批判する。

「官僚は大衆を無制限に支配するために眠りこませたり、分裂させて無力にしたり、あからさまにだましたりするという大衆操作の経験を大量につんだ。そのことは認めてやらなければならない。しかしほかならぬその理由で官僚は、大衆を革命的に教育するという能力をあとかたもなく失った。自国で下層人民の自主性や創意を圧殺した官僚は当然ながら世界の舞台においても批判的思考と革命的気概を呼びおこすことがもはやできない。加えて支配的かつ特権的な層としての官僚は、西欧では、深い社会的な溝によって自分たちに身近なブルジョア急進主義者、改良主義的議会主義者、労働組合官僚の支援や友好のほうをずっと重んじている。（中略）事実は、民族的な限界をもった保守的で無知なソヴェト官僚はコミンテルンの指導者として世界の労働運動に災いのほかなにももたらさなかったということである。ソ連邦の今日の国際的地位はあたかも歴史の報復でもあるかのように、孤立した社会主義建設の成功によってよりも、世界のプロレタリアートの敗北の帰結によってはるかに大きく規定されている。」

「世界革命を裏切っていながらも、みずからは世界革命によって裏切られたと感じているテルミドール官僚はブルジョアジーを「中立化」することに主たる力を注いだ。そのためには穏健で、しっかりした、正真正銘の秩序の支柱に見える必要があった。しかし長いこと、そして立派になにものかに見えるためには、実際にそれになりきってしまう必要があった。支配層はそのことに腐心しつつ器質的に変化した。こうして官僚はみずからの誤りの諸結果に面してしだいに後退し、ソ連邦をヨーロッパ＝アジアの現状維持の体制の中に含めることによってソ連邦の不可侵に保険をかけるという考えに到達した。（中略）今日の対外政策の公認の定式はこうである――「他人の土地は一寸も欲しないが、自分の土地も一寸もゆずらない」。これは、職業上の約束ごと的な用語で語ることを許されているソヴェト外交によってのみならず、革命の言語で語らなければならないはずのコミンテルンによっても宣伝されている。和解しえない二つの社会体制の世界的なたたかいではなく、たんに一片の土地をめぐる争いが問題になっているかのように！」

「しかし、まともな革命的政治家ならフランス＝ソ連条約の利益や不利益をいかに評価しようとも、ソヴェト国家があれこれの帝国主義との一時的協定に自国の不可侵の補いとなる支えをもとめる権利をだれしも否定しないであろう。ただしそうした部分的、戦術的協定が歴史的諸勢力の全体の枠組の中でいかなる意味をもつのかを大衆に明確に、かつ公然と示さなければならない。とりわけフランスとドイツの対立関係を利用するにあたっては、ブルジョア同盟国とか、一時的に国際連盟という衝立で隠蔽されている帝国主義国連合とかをいささかも理想化する必要はない。しかるにソ連邦の外交のみか、コミンテルンまでソ連邦に追随して、たまたまモスクワの同盟国となった国を系統的に「平和の友」に染めかえ、「集団安全保障」や「軍縮」のスローガンで労働者をだまし、そうすることで実際に労働者大衆にたいする帝国主義者の政治的手先と化している。」

「だれもソヴェト政府にたいして国際的な冒険、無分別な好意、世界の事態の進行を力ずくで速めようという試みなどをもとめていない。反対に過去に官僚によってそうした試みがなされた（ブルガリア、エストニア、広東等々）ことがあるが、それは反動を利し、かつ左翼反対派から時宜を得た非難をあびただけだった。問題はソヴェト国家の政策の一般的方向性である。ソ連邦の対外政策と世界のプロレタリアートならびに植民地諸民族の利害との矛盾は、コミンテルンが無為という新しい宗教をかかえた保守的官僚に従属しているという点にもっとも破滅的な形であらわれている。」「今日、十月革命の運命はかつてなくヨーロッパと全世界の運命と結ばれている。今ソヴェト連邦の問題はイベリア半島、フランス、ベルギーで決せられつつある。（中略）ソヴェト官僚が「人民戦線」なる背信的な政策によってスペインやフランスでの反動の勝利を保障する――コミンテルンはその方向でやれることはなんでもやっている――ことに成功するとしたら、ソヴェト連邦は破滅の淵に立たされることになるであろうし、官僚にたいする労働者の蜂起よりもむしろブルジョア反革命のほうが日程にのぼることであろう。しかし改良主義的指導者と「共産主義的」指導者との合同サボタージュにもかかわらず、西ヨーロッパのプロレタリアートが権力への道を切り開くならば、ソ連邦の歴史にも新たな一章が開かれるであろう。」

トロツキーは世界革命論の立場から、一国社会主義論の延長線上で表現された「人民戦線」戦術を批判し、「人民戦線」ではなくプロレタリア統一戦線を提起した。一九三五年一一月二六日付で執筆した「人民戦線と行動委員会」において、トロツキーは「人民戦線」を否定的にとらえ、その概念を、「プロレタリアと帝国主義的ブルジョアジーとの提携である。この場合帝国主義的ブルジョアジーは、急進党および、これと同種でもっと小型の一連の腐敗物という形をとっている。この提携は議会の分野に広がっている。議会の内外で、急進党は、自らは完全な行動の自由を維持しながら、プロレタリアの行動の自由には露骨に掣肘を加える」ものであると描いている（トロツキー『スペイン革命と人民戦線』）。

ノルウェー政府がトロツキー夫妻に事実上国外退去を求めた一九三六年一一月時点において、彼らの亡命を受け入れたメキシコのカルデナス政権は、メキシコ共産党（PCM）やメキシコ労働者連盟（CTM）からの働きかけもあって「人民戦線」型の政権運営を展開しようとしていた。したがって、トロツキーはメキシコ滞在中、自分が批判してきた「人民戦線」運動を展開するカルデナス政権の庇護を得るという矛盾した立場に置かれる。このような自家撞着の状況下でトロツキーは、メキシコのような「半植民地」国においては「人民戦線」は反帝国主義闘争の主体になりうるとの認識を持つようになる。

一方、トロツキーはソ連邦の現状を批判するに際して、一九二一年のクロンシュタット叛乱の時点では非常事態にあったため、例外的措置としてボリシェヴィキ以外のプロレタリア政党の存在は許容されなかったが、非常時の終了後は他のプロレタリア政党や党内フラクションの存在は許容されるべきだと主張した。

「支配党の急速な増大にともない、任務の新しさや大きさに面してたえず内部的な意見対立が生まれた。国内の隠然たる反対諸潮流はさまざまな手段を用いて唯一の合法的政治組織に圧力を加え、フラクション闘争を強化させようとした。内戦の終結の時点ではそれは国家権力を揺るがすおそれがあるほどはげしい形態をとるにいたった。一九二一年三月、少なからぬボリシェヴィキをまきこんだクロンシュタット叛乱の日々、第一〇回党大会はフラクションの禁止、すなわち国家の政治体制を支配党の内部生活にもちこむという措置に訴えざるをえないと判断した。しかしフラクション禁止はやはり情勢が本格的に好転したらただちに撤廃されるべき例外的措置として考えられていた。同時に中央委員会は新しい掟の適用にきわめて慎重で、なによりもそれが党の内部生活の窒息を招かないように気をくばっていた。」

「ボリシェヴィキ党の独裁は史上もっとも威力ある進歩の一手段であった。（中略）野党の禁止はフラクションの禁止を招いた。フラクションの禁止は、無謬の指導者と異なる考えをもつことの禁止に終わった。党の警察的な一枚岩的体制は官僚の専横を招き、それがあらゆるたぐいの堕落と腐敗の源となった。」

「反対政党の禁止は、内戦、封鎖、干渉、飢餓という諸条件によって強いられた一時的な措置であった。当時プロレタリアートの前衛の真の組織であった支配党の内部活動は溌剌としていた。もろもろのグループやフラクションのあいだのたたかいがある程度政党間のたたかいを代行していたからである。社会主義が「最終的かつ決定的に」勝利した現在、フラクション結成は銃殺によってでなければ強制収容所によって罰せられる。別政党の禁止は一時的な悪から原理へと高められた。（中略）プロレタリアートはその社会的構造からして資本主義社会でもっとも異質的でない階級である。それにもかかわらず、事態の進展とともにブルジョア的支配の道具の一つに転化してゆくような日和見主義政党が生まれるには、労働貴族や労働官僚のような「層」が存在するだけで充分なのである。スターリン流の社会学の見地からすれば、労働貴族とプロレタリア大衆との創意が「根本的」なものであるか、「ある種」のものでしかないかはどうでもいいことである。しかしかつてはまさにこの創意のために、社会民主主義派と手を切って第三インターナショナルを創設する必要が出てきたのである。ソヴェト社会に「階級というものがない」としても、ともかくソヴェト社会は資本主義諸国のプロレタリアートよりもはるかに異質的かつ複雑であり、したがっていくつかの政党が発生するに足る基盤になりうるのである。」

「問題はひとつの支配的徒党を別のそれととりかえることではなく、経済の管理を文化の指導の方法そのものをあらためることである。官僚専制はソヴェト民主主義に席をゆずらなければならない。批判の精神と真の選挙の自由を復活させることが国のいっそうの発展の不可欠条件である。それはボリシェヴィキ党をはじめとするソヴェト諸政党の自由の復活と労働組合の蘇生とを前提とする。経済に民主主義がとりいれられるということはさまざまな計画を勤労者のためになるように抜本的に検討しなおすということを意味する。経済問題の自由な審議は官僚の誤りとジグザグがもたらす間接費を低下させるであろう。」

このようなトロツキーの主張は、その後のソ連邦だけでなく、東欧・東アジア・ラテンアメリカに成立した社会主義諸国においてとられた共産党による一党支配という政治システムのあり方に疑問を突きつけるものである。プロレタリア独裁期においても、他政党やフラクションの存在を認めるべきとのトロツキーの主張は、過渡期社会主義論において再考される必要がある。

しかし、トロツキーの主張にも一貫性が見られない。すなわち、トロツキーは、クロンシュタット叛乱の発生時には「非常時」との口実で非共産党の運動を抑圧したボリシェヴィキの指導者として弾圧の張本人であった（補論にて後述する）。「非常時」であれば、非共産党の運動を武力で抑圧するという手段がなぜ正当化できるかについて、理論的整合性があるとは考えられない。複数政党や党内フラクションを容認するのであれば、クロンシュタットの叛乱時においても、ソヴェトの中において他の選択肢をプロレタリアートに示す可能性を認めるべきであったろう。その意味で、トロツキーの政治的自由に関する主張には論理的一貫性は見られない。

第2章

メキシコ　1920〜30年代

ラサロ・カルデナス（1895－1970）

1　メキシコ共産党（PCM）の成立

メキシコ共産党（PCM）の起源は、一九一一年に結成された社会主義労働者党（POS）にさかのぼる。同年は、一八七六年以来続いたポルフィリオ・ディアス独裁政権を打倒する動きとして始まったメキシコ革命が発生した年である。POSは、一九一二年にアナルコ・サンジカリスト系グループが分離して「世界労働者の家（COM）」を結成した後、一九一三年に自然消滅したが、一九一七年にメキシコ社会党（PSM）として再生した。再生した要因の一つは、米国の第一次世界大戦参戦に反対した社会主義者の多くが米国国内での迫害から逃れてメキシコ入りし、PSM再生に協力したためである。その中には、のちにPCMの初代書記長となったホセ・アレンやインド人のマナベンドラ・ナット・ロイなどがいた。ロイは国際的な「反帝国主義・民族解放論」の代表的なイデオローグであるが、一九二七年に開催されたコミンテルン執行委員会においてトロツキーの執行委員からの解任に賛同している。

一九一九年七月にPSMは全国社会主義者会議の開催を呼びかけ、この会議が同年八月二五日から九月四日まで開催された。この会議にはPSMのほか、一九一八年三月に結成された改良主義派のメキシコ労働者地域連盟（CROM）や、アナルコ・サンジカリスト系の労働中央組織（GCCT）などの労働団体の指導者らが参加した。PSMからは、アレン、ロイのほか、フロレンシオ・セルバンテス・ロペス、エドゥアルド・カマチョらが参加した。ロイは当時、PSMの機関紙であった『エル・ソシアリスタ』の資金提供者であり、会議には同紙代表として参加した。

全国社会主義者会議は、一九一九年三月に結成されたコミンテルン（共産主義インターナショナル）への加盟を決議したほか、コミンテルンの一部宣言を含む「原則宣言」（二一名署名）を採択したが、それに先立って、CROMの指導者であるルイス・モロネスとCROMの改良主義的な姿勢をどのように評価するかをめぐって論争となり、モロネスの退場後に「原則宣言」が採択された。

翌一九二〇年一〇月、アレンとカマチョが週刊紙『エル・ソヴェト』の刊行を開始した。そして同年一一月二八日、PSMの臨時会議が開催され、同年九月末か一〇月初めにメキシコを訪問していたコミンテルンおよびソ連邦政府の代表であったボロディン（本名ミハイル・グルーセンベルグ）の支援により、PSMは「メキシコ共産党（PCM）」に名称を変更した。初代書記長には、前述のとおりアレンが選出された（のちに、アレンは米国陸軍情報部の諜報員であることが判明している。メキシコに入国したアレンは、在メキシコ・米国大使館付武官であったR・M・キャンベル少佐にリクルートされ、諜報員となったらしい）。

ボロディンのメキシコ訪問の目的に関しては全容が解明されていないが、当時のカランサ政権（一九一五〜二〇年）とのコンタクトが目的であったとされており、メキシコ訪問中に同大統領と会見し、ソ連邦との外交関係樹立、ソ連邦に対する食糧および一次産品の供給の可能性を打診したとみられる。またボロディンは、ユカタン州とミチョアカン州の地域的な社会主義運動の指導者であるフェリペ・カリージョやフランシスコ・ムヒカ（のちにトロツキーのメキシコ亡命実現に尽力）とも接触している。

結成当初のPCMには、コミンテルン派のマルクス主義者グループとアナルコ・サンジカリスト系が共存していたほか、インド人ロイに代表される「反帝国主義ナショナリズム」の傾向も顕著に見られた。

マルクス主義者グループとアナルコ・サンジカリスト系は改良主義派のCROMに対抗する上で共闘し、一九二一年二月には、同月一五日に開催された全国赤色労働者大会において、両グループの協力により労働者総連盟（CGT）が設立された。CGTは設立当初、両グループの妥協の結果、プロレタリア独裁をめざす世界的なコミンテルンの闘いを受け入れるが、プロレタリア独裁は一党によって行使されるのではなく、労農兵評議会に組織されたプロレタリアートによって行使されるならば受け入れると決議されたことが示しているように、アナルコ・サンジカリスト系の影響が強く見られた。しかしCGTは、ソ連邦において発生したクロンシュタット叛乱を契機としたアナーキスト系に対する弾圧が原因となって内部対立が激化し、同年九月にはマルクス主義者グループが脱退した。

一九二三年三月に開催されたPCMの第二回党大会では、コミンテルンの方針であった選挙への参加問題が激しく議論された。アナルコ・サンジカリスト系が選挙への参加に反対したが、八月二一日付でコミンテルンが書簡を送り、選挙への参加を強く求めた結果、同年に実施された大統領選挙の投票にPCMも参加することになった。党内では、ディアス・ラミレスらの政府に叛旗を翻して蜂起したデ・ラ・ウェルタを支持するグループと、ウォルフらの公認候補カイエスを支持するグループが対立したが、最終的にはPCMはカイエスを支持することを決定した。

この時期PCMは、統一戦線戦術をとっており、全国農業党（PNA）やモロネス派のメキシコ労働党（PLM）に統一戦線結成を呼びかけている。この柔軟路線は、一九二四年四月に開催された拡大会議（事実上の第三回党大会）で、カイエス政権を「アメリカ帝国主義の左腕」と批判した時点まで継続された。

その後、一九二六年五月に開催された第四回党大会において、党内農民グループからの圧力により、再び対政府協力路線に転換して、政府支持派のCROMに対する姿勢を柔軟化させるとともに、同年一一月にはPCMの指導権の下で、ウルスロ・ガルバンを指導者とする全国農民同盟（LNC）を結成した。この時期のPCMは、反帝国主義闘争と労農同盟強化を二大方針としたが、農民運動においては実際にはLNCがPCMを先導する状態にあった。

このような路線の下、労働戦線においては、PCMは一九二九年一月にPCM系列のメキシコ統一組合連盟（CSUM）が設立されるまで、共産主義系独自の労働者連盟を結成することは控え、主にCROMとCGTの内部における活動を重視し、鉄道、鉱山、石油の各部門の独立系労働組合に影響力を拡大した。CROM内部においては、一九二三〜二五年初めに首都圏のCROM系労働組合（建設、新聞、金属部門）に共産主義系の核が結成されたが長続きはせず、CROMが反撃姿勢を強めて共産主義分子を排除しだしたため、それらの核は自然消滅していった。しかし、PCMは一九二六年五月の第四回党大会において、CROM系労働組合の指導権を掌握する目的で共産主義分派の結成のためにも改良主義的な労働組合での活動を強化する方針を打ち出した。このため、CROM系労働組合の内部での共産主義グループの形成を本格化した。

一九二九年一月、CROMとCGTに続く三番目の中央労働組織としてPCM系のメキシコ統一組合連盟（CSUM）が創設された。加盟者は労働者が一一万六〇〇〇人、農民が三〇万人であった。しかし、一九二八年七月から開催されたコミンテルン第六回大会で採択された方針の下で、PCMが極左・セクト主義路線に転じたため、アナルコ・サンジカリスト系、モロネス派系、政府内左派（テハダ元ベラクルス州知事やムヒカ）にも批判された。全国農民連盟（LNC）は与党である国民革命党（PNR、一九二九年結成）に加盟する好機と見て方向転換したため、PCMは農民層への影響力も低下させた。その結果、PCMはLNCと絶縁するとともに、LNCの指導者ガルバンを除名した。この時期、PCMは党史上最大の組織的危機に直面してゆく。一九二九年七月時点で一五〇〇名であった党員は、一九三四年一二月には六〇〇名に減少した。

このようなPCMの極左路線への転換の下で、エミリオ・ポルテス・ヒル政権（一九二八〜三二年）は一九二九年、エスコバル将軍による軍事蜂起の発生に際して、PCMがエスコバル派を支援しなかったにもかかわらず、反乱支援を口実にPCMを弾圧し、同年六月には党機関紙『エル・マチェテ』の編集事務所を閉鎖した。ポルテス・ヒル政権による弾圧で、グァダルーペ・ロドリゲス、イポリト・ランデーロ、サルドバル・ゴメスらの党幹部が殺害された。

PCMは一九二九年六月に開催された党中央委員会会合において、コミンテルン代表のグロルマンの指導下で、ガルバン、ディエゴ・リベーラ、ルイス・モンソン、フェデリコ・バッハらの除名を決定した。また、PCMの「左旋回」はラテンアメリカの反帝国主義運動との関係にも影響し、PCMは一九三〇年にはニカラグアのサンディーノを「民族解放闘争に対する裏切り者」と批判して手を切った。

PCMは、一九二九年七月にはポルテス・ヒル政権を「ファシスト体制」と決めつけ、さらにはCROMやCGTとのいかなる協力も拒否する路線をとった。このようなPCMと政府との関係悪化を背景に、一九三〇年一月にメキシコ政府はソ連邦との外交関係断絶を決定する。

一九三四年一〇月、ビセンテ・ロンバルド・トレダーノら、CROM離脱者によってメキシコ労農総連盟（CGOCM）が創立されたが、プエブラ州やベラクルス州の旧CROM系の労働組合はCSUMに合流したため、CGOCMとCSUMは拮抗関係に入る。

こうしてPCMは、一九三〇年代前半に極左・セクト主義路線を継続したため、一九三四年にカルデナス政権（本章第3節で詳述）が発足した当初は、同政権の左傾化姿勢を認識できなかった。カルデナス政権の最初の数カ月間は、労働者と農民の虐殺を準備しているとカルデナスを非難し、さらに一九三五年にカルデナス政権発足を後見したカイエス元大統領とカルデナス大統領との間の対立が激化した際にも、「カイエスでもなく、カルデナスでもなく」をスローガンとし、カルデナスを「国民革命党（PNR）のデマゴギー的左翼の代表」とみなした。

しかし、一九三五年七月から開催されたコミンテルン第七回大会の影響下で、PCMは路線を再転換し、カイエスとカルデナスの対立に関してカルデナス支持を明確にするとともに、「人民戦線」戦術を採用して、その観点よりロンバルドへの従属とそれを通じたカルデナス政権への従属を深めてゆく。

コミンテルン第七回大会に出席したメキシコ代表は、大会において「人民戦線」戦術に抵抗を示したが、帰国後はPCMの路線が大きく変化する。カルデナス政権は「民族改良主義」であり、「歴代政権や他の国々のブルジョア政権と比べると、より進歩的で民主的である」と評価した。そして、大会で「人民戦線」戦術に抵抗したことや、過去の極左路線を自己批判した上で、カルデナス政権の指導下で行なわれた「プロレタリア防衛全国委員会」やメキシコ労働者連盟（CTM）の結成にも積極的に参加していく。

CTM結成への参加は、PCMの路線転換がいかに深いものであるかを印象づけた。とくに、CTM

執行部選出の選挙において、組織部長ポストをPCMのミゲル・アンヘル・ベラスコがフィデル・ベラスケスに譲歩したことは大きな妥協であるとみなされた。PCMは、「あらゆるリスクを払っても統一を！」をスローガンに掲げて、国家と労働官僚を前に、労働者階級の自立性を犠牲にすることを辞さない方向に転じたのである。しかし、こうした柔軟路線への転換により、党員は再び増加し始め、一九三四年一二月の六〇〇名から、一九三六年七月には五〇〇〇名に、一九三七年一月には一万名、一九三八年六月には一万八〇〇〇名、一九三九年一月には二万五〇〇〇名へと、PCM史上で最高水準の党員数を獲得することになる（カー『二〇世紀のメキシコ左翼』）。

だが、一九三七年一月、PCMがトロツキーをメキシコから追放すべきとのキャンペーンを開始したとき（第4章第1節に詳述）に、PCMの力はまだ充分ではなかった。そのため、協力者を必要としたが、その協力者としてロンバルドとCTMの存在があった（ただし、PCMとロンバルドは対立関係にあった。本章第4節参照）。トロツキーは、同年一月九日にタンピコ港に到着したときに行なった記者会見の中で、次のようにロンバルドに関して言及したと発表されている。メキシコ到着前に事前にロンバルドの存在につき情報を得ていたか、あるいは到着直後に説明を受けたものと思われる。この会見テクストが発表されたのは、『第四インターナショナル』誌の一九四一年六月号であり、テクストは修正されているが、完成されたのは、内容から判断して到着の数日後であったと思われる。

「モスクワの驚愕の兆候の一つが、誰の眼にも明らかになった。PCMは、週刊機関紙の全記事を私に向けはじめ、GPUとコミンテルンの下水道からの新旧の物語を載せ、さらにはわざわざ、特集号すら発行しはじめた。私の友人たちは、「気にするな。この新聞はそれ相応の軽蔑を受けている」といった。私自身は、そうしたスターリンの追従者どもと論争するつもりはまったくなかった。前途には、彼らの主人との闘いが待っているのだ。CTM書記長のロンバルド・トレダーノの行為は、まったく取るに足らないものであった。政治的ディレッタントで弁護士のこの紳士は、労働者階級および革命とはまったく無縁で、一九三五年にモスクワを訪問し、彼にはふさわしいことだが、それ以来ソ連邦の利他的な「友人」となった。「人民戦線」政策に関するコミンテルン第七回大会へのディミトロフの報告、理論的・政治的衰弱を表わすにすぎないこの文章を、ロンバルドは『共産党宣言』以来最も重要な論文として絶賛した。私のメキシコへの到着以来、この紳士は私を中傷し続けているが、私のメキシコ内政への不干渉によって、彼の発言は決して私に反駁されたことがないため、その中傷の仕方はますますぶしつけなものとなっている。」(『トロツキー著作集5　一九三七―三八　上』)

2　メキシコにおける「左翼反対派」の形成

米国の第一次世界大戦参戦を契機とした米国共産党(CPUSA)党員の介入によってPCM結成が促進されたと同様に、メキシコにおける「左翼反対派」の結成もCPUSA内に「左翼反対派」グループを設立したラッセル・ブラックウェル(メキシコ名「ロサリオ・ネグレテ」)の介入によって生じた。ネグレテは一九二八年頃にメキシコに到着した直後より、青年共産主義者同盟(JC)内での影響力の拡大を通じて「メキシコ左翼反対派(OIM)」の結成を実現する。

メキシコにおける「左翼反対派」の形成に影響を与えたと思われる人物として、キューバ人のフリオ・アントニオ・メーヤがあげられる。メーヤについては、キューバ共産党（PCC）創立者の一人とされるが、のちにPCCを追放されている。メーヤが一九二六年二月にメキシコに亡命し、一九二九年一月にメキシコ・シティで暗殺されるまでの約三年間にわたる軌跡は、彼がメキシコにおける「左翼反対派」の形成に重要な役割を果たしたことを示している。

メーヤはキューバのマチャド独裁政権によって国外追放されてメキシコに亡命し、直後にPCMに入党した。彼は、コミンテルンの影響下でメキシコで組織されたアメリカ反帝国主義同盟（LAA）にも参加した。一九二七年二月にブリュッセルで開催された反帝国主義会議にはLAA代表として出席し、その後モスクワで開催された赤色労働組合インターナショナルの第四回大会にも出席し、そこでスペインのアンドレ・ニンを知る機会を得た。その際メーヤは、ニンから「左翼反対派」の立場や、ソ連邦共産党、コミンテルン、赤色労働組合インターナショナルの内部で「左翼反対派」が行なっている闘争について説明を受けた。メキシコ帰還後の一九二七年から一九二八年までの間、メーヤはニカラグアのサンディーノが展開していた民族解放運動を支援する活動に重点を置いた。彼は民族解放闘争の中での進歩的な民族資本家との同盟を否定しはしなかったものの、つねに労働者階級の組織的自立性の必要性に関しては妥協しない立場を堅持した。

メーヤの「左翼反対派」的な立場に関しては、種々の証言が残っている。メキシコにおける初期の「左翼反対派」の中心人物であったマヌエル・ロドリゲスは、「私はエスコバル派が武装蜂起を行なったとき、ネグレテとともにベラクルスに行った。ベラクルスでネグレテは「左翼反対派」の代表として、自分は赤色救援会代表として、ウルスロ・ガルバンと会見した。この旅の途次、ネグレテは私にトロツキーとスターリンの違いについて説明した上で、メーヤと話すべきだと言った。そこで私はメーヤと数回にわたって話したが、メーヤがネグレテと同じ立場にあることを理解した」と述べている。

フェリクス・イバラも、「叔父のアルベルト・マルティネスが私と弟をJCに連れて行こうとしたが私たちは抵抗した。（中略）一九二九年一月一〇日にメーヤが殺害されてから、私たちは見方を変え、叔父にJCに連れて行ってくれと頼み、JCに加入した。メーヤはトロツキストであり、叔父がわれわれを「左翼反対派」に近づけたのである」と述べている（ギャル『メキシコのトロツキー』）。

また、ガルベス・カンシーノは、一九二八年九月にメーヤがアルベルト・マルティネスに「反対派綱領」と題するパンフレットを手渡したと証言しているが、そのパンフレットには「共産主義を再武装するために、アルベルト・マルティネスに捧げる」とのメーヤの献辞が記されていた。また、クララバルによれば、同年四月にモンテビデオで開催された米州労働組合会議に出席した画家のダビッド・アルファロ・シケイロスが、モスクワ代表として参加していたヴィットリオ・コドヴィージャとリカルド・マルティネスがメーヤのことをトロツキストと批判するのを聞いている。クララバルは、一九二八年当時、メーヤは一国社会主義建設論やPCMの労働組合路線であるCROMやCGTへの加入戦術を批判していたと述べている。

さらに、一九二八年九月に開催されたPCM中央委員会の席上で、コミンテルン代表のスティルネル（本名ウッグ）がメーヤの論文の内容や分派的な行動を理由として彼をトロツキストとして批判し、党追放処分に付すことを求めた。メーヤは一九二九年一月に殺害されており、彼がPCMを実際に除名されたのかどうかは不明である。殺害には当時メキシコに滞在中であったイタリア人のヴィットリオ・ヴィダリ（メキシコ名は「カルロス・コントレーラス」あるいは「ソルメンティ」。のちにスペイン内戦時にコミンテルンの軍事顧問として国際旅団政治部長の地位にあり、アンドレ・ニン殺害に関与したといわれる。第二次世界大戦後はイタリア共産党上院議員）が関わったと伝えられる。

ネグレテは、JCの組織担当書記に就任して、とくに地方組織の強化に努めた。一九二九年八月にヴィダリ（ソルメンティ）の指導下で開催されたJC第一回大会において、ネグレテは反対派的発言をしたために、その後ヴィダリがPCM指導部代表として参加したJC委員会臨時会議において、JCとPCMからの追放処分に付された。ネグレテは、その後も極秘裏に「左翼反対派」結成のために働き続け、この頃にはロドリゲスが協力し始めた。ロドリゲスはPCM内にとどまって党内での「左翼反対派」結集のための核の形成をめざした。その結果、青年インターナショナルのラテンアメリカ代表であるウクライナ人のアブラハム・ゴロド（組織名「ゴンサレス」）、ベニタ・ガレアーナ、ペドロ・マリア・アナヤ・イバラのほか、のちに著名な著作家となるホセ・レヴエルタスらが加わるようになった。

レヴエルタスが「左翼反対派」の立場をとっていたことに関しては、米国のトロツキストであったアバーンが、プリンキポ島に滞在中のトロツキーに一九三〇年三月三〇日付で送った書簡の中に記された、「メキシコのネグレテ同志が逮捕され投獄された。新しい連絡先は次のとおりです。ホセ・レヴエルタス：メキシコ市ペスカディトス二〇番地」との文章が、一九三四年一二月の赤色救援会メキシコ支部の機関誌『赤色防衛』に引用されたことで証明されている。

ネグレテが逮捕された事件とは、一九三〇年三月にポルテス・ヒル政権が外国人共産主義者たちを

「危険な過激派」との理由で国外退去処分に付したことを指しているものと思われる。国外退去させられた者の中には、ネグレテのほかに、ヴィダリやゴンサレス（ゴロド）も含まれていた。また、多くのメキシコ人共産主義者も逮捕され、「左翼反対派」のマヌエル・ロドリゲスらもマリアス島の刑務所に投獄された。ネグレテの国外追放とロドリゲスの投獄によって「左翼反対派」の運動は一時期停滞した。

一九三二年一二月、ロドリゲスは釈放後、ＪＣ内に反対派グループの形成に力を入れ、その結果クララバル、カレーロ、ギジェルモ・ソリス、アンヘル・イバラ、フェリクス・イバラらが結集した。このときロドリゲスは、スペイン共産主義反対派（ＯＣＥ）から派遣されてきたマヌエル・フェルナンデス・グラディソ（組織名「ムニス」）と米国社会主義労働者党（ＳＷＰ）の支援を受けた。ＯＣＥは一九三一年後半から翌一九三二年七月までフェルナンデス・グラディソを派遣したほか、機関紙『共産主義』を提供した。ＳＷＰは機関紙『ザ・ミリタント』を提供したほか、定期的にメキシコの政治情勢やＰＣＭに関する分析、さらには助言を送って支援した。

一九三一〜三二年にはフェルナンデス・グラディソの指導もあり、新たなメンバーも加わって「左翼反対派」が事実上組織的に存在し始める。一九三二年七月にフェルナンデス・グラディソが逮捕され国外追放されたが、一九三三年には「左翼反対派」の機関紙として『イスキエルダ（左翼）』と『オポジシオン（反対派）』が発行され始める。

ロドリゲスは、一九三二年一二月に釈放された直後にも公然と「左翼反対派」を名乗り、数カ月後にはＰＣＭから除名されたが、そのときイバラ兄弟も除名された。一方、米国に滞在中のゴンサレスの影響下で、ＰＣＭの外で「左翼反対派」に加わってきた教員グループのルシアーノ・ガリシアとオクタビオ・フェルナンデスが意図的にPCMに入党している。

ガリシアは一九一三年六月三〇日にベラクルス州のパパントラに生まれ、ハラパ市の師範学校に入学した。その頃、米国のSWPが配布したスペイン語版のパンフレット類やトロツキズムの基本文献を読むようになり、一九三一年ベラクルス州政府の奨学金を得てメキシコ・シティの国立師範学校に進み、そこでフェルナンデスと知り合った。

フェルナンデスは、一九一四年一一月一八日にメキシコ・シティのラ・セルセー地区に生まれ、父親も教員であった。一九二九年国立師範学校に進学し、そこでマルクス主義の基本文献に接し始めるとともに、「左翼反対派」の出版物も読み始めた。

ガリシアとフェルナンデスは、国立師範学校での学生運動を通じて知り合い、米国にいるゴンサレスの影響下で、トロツキーの『永久革命論』を読むようになる。一九三三年には理論誌『プロレタリア戦線』を発行し、メキシコ・シティの工場地帯で配布し始めたが、これがPCMに知られるようになり、入党を勧誘された。二人は事前に、ベンハミン・アルバレスも含めた三人でゴンサレスと協議した後、PCMに入党した。

三人はその後、赤色救援会や「革命的著作家・芸術家同盟（LEAR）」でも活動するが、とくにサンタ・フリア工場地帯においてPCMの細胞形成に力を入れた。その後、ガリシアはサンタ・フリア地区にとどまったものの、フェルナンデスはサン・イルデフォンソの学生細胞に活動拠点を移した。

一九三四年四月、ガリシア、フェルナンデス、アルバレスの三名は、ドイツに関する情勢判断を原因としてPCM指導部と対立し、事前に米国のゴンサレスと協議した上で離党した。三月二〇日付PCM

機関紙『エル・マチェテ』は、「最近党を追放された三名のトロツキスト教師は、スペインのトロツキスト機関紙『共産主義』から取り入れた、ソ連邦とコミンテルンに対する挑発的発言を行なったため追放された」との内容の記事を掲載している（ギャル、前掲書）。

ガリシアは、ゴンサレスを通じて、「左翼共産主義反対派（ＯＣＩ）」を名乗っていたロドリゲスのグループに合流した。ＯＣＩは新しいメンバーの加入によって強化され、機関誌『ヌエバ・インテルナシオナル』を発行する（第五号まで発行）。

この時期、米国から帰国したディエゴ・リベーラ（メキシコを代表する壁画家）がＯＣＩに加入した。リベーラは独立系の急進派労働者組織である「人民の家」を拠点に活動し始め、同年六月にはＯＣＩとリベーラが協力して「マルクス・レーニン主義研究普及協会（ＡＥＤＭＬ）を創設し、リベーラが事務局長を務めた。

一九三四年五月には、ネグレテに影響されて、米国からチャールズ・カーティス（メキシコ名「カルロス・コルテス」）がメキシコに到着、『ヌエバ・インテルナシオナル』の発行に協力した。

同年後半、左翼運動に対する弾圧が強化され、九月にＯＣＩメンバー四名が逮捕されてマリアス島刑務所に投獄されたが、手配を受けたカーティスはＯＣＩメンバーの援助で海路でメキシコを脱出して米国に帰った。この頃は、政府の弾圧に加えて、スターリン派共産主義者たちとの対立関係が激化したが、イバラとロドリゲスの不在の下で、ＯＣＩの指導権はガリシアたちに移った。

一九三四年末、ＯＣＩは新しい指導部を選出するための会合を開催して国際主義共産主義者同盟（ＬＣＩ）を結成し、規約や労働者組織に関するテーゼを採択した。当時メンバー数は三〇～四〇名であり、労働者細胞とサンタ・フリア細胞が中心的な二大細胞であった。

ガリシアやフェルナンデスはサンタ・フリア細胞に属した。しかし、一九三五年に入るとLCIは、社会党への加入戦術、およびロンバルドやCGOCMとの協力の可否をめぐって分解する。ロドリゲスらは、一九三四年に結成された左翼社会党（PSI）への加入にも、ロンバルドとの協力にも賛成したが、ガリシアらはいずれにも反対し、グスタボ・デ・アンダたちはガリシアらに同調しつつも、彼らの知識人的姿勢に反発していた。一九三五年八月一日に党内和解が成立したものの、その後再び分裂し、ガリシアはフェルナンデスと別れてデ・アンダと結んで「レーニン主義青年組織委員会（COJL）」を結成、フェルナンデスはリベーラと組んだ。両グループは「プロレタリア防衛全国委員会」の結成と、第四インターナショナルへの加盟に賛同する姿勢を明確にしたが、ロドリゲスはLCIを離党した。

一九三六年半ば、ガリシアはデ・アンダと決裂し、フェルナンデスと和解、一方デ・アンダはスペインのマルクス主義統一労働者党（POUM）に接近した。ガリシアらは統一建設労働者組合（SUC）を強化して、六〇〇名の組合員を擁するSUCを基盤にLCIを再建した。再建されたLCIの書記長にはSUC指導者のフアン・R・デ・ラ・クルスが選出された。

その後、ガリシア、フェルナンデス兄弟、イバラ兄弟、アルバレス、デ・ラ・クルス、リベーラ、フリーダ・カーロのほか、SUCの労働者数名が参加して第四インターナショナル・メキシコ支部を結成し、政治局員にリベーラ、ガリシア、フェルナンデス、フェリクス・イバラを選び、イバラは書記長を兼任した。リベーラがトロツキスト組織の指導部に名を現したのはこれが初めてであった。第四インターナショナル・メキシコ支部は、一九三六年九月三日に機関誌『第四インターナショナル』を創刊した

（一九三七年一二月まで一七号発行）。この時点で、第四インターナショナル・メキシコ支部とLICのメンバー数は約六〇名であった。

LCIの特徴は、スペインのPOUMとの関係を継続していたことである。したがって、LCIには左翼反対派的姿勢と左翼中間主義的姿勢が混在していたと言える。一九三六年一一月、ダニエル・レブル（別名「ダビッ・レイ」）たちからなるPOUM代表団がスペイン内戦の資金集めのためにメキシコを訪問した際、LCIは同代表の資金集めを支援した。

一九三六年一二月にカルデナス大統領がトロツキーの亡命受け入れを決定するやいなや、米国からマックス・シャハトマンがメキシコ入りして、LCIメンバーたちとともに、トロツキー受け入れの準備を開始したが、これにレブルも協力した。

LCI党員の多くは、トロツキーのメキシコ到着によって党員が一致団結し、それまで内紛が絶えなかった党内事情が好転するものと期待した。しかし実際には、逆にメキシコのトロツキスト陣営内の個人的対立は深まり、LCI自体の解党をもたらすことになる。

3　カルデナス政権

ベヌスティアーノ・カランサ政権（一九一五～二〇年）のあとはアルバロ・オブレゴンが継ぎ（一九二〇～二四年）、その後プルタルコ・エリアス・カイエス将軍が継承する（一九二四～二八年）が、カイエス将軍はその後、一九二八年から三四年まで院政を敷き、長期支配を確立した。しかし、カランサ以後の政権によって骨抜きにされたメキシコ革命のナショナル・アイデンティティ形成と貧農保護を中心とする路線は、ラサロ・カルデナス政権（一九三四〜四〇年）によって再び機軸に据えられた。

ラサロ・カルデナスは、一八九五年にミチョアカン州のヒキルパン村にムラート（ヨーロッパ系とアフリカ系の混血）の血統を継ぐフランシスコを祖父に、自宅の一部で薬局を営むダマソを父に、八人兄弟のうち姉二人に続く長男として生まれた。ラサロが一六歳のときに父親が死亡したため、長男として一家を支えた。

一九一三年、ようやくミチョアカン州にも革命の波が押し寄せた。貧農の土地奪還運動に取り組んだメキシコ革命の「英雄」の一人エミリアーノ・サパタは思想的な仲間であったが、カルデナスはサパタとは仲たがいしていたギジェルモ・ガルシア・アラゴン将軍の部隊に、参謀本部付大尉として任官した。アラゴン将軍がゲレーロ州のアンブロシオ・フィゲロア将軍の軍に合体した際には、マルティン・カステロホン部隊に参加することになった。その後、アラゴン将軍の参謀であったスニガ将軍に従い、一九一四年七月八日にはメキシコ・シティをめざすアルバロ・オブレゴン将軍指揮下の北西軍団の騎兵師団第二二連隊第三中隊を率いて従軍した。メキシコ・シティ近郊では、イスタパラパ、コヨアカン、ソチミルコでエミリアーノ・サパタの南部解放軍と交戦し、この間に少佐に昇進した。その後、ルシオ・ブランコ将軍の命令で、パンチョ・ビージャ（南部モレーロス州のサパタに呼応して北部チワワ州で農民を率いて蜂起した指導者）との戦闘においてアグアスカリエンテス州、ソノラ州への進軍に参加した。その後、一九一五年三月二八日にはソノラ州にてプルタルコ・エリアス・カイエス将軍の指揮下で中佐に昇進して、ミチョアカン・ハリスコ出身連隊を指揮するようになった。同年九月中旬にサンタ・バルバラでの待ち伏せ攻撃を受け、これを三日間にわたって抗戦して退けた功績で大佐に昇進した。この時点でカルデナスは、オブレゴン将軍やその後継者となるカイエス将軍に認められるようになった。まだ二〇歳であった。

一九一七年初頭、カルデナスはチワワ州におけるパンチョ・ビージャ軍討伐戦に参加し、一九一八年三月にはヤキ族討伐戦に従軍した。一九一九年初めから一九二〇年五月半ばまでは、ウァステカ地区の鎮圧戦に参加してトゥスパン地域を指揮し、六月にはミチョアカン州に戻って州知事代行に就任し、同年末にはソノラ州に第一旅団長として赴任した。その後、一九二一年末にはオアハカ州の地峡地域の軍司令官として赴いた。一九二二年にはミチョアカン州に戻り、一九二三年半ばには同州軍管区司令官に任命された。同年末にラファエル・ブエルナ将軍の反乱が発生したときには、オブレゴン大統領の命令で、一二月一二日に騎兵二千を率いてブエルナ将軍の追跡を行なうが、ハリスコ州における会戦で罠に陥って敗退して負傷し、グァダラハラの病院に入院させられた。その後、一九二四年三月には少将に昇進し、一九二五年三月にはウァステカ地域とオアハカ州の地峡地域の軍司令官に任命され、ベラクルス州のビジャ・クアウテモック村に総司令部を置いた。この時期より、政治イデオロギー面での成長期に入った。カルデナスの政治面での師匠はカイエス大統領で、イデオロギー面での教師は旧友であるフランシスコ・ムヒカであった。ムヒカは、本章第5節で詳述するとおり、一九三六年一一月にカルデナス政権がトロツキーの亡命受け入れを決定した際に尽力するとともに、トロツキーが一九四〇年八月二〇日に暗殺されるまで、カルデナスに代わってトロツキーの庇護者となった人物である。

一九二六年頃に、カルデナスはムヒカの勧めによってギュスターボ・ル・ボンの『社会主義の心理学』やマルクスの諸著作を読んだといわれている。しかし、社会主義の理論を理解したとしても、決して社会主義者になったわけではなかった。

カルデナスはミチョアカン州知事に選出され、一九二八年九月に就任する。この州知事時代に、のちの大統領時代に実施した多くの諸措置の原型が形成される。ミチョアカン州には、ムヒカが州知事をしていた時期から、貧農への土地の分配や、労働者保護を目的とした労働法が制定されていた。ムヒカを先導として、カルデナス路線のレールが敷かれていたのである。カルデナスは州知事就任と同時に、ムヒカ時代に醸成された共産党系の社会主義志向の教師たちを先頭としたミチョアカン革命労働連盟（CRMDT）を結成し、政治的基盤とした。CRMDTは四年後には一〇万名のメンバーを擁する組織に成長したが、その中心は農民であった。この州知事時代における州政府とCRMDTの関係が、カルデナス大統領時代に形成される国民革命党（PNR）とメキシコ労働者連盟（CTM）や全国農民連盟（CNC）との関係のモデルとなった。

カルデナスの州知事時代の四年間に、ミチョアカン州においては農民に対する土地の分配が促進された。一九一七年から一九二八年までの間では、ミチョアカン州全体で一二四の共同体に一三万一二八三ヘクタールの土地が分配されたのに対し、カルデナスの州知事時代の四年間には一八一の共同体に対して一四万一六六三ヘクタールの土地が分配された。また、労働者保護も進められ、さらには四七二校の学校が建設された。このような民衆を保護する姿勢は一貫していた。例えば、州知事時代の初期に、ミチョアカン州においてクリステーロスの反乱が生じたが、弾圧よりも説得と恩赦で対応し、一九二九年一二月にはその首領であるシモン・コルテスを降伏させることに成功している。

一九二九年、カルデナスはソノラ州においてエスコバル将軍の軍事蜂起が発生した際、これを鎮圧するための北西軍団司令官に任命され、一時的に州知事職を離れた。また、一九三〇年一一月から一九三一年八月まではPNR総裁に就任したため、さらに、同年の八月から一一月までは内務大臣に就任したため、州知事職が中断された。一九三二年五月頃からは大統領後継者の指名問題も絡んで、カルデナスを陥れようとする陰謀が、カイエス自身ではなく、カイエス派の中でメンチョル・オルテガを中心に策謀され、カルデナスは同年九月に州知事を辞任した。その後、カルデナスはプエブラ軍管区司令官に任命されて転勤し、アマリア・ソロルサノと出会って結婚した。しかし、オルテガらの策謀にもかかわらず、カルデナスは一九三三年六月、カイエスによって大統領候補に指名された。

一九三四年七月の大統領選で当選し、一二月に大統領に就任したカルデナスは、第一次内閣の組閣に際し、自派の人物に加えて、カイエス派の人物を大量に起用したほか、カランサ派出身者、ビージャ派出身者、サパタ派出身者も起用した。しかしその後、軍を中心として、カイエス派を少しずつ削減し、ムヒカらのカルデナス派の股肱《ここう》を起用して自らの基盤を強化していった。また、大統領就任と同時に司法府の再編法案を国会に提出したり、マスコミ報道の規制措置をとる大統領権限の実質的な強化を図るとともに、労働者および農民の体制統合を進めた。労働者対策の面では、労働者のストライキ攻勢を煽動して、労働者運動の統一への気運を醸成し、他方、労使間のルールを労働者に有利な形で確立して労働者の体制統合を図った。

一九三六年二月にはビセンテ・ロンバルド・トレダーノやフィデル・ベラスケスを指導者とするメキシコ労働者連盟（CTM）が結成された（次節で詳述）。この過程で、カルデナスとカイエス元大統領の関係が決裂し、カイエスを国外に追放するとともに、内閣改造によってカイエス派を追い出し、内閣を自派の閣僚で固め直した。

カルデナスは、一九三六年一月から一九三七年一二月まで農業問題に集中して取り組んだ。これに先立って、カルデナスは一九三五年六月二九日にエミリアーノ・サパタの故郷であるモレーロス州のアネネクイルコ村を訪問し、革命後に将軍たちによって横領されていた土地を農民に返還した。一九三六年一〇月には、綿花栽培地帯であるラ・ラグーナ村で大土地所有者の手中に牛耳られていた農地の分配を行なった。また、共同エヒード制度（共有地制に基づく農地再分配）を策定して導入した。一九三八年八月にはグラシアーノ・サンチェスを指導者とする全国農民連盟（CNC）が結成された。

さらに、カルデナスは、一九二〇年代にウァステカ地域の軍司令官時代に米国系石油企業の横暴に関する認識を深めて以来、米国系企業の活動がもたらすマイナス面に対する敵対感情を強めていたことを背景として、一九三六年には公共利益に反する外国企業の接収に関する法律を公布した。翌一九三七年半ばにはすべての石油産業を国有化する姿勢を示した。このため、米国系石油企業やこれらの利益を代弁した米国政府との間に紛争が生じたが、一九三八年三月一七日には憲法第一七条の精神を実現して「メキシコの尊厳のために」との理由で外資系石油企業を国有化した。メキシコは、メキシコ革命以後、最もナショナリズムが高揚した時期を迎えた。

カルデナスの国内面での改革は、労働者や貧農の復権を図るものであり、一面からはリカルド・フロレス・マゴン（メキシコ自由党〔PLM〕を設立、ディアス政権に対する武力闘争を試みたアナーキスト）、エミリアーノ・サパタ、パンチョ・ビージャの主張を継承するものであった。カルデナスは、カランサ、オブレゴン、カイエスの系列に属しながらも、旧サパタ派や旧ビージャ派をも閣僚に迎えている。すなわち、マゴン、サパタ、ビージャの路線を必ずしも否定したのではなく、精神性においては彼らの意志を継承したと言えよう。ただし、カルデナスにとっては、労働者や貧農の復権を図ったことは事実であるにせよ、そのことが至上の目的ではなく、真の目的はメキシコ革命を大衆に支持されるものに制度化し、メキシコ国家を強化することであった。いわば、国家至上主義に基づくものであった。そして、カルデナスのナショナリズムは、この国家至上主義の延長線上にあったものではなかったか。その意味で、カルデナス政権による国有化政策を「社会主義路線」であるとみなすことは誤りであり、むしろ国家資本主義に基づくものであったと評すべきであろう。

他方、一九三六年にスペイン内戦が発生した際には、カルデナスは共和国支持を表明し、内戦中から両親を失ったスペイン人孤児を受け入れてメキシコ国籍を与え、共和国側の敗北後は数万名規模の左翼系を含む亡命者を受け入れている。さらには一九三六年一一月、トロツキーの亡命を受け入れた。

また、PCMも、一九三五年のコミンテルン第七回大会において、「社会ファシズム」路線から転じて「人民戦線」=「反ファシズム統一戦線」路線を採用したことが一因でもあったろうが、一九三八年まではカルデナス政権を積極的に支持する路線をとった。しかしその後、PCMがカルデナス政権と訣別したことから見れば、カルデナスが左翼的傾向をもっていたことは否定できないものの、社会主義者ではなかったことは確かである。彼が左翼受け入れの姿勢を示したのは、おそらく当面の敵を、左翼、社会主義者、共産主義者と共通の敵ととらえて便宜的に利用したのみでなく、自身に左翼的傾向があったためであろう。他方、PCMがカルデナスと訣別したのは、PCMがコミンテルン追随の路線をとったためであったと評すべきであろう。しかし、カルデナスの左翼傾倒は、大統領任期が終了した後も、一九六〇年代の民族解放運動（ＭＬＮ）の結成の呼びかけ、キューバ革命に対する支持表明などにも顕著に見られることになる。

4　ロンバルド・トレダーノとメキシコ労働者連盟（ＣＴＭ）

一九三七年一月にトロツキーがメキシコに到着した時点で、メキシコ労働者連盟（ＣＴＭ）議長のビセンテ・ロンバルド・トレダーノは、メキシコにおいてカルデナス大統領に次いで国民に広く名を知られた人物であった。

ロンバルドは、一八九四年にプエブラ州のテシウトランで、イタリア系の商業・鉱業部門で事業を展開する裕福な実業家の家庭に生まれた。初等・中等教育の中では、当時のポルフィリオ・ディアス時代に流行した実証主義の影響を受けて育った。一九一二年、メキシコ革命の渦中にメキシコ・シティの国立高等学校に進学し、メキシコ・ナショナリズムに基づく新しい教育、文化の創造を掲げたアントニオ・カソやホセ・バスコンセロスの影響を受けた「一九一五年世代」と呼ばれるグループの一員となった。その後、大学に進学して法学を学び、一九一六年に行なった演説の中で初めて社会主義について触れたが、当時のメキシコが直面している諸問題の中で最も重大な問題は道徳問題であると論じていた。一九一七年には労働者を含めた大衆に接近して「人民大学」運動の書記となり、労働者の教育・文化水準の向上が必要であるとの立場から、一九一八年には組織労働者運動に接近するようになる。

ロンバルドは一九一九年に大学を卒業したが、それまでには『共産党宣言』を読み、マルクスを一九世紀が生んだ政治・道徳的言説において最も重要な人物であると考えるようになっていたといわれる。大学卒業後は、バスコンセロスが大臣を務めていた教育省に新設された図書館長に就任する一方で、労働運動への傾斜を強めてモロネスのメキシコ労働党（PLM）に入党し、モロネスの信頼を得て、一九二二年にはメキシコ労働者地域連盟（CROM）の教育担当書記を兼任するようになる。一九二五年には『資本論』も読破して「不満なマルクス主義者」を自認する一方で、翌一九二六年にはメキシコ議会が可決した石油法に米国政府が反対したことを契機に反米姿勢を強めるとともに、プロレタリア階級のみが帝国主義に対抗できるとする、途上国の地政学的な視点からとらえた独特の「反帝国主義」論を唱え始める。

ロンバルド・トレダーノ

一九二七年、オブレゴン大統領の再選問題に端を発した政治危機に際して、ロンバルドはCROMを代表してオブレゴン支持の立場をとった。だが、オブレゴン暗殺後、モロネスが首謀者と批判されたことから、モロネスと袂を分かち、政府に密着するモロネスの姿勢を批判して、政府との決裂も辞さないとの立場を強めて、労働運動の中で主導権を掌握することに集中し始める。

国民革命党（PNR）結成に象徴される国家の強化とメキシコ革命の政治制度化の進展を前に、また反CROMのポルテス・ヒル政権の発足を前に、ロンバルドは、CROM防衛の立場から、ポルテス・ヒル大統領に対抗する発言を行なって、一九二八年一二月六日に政府と決裂したが、この頃からロンバルドの独特な政治生活が始まる。まず、ロンバルドはCROM内の主導権争いでモロネスに勝利する一方で、支持基盤の組合との関係を強化し、政府に社会主義路線を進めるように求めつつも、当時極左・セクト主義路線をとっていたPCMとは一線を画するなど、独特な路線をとった。

一九三二年九月一九日、ロンバルドは多くの支持者とともにCROMを放棄して「清算CROM」を結成し、あらゆる政党からの自立性の堅持と国の経済発展に参加する労働者の権利を主張し、外国資本によるメキシコの天然資源の採掘に利権を与えることを禁止するよう求め、階級間の対立を国家が仲裁することを受け入れる姿勢を示した。ロンバルドは、これらの姿勢はメキシコ革命の成果である「一九一七年憲法」の精神を継承するものであると主張した。

翌一九三三年一〇月にはメキシコ労農総連盟(CGOCM)を結成したが、これにはメキシコ統一組合連合(CSUM)、労働者総連盟(CGT)、全国農民同盟(LNC)などの主要な労働者・農民組織が参加した。CGOCMは、「資本主義社会に変わるシステムに関して議論する以上に、緊要の問題がある。それは延期できない労働者階級のための復権を確保する目的で、プロレタリア勢力を再建し、分断された諸グループを一つの組織に結集させることである」と宣言した。そして、政党は権力掌握の用意があるとか、ブルジョア政党に対抗する以外は重要性をもたないと主張し、一方で直接行動を「革命的組合主義」の武器として、労働者階級の闘争の戦術として使用することを主張した(ギャル、前掲書)。

CGOCMは結成されたものの、目的が経済的要求に限定されていたこと、原則宣言が政府批判を含んでいないこと、ロンバルドの指導性に反発する労働者・農民組織があったことなどから、労働者・農民組織の大同団結を達成できなかった。他方、アベラルド・ロドリゲス政権（一九三二〜三四年）もCGOCMを権力への脅威と見て敵視したため、CGOCMも急進化して対立を深めた。

ロンバルドはカルデナス政権発足に際して、当初はカルデナスが提示した「六カ年計画」をファシスト的と批判し、カルデナス政権を「ジャコバン的」「偽の社会主義」と決めつけたりと、一九三五年前半まではカルデナス政権に対する批判姿勢を継続した。しかし、一九三四年一二月のCGOCM大会の頃から、ロンバルドも姿勢を変化させ始め、「組合主義」の極端化や「非政治主義」には限界があると気づき始め、路線変更が政府との協力を意味するものではないと主張するようになる。そして、一九三五年にカイエスとカルデナス大統領との対立が激化する中で、カルデナスを無条件に支持する立場に変化する。カイエスの追放劇においてカルデナスを支持し、カルデナス大統領が掲げる進歩的なプロジェクトが実現するための重要な保障を与えることになる。

一九三五年にはコミンテルン第七回大会に招待されて出席し、モスクワからの帰国後は「ソ連邦の友人」と公言するようになる。しかし、PCMには入党せず、逆にPCMとの敵対関係を強めた。ロンバルドは、ソ連邦訪問によって、ソヴェト経済システムに強い印象を受け、またディミトロフが主唱した「反ファシズム統一戦線」に賛同して、「反ファシズム・反帝国主義」の「人民戦線」戦術を唱えるようになる。この時期よりロンバルドの姿勢は大きく変化し始め、国家に対する労働運動の自立性ということれまでの姿勢を放棄して、カルデナス政権を中心とした「人民戦線」運動を進める。その意味で、PCMの路線に近づいたにもかかわらず、「共産主義者」に対する攻撃姿勢を弱めなかった。

また、一九三五年のカイエス追放劇においては、ロンバルドもPCMもカルデナス支持という意味で同じ隊列にいたにもかかわらず、PCMとの関係は、とくにロンバルド側の「共産党」嫌いのために改善されなかった。

ロンバルドは、一九三六年二月のメキシコ労働者連盟（CTM）創設に際して指導権を掌握したとき、創設の目的はプロレタリア独裁を確立することではなく、被抑圧人民の意識強化と、プロレタリアの統一の最終的実現にあると主張した。CTMの中心的なスローガンは「階級なき社会に向けて」であった。CROMとの決裂の頃のロンバルドと、CTM結成の頃のロンバルドの間には明らかに変化が見られた。共産主義とプロレタリア独裁に対する否定的な姿勢は変化していないものの、労働者と政府との関係のあり方に関しては大きく変化した。CROMとの決裂の頃はまだ、社会変革の道を妨げるような政府には何も期待できないとの主張から労働運動が自立的路線を保つ必要性を強調していたが、CTM設立の頃は「政府」という言葉を使わずに「メキシコ革命」という言葉を多用するようになる。そして、メキシコ革命から生まれた国家を社会主義に向かって導くことによってメキシコ革命の発展を実現するとの論理を前面に出して、カルデナス政権を支援する姿勢を正当化するようになる。また、カルデナス政権の路線に主張を迎合させる傾向も生じた。例えば、農民組織のあり方に関してである。カルデナス大統領は、農民を組織化するのは労働組織の任務ではなく、政権党である国民革命党（PNR）が担うべき責任であると考えた。これに対して、ロンバルドは当初、CTM創設大会において農民行動担当書記を任命すると同時に農民団体が労働中央組織に加盟することを呼びかけるとともに、農民を統一するための大会の開催を提案した。しかし、大会終了後から三日目にカルデナス大統領が、CTMが農民大会を呼びかけることを批判する見解を表明、CTMは農民大会の呼びかけを撤回した。CTMは、労働者と農民を団結させる組織の形成か、政府との協力かの二者択一を前に後者を選んで、カルデナス政権との協調関係を重視した。しかし、ＰＣＭとの敵対関係は、カルデナス政権を支点としても改善されなかった。

ロンバルドのＰＣＭに対する攻撃的な姿勢は、ＰＣＭが「第三期理論」を掲げて極左路線を展開していた時期ばかりでなく、コミンテルン第七回大会で「人民戦線」＝「反ファシズム統一戦線」路線が採用されてからも、またロンバルドがこの大会に参加して、帰国後は「ソ連邦の友人」を公言するようになっても変化しなかった。「プロレタリア防衛全国委員会」、ＣＴＭ、人民戦線党としてのメキシコ革命党（ＰＲＭ。ＰＮＲから改組）の認知、スターリンの内外政策への無条件の支持、トロツキーに対するキャンペーンにおいてもＰＣＭと同じ姿勢をとりながらも、ＰＣＭを敵対視する姿勢を変化させようとはしなかった。そして、「共産主義者ではないマルクス主義者」を自認した。

このように、メキシコにおいては、ソ連邦やコミンテルンと連帯するが、互いに共闘しあうことのない二つの勢力が存在していた。トロツキーはこのような情勢の下にあるメキシコに到着したことで、スターリン派のＰＣＭだけを相手にすればいいという状況ではなかった。トロツキーも、メキシコの政治情勢に関してメキシコ人の友人たちに説明を請うときに、最も関心を示したのはロンバルドに関してであった。

5 トロツキー亡命

米国政府がトロツキーの亡命要請を拒否したことを受け、一九三六年一一月二一日、米国の「レオン・トロツキー擁護委員会」のアニータ・ブレンナーが第四インターナショナル（準）国際書記局の指示により、メキシコのディエゴ・リベーラに緊急電報を発し、メキシコ政府がトロツキーを受け入れるかどうかを打診してただちに返事するよう求めた。リベーラはすぐに国際主義共産主義者同盟（LCI）の政治局と協議して、カルデナス大統領に会見するため、リベーラとオクタビオ・フェルナンデスからなる代表団を派遣することを決定した。

LCI政治局は、通信・公共事業相のフランシスコ・ムヒカを介してカルデナス大統領との会見要請を行なうことを決定した。ムヒカは経済相の時代にトロツキスト・グループの機関紙『オクトゥブレ（一〇月）』に資金援助したこともあるカルデナス政権内の最左派に位置する人物であった。

ムヒカは、一八八四年にミチョアカン州のティンギンディンに生まれ、一九〇四年の大学卒業後に当時のポルフィリオ・ディアス政権期に政府職員として働くかたわら、反政府系の『レヘネラシオン』紙に執筆していた。一九一一年にはディアス独裁政権打倒をめざすマデーロ派の「サン・ルイス・ポトシ計画」に参画する。メキシコ革命戦争の間にはコアウィラ州の州都であるシウダッ・ファアレス攻略戦に参加、その後コアウィラ州政府職員となった。マデーロ政権崩壊後は、カランサ派の革命軍に従軍し、一九一五年には将軍に昇進した。一九一六年、ムヒカはケレタロ制憲議会議員選挙において選出され、一九一七年憲法の中にとり入れられた国家の社会政策的関与を重視する条項を盛り込む中心的勢力となった「ジャコバン派」と呼ばれる急進的青年グループのリーダーとなり、一九二一年にはミチョアカン州知事に選出された。しかし、当時のオブレゴン政権と対立し、一九二三年一二月には逮捕されそうになって地下潜伏生活を強いられる。一方で、地下潜伏中にルイス・カブレーラとともにベラクルス州の石油利権にかかる不正事件の調査に参加する中で、ミチョアカン州知事時代のカルデナス（のちの大統領）と知り合い、外国資本によるメキシコ産石油の採掘のあり方に関して、カルデナスと問題意識を共有するようになる。

カイエス政権の発足時に種々の政府ポストのオファーを受けたが、自らすすんでマリアス島刑務所所長の職を選び、その後五年間、刑務所改革に努めた。一九三三年から翌三四年のカルデナス政権の準備期に、請われてカルデナスの側近となり、政権発足後は経済相としてカルデナス大統領の右腕となるとともに、政権のイデオローグとして、石油国有化計画の原案づくりに努めた。一九三四年にカルデナス大統領が、後見人のカイエス元大統領と手を切り、政権第二期に入ると、唯一の残留閣僚として通信・公共事業相に横滑りし、カルデナス政権によるトロツキーの政治亡命受け入れに際しては、これを実現する上で重要な役割を果たすことになる。この件に関して、ムヒカはカルデナス大統領の決定を支持しただけでなく、個人的な政治的リスクを怖れることなく、トロツキー亡命を擁護する中心的な人物となった。

一九三六年一一月二一日午後、ムヒカがリベーラとフェルナンデスと会見し、ただちにトレホンに滞在中のカルデナス大統領に宛てたリベーラのための紹介状を書いた。リベーラとフェルナンデスはこの紹介状を携行して、同日深夜前にトレホンに向けて出発した。カルデナス大統領は、翌二二日に両名と会見し、トロツキーを政治亡命者として受け入れる意向を表明したが、唯一の条件としてトロツキーのメキシコ到着時にメキシコのトロツキスト・グループが歓迎の街頭デモを行なわないことと、内政不干渉を求めた。

首都のメキシコ・シティに戻ったリベーラとフェルナンデスは、エドゥアルド・アイ外相に面会したが、同外相はトロツキーの受け入れに反対を表明した。そのため、リベーラたちが再びムヒカと会見したところ、ムヒカは、カルデナス大統領のトロツキー受け入れに関する情報が外部に漏れれば「一巻の終わり」になるので、厳重に注意するよう警告するとともに、自分に一任するよう述べた（ギャル、前掲書）。

トロツキー受け入れに関する情報は、一二月一日から現地紙に流れ始めたが、各紙にリークしたのはロンバルドのCTMであり、情報源はアイ外相であった可能性が大きいとされる。

同日（一二月一日）、このような情勢を前にして、ムヒカはリベーラとフェルナンデスと会見し、もう一度トレホンに赴いてカルデナス大統領と会見することを薦めたが、その際に労働者団体の支援を得ておくことが望ましいと助言した。このため、LCI政治局は、フェルナンデスを長として、ファン・R・デ・ラ・クルス建設労働者組合（SUTC）書記長、ダビッド・ウルスア同組合執行委員長、「人民の家」の代表としてマヌエル・ガルシアとヘナロ・ゴメスの二名、SUTCの弁護士ベルナベ・フラードからなる代表団をトレホンに送り、リベーラをムヒカとの連絡役としてメキシコ・シティに留めることを決定した。

一二月三日、カルデナス大統領はＬＣＩ代表団のトレホン着を知ると、アイ外相宛てに電報を送り、政治的理由の亡命者に対して庇護を与えることはメキシコの原則であるとして、正式に要請が提出された場合には、適切に対応するよう命じた。カルデナス大統領は代表団とは会見しなかったものの、秘書官のアグスティン・アロヨを通じて、前回の会見時に大統領が行なった決定に変更はないと伝えた。

一二月四日、カルデナス大統領は、シルベストレ・ゲレーロ内相に対し、トロツキー到着時の受け入れを指示する電報を発出した。同日付の現地紙『ラ・プレンサ』は、「レオン・トロツキー、メキシコでは歓迎されない。カルデナスはトロツキーのメキシコ到着を許さず」との見出しの記事を一面トップに掲げたが、背景にはトロツキー受け入れに反対するアイ外相がＣＴＭやＰＣＭを通じて行なった働きかけがあったものと推測される。しかし六日、アイ外相はこれらの情報を否定し、その結果、七日付各紙にトロツキー受け入れに関する情報が掲載された。『エル・ウニベルサル』紙は「トロツキーはメキシコに来ることができる」、『ラ・プレンサ』紙は「トロツキー、メキシコ来訪を許可される」、『エクセルシオル』紙は「レオン・トロツキーにメキシコ来訪許可」との見出しで、カルデナス大統領のアイ外相宛て電報を引用する記事が掲載された。カルデナス政権によるトロツキー受け入れに関する国際的な公表は、内外に賛否両論を呼び起こしたが、ＰＣＭ系列の諸団体は同七日付でカルデナス大統領とゲレーロ内相に対して抗議文を送った（ギャル、前掲書）。

このようにカルデナス政権内では、アイ、ゲレーロがムヒカと対立、前者二人は許可取り消しを主張した。ＣＴＭは、一般論として亡命者庇護権を擁護したものの、「人民戦線」戦術に反対しているトロツキーのメキシコ到着は、メキシコにおける「人民戦線」に対して否定的結果をもたらしかねず、ＣＴ

Mとしてはこれを回避するために適切な措置をとると表明した。他方、PCMは、一二月一九日付の機関紙『エル・マチェテ』に「亡命権がファシストに利用される」との見出しで、CTMよりも直接的な批判記事を掲載して、政府を批判した。CTMにせよPCMにせよ、メキシコのスターリン派は、カルデナス政権によるトロツキーの政治亡命受け入れに反対する姿勢を明確に示した。

しかしトロツキーにとっては、メキシコのカルデナス政権による受け入れは袋小路の中で見出した暁光のように思われた。トロツキーはノルウェーからの船旅の途中、一二月二八日の日記に次のように書いている。

「はるかかなたのメキシコ政府がわれわれを歓待する用意があると伝えている。「新世界」からの一通の電報を、われわれはどんなに喜んで受け取ったかは想像できるだろう。袋小路のノルウェーから脱出する道がほのかに開けたのである」(『トロツキー著作集5　一九三七―一九三八　上』)

ノルウェー政府によるトロツキーに対する拘束と厳重な監視は、ノルウェー滞在の最後の瞬間まで続けられた。一方で、ノルウェー出発は極秘裏に進められ、世論を惑わすように書き上げられた公式発表記事が新聞に掲載された。トロツキーは次のように日記に書き残している。

「われわれの出発は極秘裏に行なわれた。この差し迫った旅行から注意をそらすために、われわれがまもなくメキシコ以外のどこかほかに移される予定であるとの偽りの至急電報が新聞社に送られていた。政府もまた私が出発を拒んだり、GPUが船内に爆発装置を仕掛けたりしないかと不安であった。妻と私にはGPUに対するこの懸念は事実無根だとは考えられなかった。この場合、われわれの安全はこのノルウェーの船とその乗組員の安全に一致していた。」(トロツキー、前掲書)

こうして、ノルウェーからの出発はトロツキー夫妻の二人だけとなった。秘書たちも遠ざけられたままであった。彼らに同行したのは、ノルウェーの警察官ジョナス・リーだけであった。船の乗組員たちは、当初好奇心を示しただけであった。船主が、自ら船までやって来て、トロツキー夫妻が自分の船室を自由に使えるようにと整えてくれた。そのため、メキシコ到着までの二一日間、トロツキーは執筆に専念することができた。彼の思いは、モスクワ裁判に向けられていた（ロスメル「地球の上をヴィザもなく」）。

トロツキー夫妻は、一九三七年の新年を船上で迎えた。

「今夜、私たちの乗っているタンカーの二つの汽笛が不意に鳴り渡り、警砲が二度発射された。「ルート」号は新年の挨拶を送ったのだ。が、誰もそれに答えはしなかった。これまでの全航海を通じて、私たちが出会った船は、たった二隻であった、と思う。たしかに、私たちは通常の航路をとってはいないのだ。だが、私たちに同行しているファシスト警官は、社会主義者の上司、大臣トリグヴェ・リーからの新年祝賀電報を受けとった。彼に足りないものは、ヤゴダとヴィシンスキーの祝い状だけだ！」（ロスメル、同前）

第3章

ロンドレス通りの「青い家」時代

ディエゴ・リベーラとフリーダ・カーロ

1 メキシコ到着

二一日間の航海を終え、一九三七年一月九日に「ルート号」はメキシコの石油積み出し港であるタンピコ港に到着した。入国した際に使用した旅券は、一九三二年一一月にコペンハーゲンを訪問した際、トルコ政府が発給したものであった。

タンピコに到着したときの様子をトロツキーは次のように日記に書き残している。

「暑い熱帯の朝、タンカーはタンピコ港に入った。われわれは、自分たちを待ち受けている運命をまだ知らなかった。これまでと同じく、われわれのパスポートとピストルはまだファシスト警官の掌中にあった。彼はメキシコの領海においてすら、われわれが「社会主義」政府（ノルウェー）によって定められた管理権の下にあると主張した。私はあらかじめ警官と船長に、妻と私は友人の出迎えがなければ、自発的には上陸しないと警告していた。われわれには、オスロにおけると同様にこの熱帯においても、このGPUの下僕であるノルウェー人を信頼すべき理由は少しもなかった。

しかし、手はずはすべて確実に整えられていた。タンカーの停泊後まもなく、地方の連邦当局の代表者、メキシコ人および外国人記者、中でも最も重要な真のそして信頼できる友人たちを乗せた政府の監視船が近づいてきた。ここには、病気で入院中の著名な画家「ディエゴ・リベーラ」の妻フリーダ・リベーラ、以前トルコ、フランス、ノルウェーにわれわれを訪ねてきたマルキストのジャーナリストでわれわれへの親密な同調者マックス・シャハトマン、そして最後に、レオン・トロツキー擁護アメリカ委員会の書記ジョージ・ノヴァックなどがいた。四カ月間の監禁と孤独の生活の後だけに、友人とのこの出会いは元気づけられるものであった。ノルウェーの警察長官のわれわれに対する礼儀正しい振る舞いを、当惑しながら眺めていた。

われわれはタンカーを離れて、胸をときめかせつつ、新世界の土を踏んだ。一月にもかかわらず、ここの土地は暖かさを息づかせていた。タンピコの油井やぐらはバクーを思い出させた。ホテルに入るとすぐに、われわれは自分たちにスペイン語の素養のないのを感じた。夜一〇時、通信大臣のムヒカ将軍の用意した特別列車で、タンピコから首都に向かった。」(『トロツキー著作集5　一九三七―三八　上』)

そして、トロツキーは記者会見に応じた。一月一〇日付の『ニューヨーク・タイムズ』紙によれば、トロツキーの記者会見における発言は次のとおりであった。モスクワ裁判に対して反論するための反証の提示と、政治亡命を受け入れてくれたメキシコ政府に対する感謝の念の表明がトロツキーの最大の関心であったことがうかがえる。

「「当地までの旅行中、私はノルウェーの法廷で行なった証言の仕上げをした」と、トロツキー氏は語った。「私の抑留の真の理由は、モスクワにおける（いわゆる陰謀家）一六人の裁判、およびドイツ警察と同盟を結んでソ連邦政府に対してテロ行為を企てたという私に対する恐るべき告訴であった。」

「私がノルウェーの非公開法廷で行なったこの証言には、最も著名な被告たちの記録のみならず、モスクワ裁判において利用されたいわゆる任意の自白を強要するための悪辣なやり方を証明する充分な証拠などが含まれている。」

「私は、多くの国の政治、科学、芸術の各分野の代表的な人びとが提起した、最近のソ連邦での裁判に関するすべての資料や証拠を調査するための国際委員会を設立すべきだという考えを全面的に承認する。その証拠とは口頭および文書の双方である。」

「私もまた、この委員会に、過去九年間の私のあらゆる行動に関する文書をただちに提出するつもりである。」

「恐るべき矛盾によってズタズタに引き裂かれ、新しい戦争の勃発の予感によって震撼しているヨーロッパを、私は去った。この全般的ないら立ちが、なぜ私自身を含めたあらゆる種類の事柄について、無数のあわてふためいた噂が流れるのかを説明している。私は、近い将来にヨーロッパに戦争が勃発する確率は七五％だとみている。」

「ノルウェー政府は、われわれのどの国に対するビザの取得をも極度に困難ならしめたが、それだけにいっそうメキシコ政府の親切に感謝している」と彼は言った。

「航海中、われわれは、いくつかの質問に対して回答を要求しているアメリカの新聞社からの無線通信を受け取った。私はこの要求に答えたいと考えたが、同行のノルウェー人は、私の思想からアメリカを保護する必要があると考え、われわれから船の無線機を使用する権利を奪った」と彼は言った。

「私はメキシコ政府に対して、当地での在住のために与えられた条件、しかも私自身の希望とも一致している条件を犯さないと確約できる。これらの条件とは、メキシコの政治への不干渉、およびメキシコと他国との関係を妨害するようないっさいの行動を差し控えることである。」

「私の将来の計画に関しては、ほとんど何も言うことはできない。中南米地域に対する私の知識は乏しいので、私はメキシコおよびラテン・アメリカに精通したいと思う。私の執筆活動のうちでは、レーニン伝に第一の比重を置き、今年中に完成したいと思う。病気と抑留によって、執筆が一年半中断してしまったから。」」（トロツキー、前掲書）

記者会見後、トロツキー一行はカルデナス大統領が派遣した特別列車でメキシコ・シティに向かった。トロツキーは次のように日記に書いている。

「われわれは強い関心をもって車窓から熱帯の風景を観察した。タンピコとサン・ルイス・ポトシとの間にあるカルデナスの村では、二台の機関車がわれわれの列車を高原に向かって牽引しはじめた。空気はだんだん冷たくなっていき、まもなく、われわれは、メキシコ湾の湿度の高い大気に対して抱いた北国人特有の熱帯に対する恐怖から解放された。一一日の朝、われわれは、首都郊外の小さなレチェリアという駅に降り立ち、退院していたディエゴ・リベーラと肩を抱き合った。ノルウェーの監禁生活からの脱出について、われわれはとりわけ彼に負っていたのだった。そこにはほかに、以前スイスの共産党員で現在メキシコで教授をしているフリッツ・バッハ、メキシコの内戦でサパタ軍に参加した［アントニオ・］イダルゴ、その他数人の若者などがいた。正午、われわれは自動車でメキシコ・シティ郊外のコヨアカンに着き、中庭に一本のオレンジの木のあるフリーダ・リベーラの青い家に投宿した。

タンピコから発信したカルデナス大統領への感謝の電報の中で、私はメキシコの政治への干渉は絶対に差し控えるつもりであることをくり返した。私は、ＧＰＵの責任ある手先がメキシコに潜入し、いわゆる「ソ連邦の友人たち」を手助けして、この心暖かい国における私の滞在をできるかぎり困難なものにするであろうという点については、一瞬の疑いも抱かなかった。」（トロツキー、前掲書）

＊『トロツキー著作集』では「フリーダ・リベーロ」と記されているが、スペイン語圏では正式な婚姻後も女性の姓は変化せず、夫の姓を後ろにつけるのが習慣化しているので、「フリーダ・カーロ・デ・リベーラ」と表記することが最も正確な表記である。本書では「フリーダ・カーロ」と表記する。

トロツキー夫妻がメキシコ・シティに到着した際、カフェ・プリンシパルで歓迎会が催された。この歓迎会には、タンピコからトロツキー夫妻に付き添ってきたシャハトマン、ノヴァック、フリーダ・カーロのほか、ムヒカの代理人としてアントニオ・イダルゴが、国際主義共産主義者連盟（ＬＣＩ）からは病床にあったためタンピコに迎えに行けなかったディエゴ・リベーラのほか、ルシアーノ・ガリシア、フェルナンデス兄弟と彼らの父親、イバラ兄弟、アヤラ兄弟らが参加した。

トロツキーのメキシコ到着直後の一月一一日に、プリンキポ時代からトロツキーの優秀な秘書として信頼を得ているエジュノールがコヨアカンに到着した。エジュノールは、トロツキーと合流するために前年一二月二八日にフランスのシェルブールから船でニューヨークに渡り、ニューヨークで数日過ごした後に、メキシコへ飛行機で出発しようとした。だが、猛吹雪で飛行機はメンフィス止まりとなったため、陸路でラレドに出て、ラレドから飛行機でメキシコ・シティに到着した。少しでも早くトロツキーと合流しようとした気持ちが表れている。

メキシコ到着後、トロツキーは内政不干渉の立場を維持する理由から、ＬＣＩの活動とは一線を画した。一月九日にメキシコの報道関係者に発表した声明においても、「(第四インターナショナルの)メキシコ支部の活動は、私の責任の内にはない」と説明していた。

また、二月六日付の『エル・ナシオナル』紙に転載されたＬＣＩに宛てた公開書簡において、トロツキーはメキシコの同志たちにこの決意を次のように説明している。

「あなた方は、私が代表する思想と連帯している政治組織に属している。あなた方は、私に対して歓迎の意を表し、私に対して連帯を表明するとともに個人的にも親交を示してくれている。あなた方に深く感謝している。

多くの新しい友人たちは、教養や政治に関してさまざまな質問をすることを望んでいることだろう。タンピコに到着したときにすでに表明したことを繰り返さねばならない。私は、メキシコの内政問題に介入しているとの口実を与えて敵を資することを避けたいと思う。あなた方の組織は、私の到着以前から存在していたし、今も存在し続けている。

私はあなた方の活動について責任を負うことはできない。誤解を避けるために公にくり返しておきたい。われわれの関係は個人的な友好関係であり、政治とは無関係のものである。」(ギャル『メキシコのトロツキー』)

メキシコ滞在に際して、メキシコの内政問題には、たとえそれが自分を支持しているＬＣＩに関するものであったとしても不介入の立場を維持したいとのトロツキーの意志は固かったようである。しかし、

「フリーダ・カーロ博物館」として公開されている「青い家」

その後、この原則は少しずつ変更されてゆく。

トロツキーはメキシコに到着し、コヨアカンにあるフリーダ・カーロの父親が所有するリベーラの別宅、通称「青い家」に居を据えたが、最大の問題は安全性に関わる問題、つまり警護をどのように組織するかという点であった。メキシコ滞在中のトロツキーと良好な関係を維持し続けたのはオクタビオ・フェルナンデスであった。トロツキーの秘書エジュノールは回想録の中で次のように書いている。

「メキシコのトロツキスト・グループの活動家はせいぜい二、三〇人だった。これほどの少人数にもかかわらず、グループは二派にわかれていた。一つはオクタビオ・フェルナンデスを中心とする分派であり、もう一つはガリシアの周囲に集まった一派である。リベーラはたいていの場合どちらにも加担しなかった。しかも彼はかなり風変わりなメンバーだった。他のメンバーは学校教師や若い労働者など、若者たちばかりで、経済的にかなり逼迫していたが、一方リベーラは国中に知られた有名人で、絵が売れれば多額の金が入ってくる。（中略）トロツキーがメキシコに滞在していることによっても、事態はいっこうにすっきりしなかった。グループの活動家たちは、どちらの分派に属していようと、積極的に私たちの夜間警備に力を貸してくれ、毎夕、二、三人ずつコヨアカンの家にやって来ては、翌朝帰っていった。トロツキーはこの人たちと話し合い、さまざまな助言によって分派抗争を調停した。」（エジュノール『トロツキーとの七年間』）

また、オクタビオ・フェルナンデスはこう述べている。

「私としばしばトロツキー邸を訪れた活動家は、トロツキズムに忠実であった建設労働者組合のメンバーたちであった。（中略）彼らは私の友人たちであった。そして、私は彼らを信頼していた。彼らに警備を依頼したり、トロツキー邸の修復を依頼することができた。（中略）トロツキーのメキシコ到着後、最初に組織しなければならなかったことは警備の問題であった。警備は、最初の夜、すなわち一月一一日の夜から始まった。この日は、ディエゴ、フェリクス・イバラと私が行った。ディエゴは一度自分の家に帰り、トムソン小型機関銃を持って戻ってきた。つまり、トロツキーは最初の夜を、ソファーに座り、膝に小型機関銃を乗せ、いびきをかいていたディエゴとともに過ごしたのである。警備にはなっていなかったかもしれない。私は外を警備した。八日から一五日後に、エジュノールが警備を規則化することを提案した。そのときから、第四インターナショナルによってＬＣＩが解党されるまで、建設労働者のアントニオ・ルナ、フランシスコ・モンテス・デ・オカ、ダビッ・オルティス、マヌエル・サインス、われわれオクタビオ、カルロス、マリオのフェルナンデス兄弟、私の父のレオパルド、二人の教師アルトゥーロ・マルティネスとフランシスコ・ポルティージョ、私の幼友達のメルキアデス・ベニテスが警備を担当した。食事の問題に関しては、フェリクス・イバラの弟のホセ・イバラの妻であるロサが料理人となった。」（ギャル、前掲書）

フェルナンデスの記述は、トロツキー邸の警備を申し出たメキシコのトロツキスト・グループがいかに小さな集団であったかを教えている。しかも、彼らは一九三七年半ばに決定的な分裂を遂げることになる。

2 反「モスクワ裁判」――デューイ委員会

メキシコ到着後にトロツキーがまず開始したことは、記者会見の中でも表明していたモスクワ裁判に反論するための国際委員会の設置であった。この委員会は反「モスクワ裁判」のための「デューイ委員会」として知られることになる。

メキシコ到着直後の一九三七年一月一九日、第二の「モスクワ裁判」が準備されているとの情報がメキシコに届いた。裁判はその四日後の二三日にモスクワにおいて開始された。その二日前の一月二一日、トロツキーは次のように記している。

「タス通信は、新たな「トロツキスト」(ピャタコフ、ラデックその他)裁判の開幕を告げた。それが準備されていることはわかっていた。だが、ジノヴィエフ裁判によって不利な印象を与えたうえで、なお政府がこの企てを実行に移す決心をするかどうか、問題となっていたところだった。政府はこの前と同じ手口を再び使っている。四日間では、世界の社会主義者、労働者組織が介入する余裕もなく、海外にある邪魔くさい証言者たちには自分のことを知らせることもできるはずはない。「好ましからぬ」外国人たちもモスクワへ赴こうと試みることさえできないだろう。一方試験ずみの雇われ「友だち」については、後々、スターリン＝ヴィシンスキー裁判をほめそやすことができるようにと、遅れることなく御招待ずみなのだ。この文章が新聞にのる頃には、裁判はすでに終わり、おそらく判決は執行されているだろう。意図されているところは明々白々だ。すなわち、世論の不意をつき、これをねじ曲げようというのだ。」

「モスクワ裁判は、世界の世論の鏡に照らしてみれば、大失敗である……。指導部一派はこれに甘んじはすまい。最初のキーロフ裁判が不成功に終わった後、彼らは私に対して作り上げた告発を維持するために、いまやまたも新たな企み、新たな陰謀を必ずや見つけ出すであろう。ノルウェー政府は、私の意思表示の機会を奪った。だが、事態の進展がこのことを立証している。第一のそれを聖化し、その欠陥を補い、すでに批判の前に暴露されてしまったその矛盾を隠蔽するために、第二の裁判が必要となったのだ。」（トロツキー、前掲書）

一月二三日、モスクワでは「反ソ・トロツキスト・センター事件」公判、いわゆる「一七人裁判」が開始された。被告は主犯トロツキーのほか、ピャタコフ、セレブリャコフ、ムラロフ、ドロブニク、リフシッツ、ボグスラフスキー、クニヤーゼフ、ラタイチャク、ノルキン、シェストフ、トゥーロク、プーシン、グラシェ、ソユーリニコフ、ラデック、アルノリド、ストロイーロフであった。公判は一月三〇日に協議のために中断され、八時間後に判決が下された。トロツキーには再び有罪が宣告され、「ソ連邦で発見されたときはただちに逮捕、ソ連邦最高裁判所軍事法廷に引き渡される」との判決文が読み上げられた。

エジュノールは次のように書いている。

「毎日のようにモスクワから捏造された告訴内容の詳細を伝える至急報が入り、そのたびにトロツキーは捏造のメカニズムを発く文章を書いた。その文章をただちに英語とスペイン語に翻訳し、各国の報道機関やメキシコの新聞社に配布しなければならない。私は毎夕、日課のように、メキシコの各日刊紙の編集局にトロツキーの文章を配って歩いた。

モスクワ裁判の偽りの告訴条項の一つとして、ピャタコフが一九三五年一二月、飛行機でノルウェーへ行き、トロツキーと会見したということがあった。調べてみると、その日オスロの空港は悪天候のために閉鎖されていたという事実が判明した。一月二九日、トロツキーは私に言った。「カラス一羽がなだれのきっかけになるように、ピャタコフの飛行機の一件はスターリンの没落の始まりになるかもしれないね」。そして三一日、ピャタコフの処刑の知らせを聞いて言った。「これはスターリンの命取りになるだろう」。きわめて甘い見通しだったと言わざるをえない。同じ一月三一日にこう言ったときにも、トロツキーはスターリンのことを考えていたのだろう。「策略というやつは知性の低次元の現れだ」。」（エジュノール、前掲書）

第二回の裁判における告訴においては、ピャタコフがオスロに行ってトロツキーと密談し、ソ連邦国内においてテロやサボタージュ活動の拡大を策し、また「来るべき対ソ戦のために、ヒットラー政権第二の地位にあるルドルフ・ヘスとの折衝について教示した」とされていたが、息子レオン・セドフの協力によって、ピャタコフが搭乗したというフライトは悪天候のために運行されていなかったことが判明、オスロ郊外のキエラー空港の空港長の証言も入手された。

この第二回の裁判終了後、米国の「レオン・トロツキー擁護委員会」は、裁判を公衆の前に持ち出すべく、ニューヨークにおいて大集会を呼びかけることを決定した。二月九日（エジュノールによれば二月一六日）、「ヒポドローム」という室内競技場を会場に六五〇〇名の人々が集まった。この集会に向けて、トロツキーがメキシコから電話で演説することになっていた。しかし、何らかのサボタージュが原因であったのか、通信機が使用不能な状態となり、拡声器を通じてトロツキーの演説が聞かれることはなかった。そのため、主催者代表のマックス・シャハトマンが事前に送付されていた演説の英語版テクストを読み上げ、トロツキーのモスクワ裁判に対する反論を聞かせた。

「デッチあげの陰謀事件、被告の自白、芝居がかりの裁判、そして処刑――まさにこれが現実に起こったことだ――、これらすべては、ただ一つの手によって作り出されたのだ。誰に手によって？作り出すことによって利を得るところのもの。スターリンの手こそ、それを作り出したのだ！ロシア魂についてのたわごとも嘘も美辞麗句も、もう沢山だ！　われわれは、闘士でもなく、陰謀家でもなく、GPUの手のうちにある操り人形が裁かれるのを見てきた。彼らは前もって教えこまれた役柄を演じていたのだ。かかる恥知らずな興行がうたれた目的は何か？　それはすべての反対派を粉砕し、あらゆる批判精神の源泉そのものを毒し、スターリン全体主義体制を永久に聖化するためなのだ。」（ロスメル「地球の上をヴィザもなく」）

そして、トロツキーは裁判調査のための国際委員会の設置を要求した。不偏不党の公開の調査委員会に出頭し、真実を解明するために役立つであろう資料と事実を提出する用意があると主張し、「もしもこの委員会が、スターリンが私になすりつけている犯罪について、ほんのわずかたりとも私を有罪であると認めるならば、私はGPUの死刑執行人の手に自らを引き渡すということを諸君の前に約束する。

諸君全員がこの約束を聞いてくれるのだ。私は、これを全世界を前に断言する」と主張した。この演説は、『私は私の生命を賭ける』とのタイトルでパンフレットとして刊行され、米国国内でも大きな反響を呼び起こした。

トロツキーの予想どおり、第二回裁判は手早く行なわれた。ジノヴィエフ裁判が行なわれた際、トロツキーは自分の身柄を犯罪人として引き渡すようノルウェー政府に要求することなど、スターリンにできるものかと言明していた。しかし、裁判の全過程がトロツキーを陰謀の扇動者とみなして展開されていたのであるから、これは当然要求されて然るべきものであった。だが、このトロツキーの挑発にスターリンは応じられなかった。犯罪者としてのトロツキーの引き渡し要求は、規定に従って法廷において公式の反対弁論を誘発する結果をもたらすものとなるに違いなかった。そして、これこそスターリンが、どんなコストを払ってでも避けたいことであった。メキシコからもまた、トロツキーは同じ挑発をくり返したが、今度もまた、スターリンはその挑戦を受けることを拒絶した。

しかし、スターリンが挑戦を受けとめないのであれば、スターリンが怖れたこの種の公開法廷を開催して、国際的にアピールすることが必要であると、トロツキーは考えた。ジノヴィエフ裁判の後、いくつかの国で自発的にトロツキーを擁護する委員会が結成されていった。イギリスと米国には「レオン・トロツキー擁護委員会」が結成された。この米国の「擁護委員会」が、メキシコ政府によるトロツキーの政治亡命受け入れに重要な役割を果したことは、前述のとおりである。また、フランスには「モスクワ裁判調査委員会」が、チェコスロヴァキアには「人権と真実のために」と称する委員会が結成された。しかし、いずれの場合においても、メンバーの数は多くはなかった。

二月九日のニューヨークにおける大集会開催後、国際的な調査委員会の設立作業が開始された。三月に米国、イギリス、フランス、チェコスロヴァキアの委員会は、合同委員会を組織した。当初トロツキーは、調査委員会が充分なアピール性をもてるだけの規模で開催され、国際的な左翼運動の良心を揺さぶるようなやり方で行なわれるだろうと思い、そう望んだ。そして、第二インターナショナルとアムステルダム労働組合インターナショナルを参加させようとした。しかし、第二インターナショナル執行委員会は、モスクワ裁判を非難する声明を発表しただけであった。アムステルダム労働組合インターナショナルも同様であった。そこで、トロツキーの支持者たちは著名な左翼系知識人の支持を得ようとした。しかし、彼らの反応も期待したほどではなかった。多くの知識人は、ソ連邦に敵対的な姿勢をとることを避けた。

この頃、すなわち一九三七年二月から三月にかけて、ソ連邦共産党は中央委員会二〜三月総会を開催し、「トロツキストおよびその他のエージェントの反ソ活動のいかなるささやかな現れも制圧するため、彼らを摘発し粉砕する仕事を最後まで遂行しなければならない」との指示を含む決議を採択していた。あきらかにスターリン派も、左翼反対派（ボリシェヴィキ＝レーニン派）だけでなく、トロツキー支持者の動向を全世界的に押さえ込もうとする動きを本格化させつつあった。

これに対して、調査委員会には、結果的には米国の哲学者で教育家として著名なジョン・デューイ、同じく書記にはスーザン・ラ・フォレット、その他メンバーにジャーナリストのジョン・チェンバレン、同じくジャーナリストのカールトン・ビールズ、社会学者でロシア革命に関する実地調査をもとにした二冊の著作を有するエドワード・A・ロッス、作家でジャーナリストのベンジャミン・ストルバーグ、ユダヤ教の律法学者のエドワード・イズラエル、一九一四年ドイツの国会議員としてリープクネヒトとともに第一次世界大戦に反対を声明したオットー・リューレ（一九三七年当時、メキシコ在住）、一九一八年一一月七日のヴィルヘルムハーヴェン蜂起の指導者であったヴェンデリン・トマス、イタリアのアナルコ・サンジカリストで反スターリニズム組織「イル・マルテロ」のカルロ・トレスカ、フランスの「モスクワ裁判調査委員会」メンバーのアルフレッド・ロスメル（トロツキーの友人）、ジャーナリストで元メキシコ労働者連盟（CTM）全国委員会委員のフランシスコ・サモーラが参加し、委員会はニューヨークに設置された。ソ連邦大使館やメキシコ共産党（PCM）も、委員会に招待されたが、これを黙殺した。ロスメルとサモーラを除けば、トロツキーと親しい者はいなかった。

サモーラは、一八九〇年一一月二二日にニカラグアのマサヤに生まれ、一九〇六年にメキシコに移住してきた。サモーラはメキシコで、ジャーナリストおよびメキシコ革命史の歴史家として知られるようになる。ジャーナリストとしては、メキシコのジャーナリズムの近代化に重要な役割を果たした『エル・ウニベルサル』紙の創刊に加わり、一九三〇年代には国立自治大学（UNAM）経済研究所の教授に就任するとともに、CTM全国委員会の経済研究担当委員となる。トロツキーとは、彼のメキシコ到着直後より親交を深め、デューイの調査委員会のメンバーとなった。

このフランシスコ・サモーラの弟であるアドルフォ・サモーラもニカラグア出身で、弁護士を職業とし、兄フランシスコを介してトロツキーに紹介され、年齢差を越えた親交をトロツキー夫妻との間で深めた。一九三九年一〇月にトロツキーの孫セーヴァがトロツキー夫妻の庇護のもとに迎えられてからは、夫妻の求めにより、夫妻が死んだ場合にはセーヴァの後見人となるよう求められる。

調査委員会が設置されるとただちにトロツキーの証言を聴取することが決定された。しかし、ルーズベルト政権は短期滞在でさえトロツキーの入国を許可しようとしなかったため、トロツキーはニューヨークに赴くことができなかった。そのため、予備的な調査付託のための委員会が設けられてメキシコに赴くことになった。この小委員会は、デューイ、ラ・フォレット、ストルバーグ、ビールズによって構成され、メキシコにてリューレがこれに合流するものとされた。

小委員会は、ディエゴ・リベーラとフリーダ・カーロがトロツキーに提供していたコヨアカンの「青い家」の書斎で開催され、第一回公聴会は一九三七年四月一〇日午前一〇時に開始された。書斎には、報道関係者も含めて約五〇名の人々が集まった。開会を宣するにあたり、委員長のデューイは次のように言明した。

「その国の人間ではない一外国人が、同じくその国の人間ではない人々の前で自らを弁護しようという、かかる討論会がメキシコの国内で開催されようとしているこの事実は、メキシコに対しては大いなる栄誉を与えるものであり、また、その政治体制あるいはその現在の政策から、私たちにその国内において参集することを拒んだ国々に対しては、一つの非難ともなりうるものであります。（中略）この委員会は、都会や農場の、多くの肉体、頭脳労働者たちが考えると同様に、何びとといえども、自己を弁護する機会も与えられることなく、有罪を宣告されるようなことがあってはならないと考えます。（中略）アメリカ合衆国においては、長い伝統的慣習のおかげで、市民精神の浸透した市民たちは、裁判所の不偏不党性について疑念が存在するときはそのつど、正規の裁判を確認するために委員会を組織します。このことについて、二つの例だけを引いてみましょう。それはトム・ムーニィおよびサッコ＝ヴァンゼッティの擁護委員会のことです。この二つの委員会には、レオン・トロツキー擁護委員会のメンバーの大部分が協力してきたものです。しかし、いま私が引いたこの二つの例と、この事件の場合は重要な一点において違っています。すなわち、この場合は、その訴訟事実に対して、被告が抗弁することができるような、合法的に設定された法廷なるものが存在してはいないのです。トロツキーおよび、その罪過が父親のそれと結びついているところのその子息レオン・セドフとは、欠席裁判のまま、二度にわたって、ソ連邦最高法廷によって有罪の判決を受けました。しかもソ連邦政府に、自分の送還要求をせよという、再三のトロツキーの呼びかけも無視されてしまいました。その結果、擁護委員会は、被告らの弁明を聴くことができるような公平な組織を設けることを、その特別な仕事としてとりかからなければならなかったのです。」（ロスメル、同前）

委員会は、四月一〇日から一七日までの間に一三回開かれた。委員会の聴聞においてトロツキーが重視したのは、第一回と第二回の裁判で告訴条項となった種々の事実関係を、物証を提出して反論することであった。

「小委員会の審問会は、トロツキーの周囲の人間にとっては、朝から晩まで仕事に追われる忙しい毎日を意味した。アルマ・アタやプリンキポを経てメキシコまで持ち運ばれた書類綴りは、モスクワ出発以来ここで初めて開かれた。それらの書類のところどころに散在する有用な資料を探すために、厖大な書類の全体に目を通さなければならない。モスクワ裁判の虚偽を証明できるような何十人もの供述を、全世界から集めなければならない。そのような供述をしてくれる人物は往々にして昔からトロツキーの敵であり、あるいはその後トロツキーの敵になっていたから、供述集めはいっそう困難だった。集まった証言はいちいち翻訳し、一般人にも分かるように、とくに委員会のメンバーに分かるように注釈をつけなければならない。細かい無数の事実を解明し、説明し、整理しなければならない。こういう一連の作業において多少の改変や、隠匿や、バランスの修正がまったくなかったかと言えば、それは嘘になるだろう。熱に浮かされたような作業がコヨアカンの家で数週間続いた。毎朝、居住者全員はトロツキーの書斎に集まり、仕事の分担を確認し合った。トロツキーの内部にロシア革命当時の組織者がよみがえったことが、はっきりと感じられた。」（エジュノール、前掲書）

トロツキーの口述論文をタイプするリタ・ヤコヴレフ（左）と秘書のジャン・ヴァン・エジュノール（中央）

トロツキーの周辺でこれらの作業に従事したのは、エジュノールによれば、彼のほか、一月一六日から仕事を始めたロシア人タイピストのリタ・ヤコヴレフ、二月にコヨアカンに到着した米国人トロツキスト・グループのバーナード・ウルフ、また二月一九日にチェコスロヴァキアから到着したヤン・フランケルであった。ヴォルコゴーノフは次のように述べている。

「これらの作業に二人の秘書と女性事務員があたった。この女性事務員はたまたまうまいぐあいに見つかったもので、ロシア人で、タイプがうまかった。しかし、私が目を通した資料文献や関係者の話などを総合すると、彼女はNKVDと関係があり、トロツキーの身辺の出来事を通報していた。」（ヴォルコゴーノフ『トロツキー』）

ヴォルコゴーノフが言及しているロシア人女性は、おそらく先記のリタ・ヤコヴレフのことであろうと考えられるが、この女性が、NKVDの責任者であったパヴェル・スドプラトフが回想録『衝撃の秘密工作』の中で言及しているマリア・デ・ラ・シエラ（第5章第1節で後述）と同一人物であるかどうかは確証はない（エジュノールは「非常に有能なロシア人タイピストを［自分が］見つけ出し」たとのみ述べている）。いずれにせよ、トロツキーのメキシコ到着の直後より、周辺にNKVDの情報員が配置されていた事実は見逃せない。

告訴に対する反論材料を収集するために、トロツキーはフランス滞在中の長男レオン・セドフに対して過酷なまでに物証入手のために努力することを強いた。トロツキーは、反論材料を整えることに過敏に神経質になっていた。そして彼のいら立ちは、しばしばレオン・セドフに八つ当たり的に向けられた。レオン・セドフはトロツキーのアルマ・アタ追放時から両親に付き添い、トロツキーの執筆用資料収集など、最大の協力を提供してきており、トロツキーもセドフの協力がなければ執筆活動は進まなかったことを認めている。いわばトロツキーの執筆活動はレオン・セドフとの共同作業に基づいてなされた。

したがって、トロツキーはセドフの献身を充分に感謝していた。

しかし、トロツキーとレオン・セドフが告訴され、すでに有罪判決が出ているという追い込まれた状況の中で、突きつけられた根拠なき告発に物証をもって反論することに集中した。反論材料の入手のためにセドフは奮闘して全力をこの作業につぎ込んだ。そして、厖大な書類、記録、証言を入手し、それらをメキシコに送った。ときとして作業がはかどらなかったり、誤解が生じたりしたのは、セドフの所為ではなかった。例えばトロツキーは、当初スイスで調査委員会を開くように準備をするよう命じたが、その間に調査委員会は米国で行なわれることに決まった。セドフはそうとは知らずにまだスイスで準備に忙殺されていた。そのためトロツキーはセドフをはげしく叱責して、必要な資金の送付を一切断ち、今後の作業はセドフからとりあげてピエール・ナヴィルに任せるなどと書き送った。

証言集めはトロツキー支持者たちのセクト的な対立のために妨げられる場合も多々あった。セドフはレーモン・モリニエから多くの声明文を入手しなければならなかったが、トロツキーはモリニエのグループとの関係に消極的であった。そのような状況もセドフを過労に追い込み、意気消沈させた。

反論のために必要な物証は、レオン・セドフの献身的な努力によって調査委員会に提出することが可能となった。ゴリツマンが一九三二年一一月、コペンハーゲンにトロツキーを訪ねたと供述したことが否定され、また、レオン・セドフ自身がコペンハーゲンには行っていないこと、また彼がその指令なるものを発したホテルは以前には存在したものの、一九三二年一一月の時点には存在していなかったこと、ピャタコフがオスロでトロツキーと謀議をしたという日にトロツキーは別のところに滞在していたことなど、告訴の根拠とされた事実関係が捏造であることを立証する具体的な物的証拠を提示して反論することが可能となった。

メキシコでの小委員会の会合後、委員会は同一九三七年五月九日にニューヨークで報告集会を催し、デューイが演説を行なった。彼は演説の中で、「モスクワ裁判」を国家の利害を理由とした国家犯罪と評し、ドレフェス事件（フランス陸軍参謀将校のドイツへのスパイ容疑）との比較を行なった。デューイは、「トロツキーを、今日のソ連邦の支配者たちに対する、その周知の反対活動を理由として有罪だとするのは、合法的でもまた正しくもない」と述べた。また、委員会への参加を拒んだ自由主義者たちに対しては「ほとんど知的不誠実ともいえる逃避」であると批判し、「なぜならもしも自由主義なるものが何かを意味するとすれば、それは、拘束なき探求に対する完全なかつ勇気ある献身に他ならないからだ」と論じた（ロスメル、同前）。

トロツキーとデューイ委員会は、メキシコ・シティでの聴聞会が終了した頃より、メキシコで名声を博する人物を委員会の審査に参加させようと努めてきたが、八月二七日にトロツキーはメキシコ代表として二名推薦した。一名は前出のフランシスコ・サモーラであり、もう一人はアントニオ・ビジャレアル将軍であった。トロツキーは、「両者ともに、メキシコにおいて申し分のない名声を有しており、いずれもが私とは政治的にも個人的にもコンタクトのない人物である。自分はサモーラ氏とは一度会ったが、ビジャレアル氏とは会ったことはない」と説明した。しかし、トロツキーが右翼反動派のビジャレアルを推薦したことは、メキシコ共産党（PCM）やロンバルド・トレダーノらによって、トロツキーが「反動の新たな指導者になった」と攻撃する材料として利用された。トロツキーは、周囲のメキシコ人友人たちのすすめもあり、当初はサモーラと弁護士であるルイス・カブレーラを推薦しようとしたが、最終的にはカブレーラよりは右寄りのビジャレアルを推薦することに決めた。カブレーラを選ばなかった理由は、カブレーラは社会主義弁護士戦線の議長であったが、当時国民的な争点となっていた石油企業の国有化問題において外国資本側の弁護士であったためといわれる。

ビジャレアルは、一八七九年にヌエボ・レオン州に生まれ、モンテレイ高等学校を卒業した。フロレス・マゴンの著作を読んでジャーナリストになり、一九〇六年にはフロレス・マゴンのメキシコ自由党（PLM）の組織担当書記になり、機関紙『レヘネラシオン』の編集にも携わった。フロレス・マゴン派の内部抗争の中でビジャレアルは次第にマデーロに接近し、一九一一年にマデーロ政権が発足した後、マデーロ大統領はビジャレアルをバロセロナ領事に任命した。一九一二年に帰国した後、全国労働者連盟（CNT）結成に関与し、一九一三年には「グァダルーペ計画」に関与し、やがて将軍に昇進した。一九一四年には「世界労働者の家」の再建に積極的に参加。その後はヌエボ・レオン州知事と同州軍管区司令官を兼任し、同年に開催された革命各派が結集したアグアスカリエンテス会議において司会を務めた。オブレゴン政権下では農相を務め、また大統領候補に推されたこともあったが、カルデナス政権の発足と同時に政界を引退していた。

デューイ委員会のニューヨークでの作業に参加する誘いを受けたとき、ビジャレアルは個人的理由で受けることはできないと断った。PCMはビジャレアルを「危険な右翼」と決めつけ、党書記長のエルナン・ラボルデは、一九三七年一一月二八日付の『エル・マチェテ』紙上において、トロッキーとビジャレアルをともに、ファシスト、クリステーロス、バスコンセロスの同盟者であると批判し、「スペインにおいて裏切り者が演じたと同じ役割を演じるためにファシズムと世界的な帝国主義の支持を得ようとしている」と非難した。他方、カルデナス大統領は、このようなPCMの論調に同調しなかった。このラボルデの論説が掲載された直後、トロツキーはカルデナス大統領に書簡を送ったが、これに対してカルデナスはすぐさま返書を発し、トロツキーが内政不干渉の約束を侵したとは考えておらず、トロツキーの亡命を受け入れた決定は有効であり続けていると回答して、トロツキーの懸念を払拭した（ギャル、前掲書）。

ビジャレアルがデューイ委員会への誘いを断った結果として、同委員会は再びカブレーラに打診した。トロツキーによればスターリン主義者が妨害したとのことであるが、カブレーラもこれを断った。デューイ委員会の最終的な審議に参加することとなった唯一のメキシコ人であるフランシスコ・サモーラは、同年九月初めにニューヨークに向かった。

メキシコでの聴聞の結果に基づいて行なわれた審理過程の速記録は、『レオン・トロツキー』と題されて、ニューヨークのハーパー社から出版された。そして、同一九三七年一二月初めに作業が終了し、同月一二日、ニューヨークで開かれた集会において、デューイは委員会の評決を発表した。トロツキーとレオン・セドフは無罪と認められた。デューイは、その席上で次のように述べた。

「われわれ全員が一致して下したこの評決が含んでいるものは、極度にわれわれを不安にさせるものだ。（中略）ソ連邦の現政権は、自己に対するあらゆる政治的反対をソ連邦とその国民に対する犯罪行為とみなそうとしている。政治的反対派を一掃し、もっと下劣な陰謀と殺人を正当化するために、全世界の共産党によって、「トロツキスト＝テロリスト＝ファシスト」なるいまわしいアマルガムが使用されているのを眼にすることは不快に耐えない。この国においてさえも、共産党およびその自由主義的シンパの人々は、反対派を中傷し迫害するために、まさにファシズムのそれに酷似した、極度に非道徳的なこの戦術に訴えていたのである。」（ロスメル、同前）

デューイは、このような態度を「ロシア革命の理想主義的遺産からの異常な堕落」であるとし、それは「わが国民が幻想を抱くことなく、また妥協することなく、それに対して自衛しなければならない一つの危険性」を表していると論じた（ロスメル、同前）。

デューイ委員会の採決が公表されたとき、トロツキーは記者会見を催して、次のように発言した。

「モスクワ裁判に関する国際委員会の決定は、あなた方に知られている。したがって、私はいくつかのコメントにとどまることをお許し願いたい。

まず第一に、委員会の明確な結論を明らかにする。それはきわめて簡単で、全部で以下の二行である。

(22) したがって、われわれはモスクワ裁判はでっちあげであると判定する。

(23) したがって、われわれはトロツキーおよびセドフは無罪であると判定する。

全部で二行なのだ！　しかし、人類の蔵書の中でこれほど重要な行はほとんどない。

もし委員会の裁定が「トロツキーおよびセドフは無罪である」との語句にかぎられていたならば、裁判上の誤ちを認めるという形式的可能性にとどまるであろう。

委員会は、そうした解釈の余地をいっさい残さないように充分武装していた。その裁定は、「したがって、われわれはモスクワ裁判がでっちあげであると判定する」と述べている。

こうした宣言によって、この委員会は莫大な道義的および政治的責任を負うことになったのであ

る。（中略）

その裁定は言い渡された。スターリンとGPUは、歴史上の最大の犯罪の下手人として永遠に断罪される。（中略）すべての新たな暴露はこの決定的な裁定を強化し、その行動半径を広げるであろう。委員会議長のデューイ博士とともに、われわれはもう一度エミール・ゾラのすばらしい一文を復唱することができる。「真実は行進中であり、何ものもその行進を阻止できない」。（中略）

人類は猿からコミンテルンへと発展した。そして、コミンテルンから真の社会主義へ進展するだろう。委員会の裁定は、正しい考えが最も強力な警察力よりも強いことをふたたび示している。この確信の中に、革命に対する楽観論の不動の根拠がある。」（『トロッキー著作集5　一九三七―三八上』）

調査委員会の「無罪判決」は、ロスメルによれば、「コヨアカンの家の中に、ごく稀にしか訪れぬ喜びをもたらした。辛い追放生活に初めての大きな喜びだった。（中略）委員会の仕事とその評決とは、トロッキーにとって大きな慰めとなった」（ロスメル、同前）。だが、この満足は、その評決の社会的影響力に反映することはなかった。委員会の見解は六一七頁におよび、デューイ委員会の最終報告として、一九三九年に『無罪』とのタイトルでハーパー社から出版された。

しかし、調査結果の発表が行なわれた時点で、欧米の新聞は調査委員会による調査作業そのものをほとんど無視し、冷淡な扱いをした。この冷淡さがトロッキーを傷つけた。真実を証明するためにどれほどの労力を必要としたことか。だが、真実を証明して見せたところで、事態を変化させることは不可能であった。トロッキーは、デューイが委員会の結論の中でボリシェヴィズムを批判する私的な感想を付け加えたことを知り激怒してまで、革命の名誉を守ろうとしたが、その真意は世界に理解されなかった。

逆に、メキシコにおいては、デューイ委員会の裁定と、トロツキーによって行なわれた記者会見の直後は、PCMも鳴りを潜めて沈黙していたが、二週間が経った頃からトロツキーに対する攻撃に転じた。一九三八年一月一日付のPCM機関紙『エル・マチェテ』は、きわめて特異な「脱落者によって免罪された旧革命家の審査会における成功」(El Éx-ito del Jurado del "Ex"-revolucionario "Ex"-culpado por los "Ex")という見出しで、「委員会の審査会は〝Ex〟によって構成されており、すなわち組織や党からの廃物的な脱落者から構成されている。また、デューイは暴力的な体制は敵に暴力的な反動を呼び起こすと宣言したが、この言葉によって彼はトロツキーの側からも暴力的な行動があったことを認めたのである」と、デューイ委員会の権威自体を攻撃の対象とした(ギャル、前掲書)。

PCMの反撃に加え、ロンバルドによってさらに強力な攻撃が加えられた。三月一六日、ロンバルドはCTM第二回大会において、トロツキーを「メキシコの敵」であり、「国際的なプロレタリアートの敵」であると批判する宣言を採択させた。その宣言は、「トロツキーはメキシコでの滞在を、あらゆる責任から逃れ、労働者階級の真の指導者としてメキシコ国民の間に現れるために利用している」と決めつけた。ロンバルドは、トロツキーを攻撃するに際して、PCMとは異なって、労働者階級全体を、国内世論全体を代表するかのように装うことで、トロツキーに与える打撃を大きくした。

宣言の中でCTMは、デューイ委員会をも次のように攻撃した。

「米国に住んでいる友人たちがトロツキーを裁決するために集団でメキシコにやってきて、一緒に泊まり、一緒に作業し、検事も判事も一緒くたになって、トロツキーを無罪とした。一連の会合の後、過剰のセンチメンタリズムでメキシコ国民を笑わせ、トロツキーの到着以来トロツキーのよりよき同盟者であったメキシコの反動的新聞の非難さえ呼び起こした。」(ギャル、前掲書)

そして、これまでにトロツキーがロンバルドに投げつけてきた「モスクワに金で買われた男」、「メキシコの労働運動の偽りの指導者」、「トロツキズムに対する沈黙の陰謀のスポークスマン」などの言葉に反撃するかのように、「あらゆる理由から、レオン・トロツキーはメキシコの敵、反ファシズムの敵、世界のプロレタリアートの敵たちの掲げる旗」であると断じた。ロンバルドが、そのときまでにトロツキーに投げつけた中で最も強烈な言葉がこのとき発せられたことは、決して偶然ではなかった。当時、カルデナス大統領が、国民革命党(PNR)の組織構造を変更してメキシコ革命党(PRM)に改組しようとしている時期であった。ロンバルドにとって、PRMこそ「メキシコ人民戦線」のありうべき姿であったからである。

3 フリーダ・カーロとの恋愛関係

デューイ委員会の審問会の終了後、数週間経った頃からトロツキーとフリーダ・カーロとの間の関係は、周辺の人々が不安を感じるまでに事態が進んでいた。エジュノールは次のように書いている。

「フリーダはその美しさと、気性と、知性によって人目をひく女性だった。彼女はトロツキーにたいして、間もなくかなり奔放に振る舞うようになった。彼女のフランス語は貧弱だったが、ディエゴの壁画の仕事で合衆国にかなり長いこと滞在したので、英語は上手だった。したがってトロツキーと彼女はしばしば英語で話し、英語をまったく知らないナターリャは会話から閉め出されたかたちになった。フリーダは多少アメリカ風にloveという言葉を躊躇なく口走った。例えば別れ際にトロツキーにむかって"All my love"などと言うのだった。明らかにこの戯れに巻き込まれたトロツキーは、ときどき彼女に手紙を書くようになった。その手紙を本のページの間に挟み、ナターリャあるいはディエゴを含む第三者の目の前で、その本をフリーダに渡し、面白い本だから読んでごらんなどと言った。もちろん私はそのときはこんなゲームのことなど全然知らず、あとでフリーダからこの一件を聞かされたのである。」(エジュノール、前掲書)

画家フリーダ・カーロは一九〇七年七月七日に生まれた。父親ウィルヘルム・カーロはドイツ生まれのハンガリー系ユダヤ人で一八九四年にメキシコに渡来し、ポルフィリオ・ディアス時代のメキシコでプロの写真家として活躍した。母親マチルダ・カルデロンはオアハカ生まれのメスティソ(白人とインディオの混血)で、敬虔なカトリック教徒であった。フリーダは六歳のとき、小児麻痺に罹り、九カ月間寝たきりの生活を送ったことから内向的な夢想家的な少女に育ち、絵も描き始めるようになる。一九二二年に一五歳で当時メキシコにおけるエリート養成校であった国立高等学校に三五名しかいない女生徒の一人として入学を果たし、ナショナリスト傾向の教育学者であったホセ・バスコンセロス支持派のグループに

フリーダ・カーロ

入った。

しかし、一九二五年九月一七日に運命の転換点となる事故に遭う。その日、フリーダは初恋の相手であるアレハンドロ・ゴメス・アリアスとともにメキシコ・シティ中心部のサンファン市場の近くをバスで通りかかったところ、バスが路面電車と衝突事故を起こし、重症を負う。誰もが生き残れるとは思わなかったほどの重症であった。ゴメスとはその後別れたが、一九二七年になりようやく起き上がれるまでに回復した頃に、ディエゴ・リベーラと知り合う。ゴメスと別れたフリーダはその後ヘルマン・デ・カンポと親密になるが、その頃知り合ったキューバ人共産主義者のフリオ・アントニオ・メージャを通じてPCMに接近し、とくにティナ・モドッティを通じてリベーラやダビッド・アルファロ・シケイロス（第7章で後述）などのメキシコを代表する芸術家グループと接するようになる。フリーダとリベーラは一九二九年八月に結婚した。そのとき、リベーラは四二歳でフリーダは二二歳だった。女性好きで遍歴の多いリベーラが、人生で最も愛した女性がフリーダであったといわれる。一九三七年一月にメキシコに到着した五七歳のトロツキーと出会ったとき、フリーダは二九歳であった。

トロツキーとフリーダの間で交わされたロマンスのため、ナターリャは苦しんだ。エジュノールによれば、フリーダの夫であるリベーラは事態に気づいていなかった。彼は病的に嫉妬深い人間であったため、もしほんの少しでも疑いを抱いたら修羅場を演じかねない。また、これがスキャンダルとして世間に知られれば、政治的影響も甚だしく大きなものとなる。エジュノールによると、秘書のヤン・フランケルがこの事態の危険性についてトロツキーを諫めたらしい。

同年七月初旬、夫婦間の緊張を克服するために、トロツキーとナターリャはしばらくのあいだ別居することになった。七月七日、トロツキーはムヒカの友人であるアントニオ・イダルゴの知人のランデーロという地主が所有する、メキシコ・シティの北東一三〇キロほどにあるパチューカ市から少し先のサン・ミゲル・レグーラという町の近くにあるアシエンダ（農場）に身を寄せた。ロンドレス通りの「青い家」に常駐していた警官隊の指揮官ヘスス・カサスと、リベーラが使っていた二名の運転手のうちの一人シストが、トロツキーと一緒に滞在した。

七月一一日、フリーダはトロツキーに会うために農場に赴いた。この訪問の結果、二人の恋愛関係に終止符が打たれたようである。こうして、スキャンダルは双方にとって破局的な地点まで進まずに解消された。

しかし、フリーダが農場を訪れたことを知ったナターリャは、釈明を求める手紙をトロツキーに送った。エジュノールは次のように記している。

「フリーダと切れることは自分の義務であると考え、それを実行したばかりのトロツキーは、ナターリャに宛てた返事で、そのような疑問は「愚かしく、嘆かわしく、きわめて利己的なもの」であると書いた。しかしまたトロツキーはナターリャを「私の犠牲者」と呼び、自分は今「憐れみと後悔と……そして苦悩の」涙を流しているとも明言している。」（エジュノール、前掲書）

フリーダに対するトロツキーの思いは決して浅いものではなかったことがうかがえる。トロツキーとナターリャの別居生活は三週間に及んだが、その間に二人は十数通の手紙のやりとりを行なった。

「フリーダと手を切ったあと、トロツキーはナターリャにたいしてやさしい気持ちが湧き起こるのを感じ、そのときに書かれた手紙は彼の愛着を裏付けている。にもかかわらず、ちょうど対位法のように、間もなくもっと暗いモチーフが現れる。《苦悩》ということばはそのモチーフを指している。よくある心理的メカニズムで、トロツキーは彼女にたいする自分の罪悪感を和らげるために、ナターリャの不貞と称するものを非難し始めるのである。それは攻撃は最大の防御なりということだったのかもしれない。モチーフはためらいがちに聞こえ始める。「自分自身にたいする恥ずかしさと憎しみをこめて、こんなことを書くのだが……」。そしてモチーフの響きが強まる。ボリシェヴィキ政権の最初期、つまり二〇年以上も前にナターリャが教育人民委員会に勤めていたとき、助手だった青年と彼女との関係について、トロツキーはナターリャを問い詰める。その助手はナターリャに惚れていたが、ナターリャは彼の口説きには決して応えなかったのだった。ところで最大の感情の爆発は手紙ではなく、電話を通じて発生した。七月二一日の朝、トロツキーはパチューカの町からナターリャに電話をかけて、嫉妬のことばを投げつけた。接続のよくないメキシコの電話にむかってロシア語でわめき散らし、二〇年以上も昔の、ありもしなかったナターリャの不貞を責めるトロツキー！（中略）電話のあと、トロツキーは気持ちが和らいだ。「私の精神は落ち着きを取り戻したようだ。いずれにせよ、再会の日まで私は待つことができる」。」

「一九三七年七月の数週間のあいだに、ナターリャのほうも一度だけ、強烈な打撃をトロツキーに加えた。七月一八日に、彼女はトロツキーにこう書いた。「人はみんな心の底ではひどく孤独なのですね」。これはナターリャ自身も認めているように、とくにどうということのない平凡なことばである。だがトロツキーはこのことばに全身をゆすぶられた。「これは私には心臓をナイフで一突きされたようだった」。トロツキーの反応には二つの理由が考えられる。その一つは、この文句がナターリャの孤独感をありありと表現していたこと。もう一つは、これがトロツキーには共産主義的人間という概念への攻撃と受け取られたことである。」（エジュノール、前掲書）

七月二六日か二七日にトロツキーはコヨアカンに戻った。生活は落ち着きを取り戻した。トロツキー、ナターリャ、フリーダ、リベーラ、この四人の関係にはごく微妙な変化しか見られなかったとエジュノールは記している。だが、トロツキーとフリーダの間には一定の距離が生じた。トロツキーは「GPUの手に渡る危険がある」として、フリーダに対し、自分が書いた手紙を返してほしいと言った。フリーダは手紙をひとまとめにして返し、トロツキーはそれを焼却したらしい。エジュノールによれば、フリーダはこの頃、彼にトロツキーとの間に生じた事情を打ち明けた。

こうしてトロツキーは、フリーダとの恋愛関係がスキャンダルとなり、彼の人間的な信頼性を損ないかねないような事態に発展する可能性を自ら切り取った。しかし、トロツキーとフリーダにとって、二、三カ月ほどの間の恋愛感情は何だったのだろう。

結果的には、危機を乗り越えて、トロツキー夫妻は異郷の地で互いに支え合う関係を回復することができた。

4　長男レオン・セドフの死

一九三七年の終わり頃、すなわちデューイ委員会の評決が発表された頃より、メキシコのスターリン派グループによるトロツキーに対する誹謗と脅迫のキャンペーンが強化された。このため、コヨアカンのロンドレス通りに借りていたリベーラとフリーダの別宅「青い家」の安全性に懸念が生じる事態となった。リベーラは、安全性確保のために隣家の買い取りを進めたが、それが実現するまではチャプルテペク地区にあるアントニオ・イダルゴの家に移り住むことになった。

イダルゴは、ムヒカの政策スタッフの一員であり、ムヒカとトロツキーとの間の連絡役に任じられていたが、トロツキーの理解者となり、トロツキーのメキシコ滞在中の困難な時期に彼を支援する友人になるとともに、思想的にもトロツキーが掲げた「ボリシェヴィキ＝レーニン主義」の立場に近づいた。

一九三八年二月一三日、トロツキーは秘書のエジュノールとともに、イダルゴの家に向けて出発した。ナターリャはコヨアカンに残り、トロツキーがあたかも在宅しているかのように装った。トロツキーはイダルゴ夫妻の歓待を受け、読書と執筆に専念した。

しかし、三日後の二月一六日の昼過ぎ、アメリカの通信社から電話があり、虫垂炎の手術で入院中だった長男レオン・セドフの突然の死が伝えられた。コヨアカンの家には、エジュノールと護衛のジョセフ・ハンセン、ラーエ・スピーゲルが居合わせた。エジュノールはナターリャには知らせずに、リベーラと二人でチャプルテペク地区のイダルゴの家を訪れて、トロツキーに知らせた。そのときの様子を、エジュノールは次のように回想録の中で書いている。

「リベーラと私はチャプルテペクへ行った。トロツキーの部屋に入り、リベーラは進み出て、知らせを伝えた。こわばった顔でトロツキーは訊ねた。「ナターリャは知っていますか」。「いいえ」とリベーラは言った。トロツキーは答えた。「私から話します！」 私たちはあわただしく車に乗った。私が運転し、リベーラは助手席に座った。トロツキーはうしろの席で背筋をぴんとのばし、終始無

レオン・セドフ

言だった。コヨアカンに着くと、彼はただちにナターリャと二人で自分たちの部屋に閉じこもった。ジーナが死んだとき、私がプリンキポで目撃したのと同じ蟄居生活が再び始まったのである。私たちはときどきドアを細めにあけて、お茶を差し入れた。一八日の午後一時、トロツキーは私に数枚のロシア語の手書き原稿を渡し、それを翻訳して、タイプで打ち、ジャーナリストに配布するよう指示した。その文章でトロツキーは息子の死の状況に関する調査を要求していた。さらに数日、蟄居がつづいてから、トロツキーは再び書斎に現れて、レフ・セドフ（リョーヴァ）についての有名な文章を書き初めた。イダルゴの家に行く少し前に脱稿した「かれらのモラルとわれわれのモラル」という長い論文の日付は、二月一〇日と記されていた。トロツキーはそれを一六日と書き換え、あとがきを付け加えた。」（エジュノール、前掲書）

そのあとがきは、邦訳書では「追伸」として、「私はこの文章を、私の息子が私には知られなかったが、死とたたかっていた日々のあいだに書いた。私は彼の賛同を得られることを願って、この小著を彼の追憶にささげる——レオン・セドフは真の革命家であり偽善者パリサイ人どもを軽蔑した」と記載されている（『トロツキー著作集5　一九三七—三八　上』）。

一九三八年三月に社会主義青年同盟が発行したパンフレットに所収されているトロツキーの文章は次のように書かれている。息子レオン・セドフを追悼する記念碑的な文章である。

「レオン・セドフの母親のそばで私がこの文章を書いて

いる間、さまざまな国から弔電が相次いで届いている。そして弔電はそのたびに私たちに一つの戦慄すべき疑問を呼び起こすのだ――「本当にフランス、オランダ、イギリス、アメリカ、カナダ、南アフリカ、そしてこのメキシコの友人たちは、セドフがもはや亡きものであることを、確定的な事実として受け入れているのだろうか」と。一つ一つの弔電は彼の死の新たな証拠であるが、私たちはまだそれを信じかねている。彼は私たちにとって誠実で献身的な最愛の息子であっただけでなく、なによりも彼は、私たちの生活の一部分であり、そこに彼のいっさいの根を下ろしていたからであり、私たちと思想を共にする人、私たちの協力者、私たちの護衛、私たちの相談相手、私たちの友人であり、この世にかけがえないものであったからである。

前世紀の終わりに革命への路上で私たちもその隊列に加わった古い世代は、例外なく舞台から一掃されてしまった。ツァーの重労働監獄や苛酷な流刑も、亡命の厳しさも、内戦と疫病もなし遂げえなかったこのことが、ここ数年の間に革命の最悪の報いであるスターリンによってなし遂げられてしまった。この古い世代の粉砕に続いて、次の世代の最良の部分――すなわち、一九一七年に目ざめ革命戦線の二四の軍団できたえられた世代――も粉砕された。同様に、レオンの世代である青年たちもまたその最良の部分が踏みにじられ完全に抹殺された。彼自身は、彼がただ私たちにつき添って流刑地に、次いでトルコに行ったということのために、奇跡的に生き残った。亡命生活のこの数年、私たちには多くの新しい友人ができた。そのうち、何人かは私たちの生活に深く入り込み、私たち家族の一員のようになっている。しかしこれらの友人たちは、私たちがすでに老年に近づきつつあったこの数年間に初めて会った者ばかりである。ただセドフだけが若かったときの私たちを知っていた。彼は、自我に目ざめた最初の瞬間から私たちの生活の一部になった。年は若かったけれども、彼はあたかも私たちの同年者のように思われた。（中略）

最近の新聞報道によると、パリにおけるレオン・セドフの生活は「非常に質素な暮らし」だったという――私にいわせると、熟練工の生活よりはるかに質素なものだった。彼の父と母が高い地位に就いていたモスクワにあってさえ、彼は、ここ二、三年のパリの生活よりもいいどころかもっと悪い生活をしていた。それは官僚の息子たちの通例だったのだろうか？　決してそんなことはない。そうであったとしても彼は例外だった。この子供――少年期から青年期に成長しつつあった――には、義務と責任の観念が早くから目ざめていたのだ。一九二三年、レオンは「反対派」の活動に全力をもって身を投じた。これを両親の影響にすぎないとみるのはまったくの誤りであろう。彼がクレムリンの快適なアパートを捨て、食事も満足になく寒くて薄ぎたない寄宿舎にはいったとき、私たちは彼の行動を止めようとはしなかったけれども、しかし、彼は私たちの意志に反してそうしたのだった。彼の政治的志向は、クレムリンのリムジンに乗るよりも混んだ電車を選ばせたあの本能によって決定されたのだ。反対派の綱領は、彼の性格の生来の特質に政治的表現を与えたにすぎない。（中略）

一九二九年一月、政治局は私を「ソ連邦国境の外」に――結局それはトルコになったが――追放することを決定した。私の家族は私に同行する権利を認められた。再度レオンはためらうことなく私たちといっしょに亡命の旅に出ることを決めたが、これにより、彼は深く愛していた妻や子供と永久に別れることになった。（中略）

新しい一章が私たちの生活に始まった。その第一ページはほとんど空白であった。連絡や知己や友人関係は新しく再建されねばならなかった。そしてここでもう一度息子は私たちにとってすべてになった――アルマ・アタにおけると同様、だがいっそう広い範囲にわたって私たちの外の世界との媒介者、私たちの護衛、協働者、秘書であった。子供のときにはロシア語よりも慣れ親しんでいた外国語を、彼は激動する革命の歳月の間にほとんど完全に忘れていた。それでもう一度すっかり学びなおすことが必要になった。私たち合同の文筆活動が開始された。私にとっては文書保管所や図書館はすべてレオンの手の中にあるようなものだった。彼はマルクス・エンゲルス・レーニンの著作に通暁しており、私の著書や草稿、党と革命の歴史、テルミドール的な偽造の歴史を熟知していた。ごたごたしたアルマ・アタの公共図書館で、彼はすでに革命後の『プラウダ』のファイルを調べ、必要な引用と参考箇所を完璧な出典リストとともに集めていた。この貴重な材料がなく、またその後、まずトルコで、次いでベルリンで、最後にパリで、レオンがやってくれた文書保管所や諸図書館の調査なしには、ここ一〇年の私の著作は一つとして日の目をみることがなかっただろう。これはとくに『ロシア革命史』についてそういえる。非常に多くのことがらについて、彼の努力は単に「技術的」な性格にとどまるものではなかった。彼が独自に行なった事実の選択、引用、性格づけは、しばしば私の問題提起の方法と結論を決定づけた。『裏切られた革命』には、息子の手紙の数行をもとにして書いたページや、私が手に入れることのできないソ連邦の新聞から彼が抜き書きして送ってくれた引用がすくなからず含まれている。レーニン伝記のために彼が与えてくれた資料は、これよりももっと多かったといってもよい。こうした協力は私たちの思想的な連帯が血や肉にまで浸みこんでいたことによってはじめて可能だったのである。一九二八年以降書かれた私の著書のほとんどすべてについて、息子の名前が私の次に当然のこととして記されるべきであった。

（中略）

レオンの主要な著作は、一六人（ジノヴィエフ、カーメネフ、スミルノフその他）の裁判を扱った『モスクワ裁判名鑑』という本である。これはフランス語、ロシア語、ドイツ語で出版された。当時、妻と私はノルウェーで監禁状態にあり、手足を縛られ、ひどい中傷の的になっていた。そこには一種の麻痺状態があり、人々がすべてを見、聞き、理解したとしても、致命的な危険を防ぐために指一本動かすことができない状況があった。ノルウェーの「社会党」政府がわれわれに押しつけていたのは、このような政治的麻痺状況であった。このような条件にあって、クレムリンの偽造家に対する粉砕的反撃であったレオンの本は、私たちにとって何と計り知れない価値を持つ贈り物であったことか。思い出すのだが、私は最初の数ページは印象が薄いように思われた。それはすでに明らかにされていたソ連邦の一般的状況についての政治的評価を再度述べているにすぎないからであった。しかし、著者が裁判に関して独自の分析を始めるや否や、私はまったくそれに魅了された。章が進むごとに、それは前の章よりいっそうすばらしいように思えた。「偉いぞレビスヤチカ！」妻と私は叫んだ。「私たちは弁護者を得たのだ！」私たちの暖かい賞賛の手紙を読んで、彼の目はどんなにか喜びに輝いたことだろう！　いくつかの新聞、とくにデンマーク社会民主党の中央機関紙は、私がきっと、抑留という厳しい条件にもかかわらず、セドフの名前で発表されたこの著作に加わる方法を見いだしたに違いない、と断言した。「トロツキーの筆跡が感じられる……」――とんでもない作りごとだ。この本には私自身の書いたものは一行もはいっていない。セドフは単に「トロツキーの息子」としかみなそうとしなかった多くの同志たち——カール・リープクネヒトが長い間、単にウィルヘルム・リープクネヒトの息子としかみなされなかったと同じように——は、この小冊子からだけでも、セドフが自立した人間であるだけでなく卓越した人物でもあることを確信することができるのだ。

レオンは、他のことをするときと同じように、良心的に調査し、熟慮し、確かめながらものを書いた。著述家の虚栄など彼には無縁であった。煽動的な熱弁をふるう誘惑にかられることはなかった。そして、彼の書いたどの文章も、どれも彼の誠実な革命的気質から生じる生き生きとした炎で輝いている。

この気質は、われわれの時代の偉大な政治的諸事件に分かち難く結びついている彼個人や家族の生活に起こった諸事件によって形成され強められた。一九〇五年、彼の母はペテルスブルグの牢獄の中で、生まれてくる赤ん坊を待っていた。この年の秋、自由主義の波が彼女を自由の身にした。翌年二月男の子が生まれた。そのときには私はすでに監獄に閉じ込められていた。私は、一三カ月後、シベリアから脱出して、初めて息子を見ることができたのである。彼についての一番古い印象は、ロシア第一次革命の息吹に色どられていた。その敗北は私たちをオーストリアに追いやることになった。(中略)

昨年の秋、かなりの数の外国にいるソ連邦の手先たちがクレムリンとGPUから関係を絶ちはじめたとき、当然のことながらレオンはこれらの事件の中心におかれることになった。幾人かの友人は、彼がこれらの「まだテストされていない」新しい同盟者とつき合うことに挑発があるかもしれないといって、反対した。だがレオンは、疑いなく危険な要素がある、しかし傍観していてはこの重要な動きを発展させることはできない、と答えた。今度も、われわれはレオンのいうことを認めなければならなかった。彼の性格と政治情勢が彼にそうさせていたのだ。真の革命家として、彼はプロレタリア解放の闘争に役立つかぎりにおいて、生命の価値を認めたのだ。

二月一六日、メキシコの夕刊紙はレオン・セドフが外科手術ののちに死亡したとの短い至急電を伝えた。緊急の仕事に没頭していて、私はこれらの新聞を見なかった。ディエゴ・リベーラが独自にこの至急電をラジオで確かめてこの恐るべきニュースを私のところにもってきた。一時間後、私は息子の死をナターリャに告げた——三二年前、彼女が牢獄の私に彼の誕生の知らせをもってきてくれたのも同じ二月であった。二月一六日はこのようにして暮れた。私たちの個人生活の中でもっとも暗い日だった。

私たちは多くのことを、ほとんどいかなることをも覚悟していたが、このことだけは予想していなかった。レオンは最近私たちに手紙をくれ、工場労働者として仕事に就くつもりだと述べていたばかりだった。同時にこの手紙で、彼はある研究所の依頼でロシア反対派の歴史を書く希望を述べていた。彼には沢山の計画があった。彼の死のニュースを聞いたほんの二日前に、私たちは二月四日付の彼の手紙を受け取ったが、それは勇気と活力にあふれたものだった。その手紙が私の目の前にある。「われわれはいまスイスでの裁判の準備をやっていますが、スイスではいわゆる〝世論〟も当局も非常に好ましい状況にあります」と彼は書いている。そしてつづいて一連の好ましい事実

と徴候をあげている。「結局われわれが勝つでしょう。」（中略）

物質的欠乏と貧乏には、レオンは本当のプロレタリアートのように、冗談をいいながら気軽に耐えた。とはいえ、もちろんそれは痕跡を残した。それ以上にかぎりない心痛をひき起こしたのは、つづいてやってきた精神的拷問であった。一六人のモスクワ裁判、ここにおける告発のとほうもない性格、被告の悪夢のような自白、この中には、レオンがよく知っており深く愛したスミルノフとムラチコフスキーもいた。彼の父母のノルウェーにおける予期しない監禁。それはなんのニュースもなく四カ月つづいた。文書庫の盗難。私と妻の奇怪なメキシコへの移動。いっそう錯乱的な告発と自白の第二回モスクワ裁判。「労働者を毒殺した」と告発された彼の弟セルゲイの行方不明。かつての親しい友人、あるいは死ぬまでそうだった数えきれない人たちの銃殺。フランスでのGPUによる迫害と妨害、スイスにおけるライスの殺人、虚偽、卑劣、裏切り、でっちあげ……そう、「スターリン主義」とはレオンにとって抽象的な政治的観念ではなく、終わりのない道義的打撃と精神的な傷の連続を意味した。モスクワの主人たちが化学に訴えたにせよ、あるいはそれまでに彼らがやったことが彼にとってはもう充分であったにせよ、結論はまったく同じである。彼を殺したのはやつらだ。彼の死の日を、彼らはテルミドールの暦に重要な祝日として記載したのだ。（中略）

さようなら、レオン。さようなら、愛するかけがえのない友。君の母と私は、運命が君の葬送の辞を書くという戦慄すべき仕事を私たちに課すなどとは、夢にも考えなかった。夢にも思わなかった。私たちは、私たちがこの世を去った後、ずっと君が私たちの共通の路線をひきついでいってくれるだろうという固い確信をもって生きていた。しかし、私たちは君を守ることができなかった。

さようなら、レオン！　私たちは君の非のうちどころのない思い出を全世界の労働者の若い世代に伝えよう。君はまさしく、よりよき世界をめざして働き、苦しみ、闘っているすべての人々の心の中に生きつづけるだろうと。すべての国の革命的青年たちよ！　私たちからレオンの思い出を受け取ってくれ給え、彼を君たちの息子として認めてくれ給え――彼はそれにふさわしい人間だ――そして、これからは君たちの闘いに彼を目に見えない形で参加させてくれ給え。運命が彼に、諸君の最後の勝利に参加する喜びを拒んだのだから。」（『トロツキー著作集3　一九三八―三九　上』）

トロツキーにとって、レオン・セドフが息子であると同時に、協力者として、また同志として、いかに重要な存在であったか、その死を心底から悲しむ心痛が、如実に表現されている文章である。

他方、レオン・セドフの死によって生じた、トロツキー夫妻とレオンの妻であったジャンヌ・マルタンとの間の軋轢が表面化する。その始まりについてエジュノールは次のように書いている。

「ジャンヌは、トロツキーとナターリャに悲痛な手紙をよこした。彼女はリョーヴァ［レオン・セドフの愛称］にたいそう愛着していたのだった。トロツキーは彼女に電報を打った。「ソウダヨ、カワイイジャンヌ、生キナケレバ」。だが事態は急変した。リョーヴァはラクルテル通りの自宅にたくさんの文書を遺していた。彼の死後二、三週間経って明らかになったのは、モリニエ・グループに属しているジャンヌが、トロツキスト・グループの主流派の一人であり、パリにおけるトロツキーの代理人であるジェラール・ロザンタールを介して、それらの文章をトロツキーに引き渡すことを肯んじないという事実だった。トロツキーは憤慨した。リョーヴァの遺した文書は、法律的にも、精神的にも、当然トロツキーに帰属するべきものではないか。彼にはジャンヌが危険をもてあそんでいるように見えた。フランス警察はその文書に首を突っこむ機会を狙っていたのだし、GPUもその点は同様である。トロツキーは激怒した。にがにがしくもまた傷ましい一連のいざこざが始まった。一方、ナターリャとジャンヌの文通は続いていた。傷心の二人の女性は涙に濡れた手紙をやりとりしていた。」(エジュノール、前掲書)

トロツキーとジャンヌとの間では、レオン・セドフが姉ジーナの自殺後に庇護してきた彼女の息子であるセーヴァの親権をめぐっても、争いが生じることになる。

レオン・セドフの死の知らせによってトロツキーとナターリャが受けた精神的打撃は大きかった。レオン・セドフの死に先立つ一年ほど前の一九三六年末にトロツキーたちは、次男のセルゲイ・セドフが逮捕されたとの報を聞いたばかりであった。一九三七年一月二七日付のメキシコ発AP電は、「二七日夜、トロツキーはソ連邦にいる彼の息子セルゲイの報道されたような逮捕は、「スターリンの精神と完全に一致した個人的復讐行為」であると非難した。トロツキーは次のように語った。「彼らは、彼に恐るべき、ありえない犯罪の自白を無理強いするために、耐えがたい拷問をかけるであろう。スターリンは、私に反対する私自身の息子の自白を待望しているのである。GPUは、彼を発狂に追いやることを躊躇しないだろう。彼らは彼を銃殺することができる」」と報じた(『トロツキー著作集5　一九三七―三八　上』)。

次男セルゲイ・セドフが逮捕され、今後、拷問を含めた耐えがたい扱いを受けるであろうことを覚悟しなければならなくなった状況に加え、長男レオン・セドフの死を受け入れなければならなくなったのである。

これにより、トロツキーには孫のセーヴァが残されるだけとなった。

レオン・セドフの死の前年である一九三七年、ヨーロッパにおけるNKVD主任であったイグナーチ・ライスが、七月一六日にモスクワでの粛清に抗議して辞職し、「左翼反対派」に加わると言明したが、九月四日にスイスのローザンヌ近郊で死体となって発見される事件が発生していた。その後、NKVDのアワルテル・クリヴィッキーとアテネ駐在のソ連邦代理公使のアレクサンドル・バルミンが、ライスに続いてスターリン体制と手を切り、パリにいたレオン・セドフに接触していた。セドフは、この事実をトロツキーに知らせるとともに、スターリンと手を切るソ連邦市民は誰でも助け、できる限り保護してやることは自分の義務であると伝えたが、トロツキーはセドフの寛大な態度を強く批判していた。レオン・セドフに接触してきたライスは、レオン・セドフに対して、彼の周辺にスパイがいることを知らせるとともに、近くトロツキストたちの抹殺が行なわれようとしているとの情報を伝えていた。このライスの情報を、クリヴィッキーも確認した。

この頃から、レオン・セドフの周辺にスパイがいるとの疑惑が強まり始めた。また、ライス殺害事件を捜査していたフランス警察は、暗殺団の一人がメキシコの査証を申請していたこと、そしてメキシコ・シティの詳細な地図を入手していたことを発見した。そのスパイとは、レオン・セドフが最も信頼していた協力者で、彼の秘書役をも務めていた「エティエンヌ」（本名はマルコ・ズボロフスキー、暗号名はほかに「チューリップ」）であった。

ズボロフスキーは、一九〇八年に白ロシアのウマに生まれた。彼の家族は一九二一年に革命を逃れてポーランドに移住した。一九二八年、彼はフランスに行き、医者になるための勉強を始めたが、生活はきびしく、学費を払うためにグルノーブルのホテルでドアマンとして働いた。そのホテルを訪れたロシア人観光客がズボロフスキーをGPUの情報員としてリクルートした。ズボロフスキーは訓練のためソ連邦に送られ、その後フランス人トロツキスト・グループに潜入して、見聞きしたことを報告する任務を与えられた。とくに、ピエール・ナヴィル、レーモン・モリニエ、ジェラール・ロザンタールの動向を把握するよう指令を受けた。それから二年後にレオン・セドフに接近し、「セドフとナチス・ドイツの関係の証拠を握る」ことを指示され、まずセドフの妻ジャンヌ・マルタンに近づき、彼女を通じてセドフに接近した。「ナチス・ドイツとの関係」を示す証拠を見つけることはできなかったにせよ、セドフに関する「エティエンヌ」の報告はおびただしい数にのぼった。GPU内でズボロフスキーの報告を受けていたのはアレクサンドル・オルロフ（一六六頁参照）であったとされているが、内務人民委員長官ニコライ・イワノヴィチ・エジョフの補佐であったセルゲイ・シピゲルグラスの管理下におかれていたとの説もある。「エティエンヌ」の仕事の重要性は、レオン・セドフを通じて、トロツキーの動向と、彼に情報が集中するヨーロッパにおけるトロツキスト・グループの動向とを把握できることであった。

トロツキーの秘書であったエジュノールは、ズボロフスキーに関して次のように書いている。

「ズボロフスキーがすでにフランスのトロツキスト・グループの一員に、そしてリョーヴァの協力者になっていることを私が知ったのは、何度かのパリ帰省のいずれかの場合だったと思う。つまり一九三四年から三六年頃までのことだが、初対面の記憶は定かではない。トロツキスト組織内の人間関係には、もちろん個人的な側面があった。心を通わせ合う友人もいれば、ただ一緒に仕事をするだけの人間もいた。私とズボロフスキーとの関係は決して打ちとけたものではなかった。彼の顰《しか》め面や煮え切らない態度が私は気に入らなかった。しかし、とくにこの人物を疑ったことはなかった。リョーヴァは彼を信頼し、ほとんど毎日のように顔を合わせては一緒に仕事をしたり、共通の母語であるロシア語で語り合ったりしていた。（中略）

彼とリョーヴァとの関係の内実はどうだったのだろう。私は一定の距離を置いてしか二人を観察することができなかった。ズボロフスキーぬきでリョーヴァに、あるいはリョーヴァぬきでズボロフスキーに会ったことは何度もあるが、二人で一緒にいるところを見たことは一、二度しかない。しかし、何らかの政治的議論を惹き起こしそうな、あるいは単にまじめな問題についてまじめに語り合うことになりそうな話題を、ズボロフスキーは決してリョーヴァの前で口にしなかったことだけは、はっきりと印象に残っている。彼は世話好きで、リョーヴァに頼まれた仕事はいつも喜んで引き受けるのだった。要するに、この男には人目をひくようなものが何一つなく、ただ影の薄い人物という印象だけがあった。」（エジュノール、前掲書）

他方、トロツキーの弁護士であったロザンタールは、ズボロフスキーに関して次のように書いている。

「エティエンヌはレオン・セドフの全幅の信頼を受けていた。ロシア出身のこの若い医学生は、礼儀正しく控え目で、教養もありよい教育を受けていた。彼は慎み深く、無駄話の時などに、彼の忠節ぶりをもっともらしく見せるのに必要な一定程度の自主性を無条件の従順ぶりに織りまぜながら、曖昧な傑出した非公式の役割を見事に演じていた。彼はレオン・セドフの一挙一動にぴったりとついていた。セドフは彼のうちに、かけがえのない補佐にとどまらず、孤立によってよりいっそう共にいることが促される、腹心の友をも見出していた。この孤立というのは、身の安全を守るという方針から彼らにとって絶対の条件であり、またセドフの生活の物質的、精神的な困難の数々がこれを奨励してもいたのだった。

エティエンヌはセドフの傍らにあって、国際組織におけるロシア人グループの代表補佐となっていた。彼は『ロシア反対派ブレティン』の準備と編集について、セドフの一貫して変わらぬ直接の協力者だった。追いつめられ、獄に投じられ、流刑の憂き目にあっているロシア反対派の連中とのあらゆる重要な連絡に、彼は精通していた。レオン・トロツキーが、息子の身にもっとも有能な代表者のみならず、彼の綱領のもっとも信頼のおける受託者を見出していた活動について、その国際的な動向のすべてを、エティエンヌはレオン・セドフの傍らにあって知悉してもいた。

その信頼の念たるや絶大で、セドフは彼に郵便受けの鍵を預けたほどだった。トロツキーの信書はことごとく彼の手を経ていた。その結果彼は、トロツキーとナターリャの、メキシコ移送のためのノルウェー貨物船への強制乗船のことを、政府が襲撃の恐れを誇張してこれを楯に秘密を保とうとしていた時に、すでに知っていたのだ。

こうしたあらゆる情報源への接近——彼はわたしたちの誰よりもよく知っていた——は、彼の策謀によるものでもあったが、ロシア反対派が有能な人材の極度の欠乏に苦しんでいたがために、彼のロシア語とロシアの政治についての知識が、彼にいっそう有利に働くという、技術的な助けもあって力があった。（中略）

一九三八年二月の長男レオン・セドフの悲劇的な死の後、エティエンヌは『ロシア反対派ブレティン』の編集を引き受けた。彼は「おやじさん」とじかに緊密な書信をやりとりし、図書館での資料探しの奉仕を申し出たりもした。彼はまた、第四インターナショナルが秘密裡に創設された一九三八年九月三日の国際大会にも参加した。けれども、彼の人柄が反感を招いていた。ナヴィルはもはや疑惑の念を隠さなかった。」（ロザンタール『トロツキーの弁護人』）

この時期、トロツキーのプリンキポ滞在時代に秘書であったルドルフ・クレメント（次節で後述するとおり一九三八年七月に暗殺される）が、レオン・セドフの窮状に強く心を痛めて、メキシコのトロツキー夫妻に手紙を書き、今すぐフランスを去ってメキシコの両親のもとに行くようにレオン・セドフにすすめてほしいと求めた。確かにレオン・セドフは、精神的にも経済的にも苦境にあった。しかもレオン・セドフは、貧困や個人的失望にはよく耐えたが、自分の信念と誇りに対する打撃は身にこたえる性格であった。

『裏切られた革命』のフランス語版訳者である亡命ロシア人ヴィクトル・セルジュは、この頃のレオン・セドフについて、「地獄の生活」を送っていると表現して次のように述べている。

「わたしたちが、モンパルナスの街々を夜明けまでさまよいながら、モスクワ裁判のもつれ絡んだ謎を解きほぐそうとしたことが、なんどあったろうか？　ときどき、街灯の下で立ちどまっては、どちらかが叫ぶ、「われわれは完全な狂気の迷路にはまりこんでいるんだ！」と。」（ロザンタール、前掲書）

レオン・セドフが精神的に落ち込んでいた原因はモスクワ裁判にあった。アイザック・ドイッチャーも次のように書いている。

「くたくたになるまで過労し、無一文になり、父親のことを案じながら、リョーヴァはつねにこの迷路の中に生きていたのである。彼は、父親の議論や、弾劾や、希望を、くりかえしつづけた。だが、新しい裁判がおこなわれるごとに、彼の中でなにかしらぷつりと切れた。子供時代や青春時代の、この上なく明るい記憶は、被告席にすわるひとびととむすびついていた。カーメネフは彼の叔父であった。ブハーリンは、ほとんど情愛深い遊び友だちだった。ラコフスキー、スミルノフ、ムラロフ、その他多くのひとたち――みんな革命的美点と勇気のゆえに、熱烈に親愛されていた年長の友だちや同志ばかりだった。彼は彼らの堕落をかんがえ、思い沈み、どうしてもそれを黙認することはできなかった。あんなひとたちをひとりのこらず打ち砕き、あんなひどい泥と血のなかに這いつくばらせることが、どうしてできたろうか？　彼らのうち、せめてひとりだけでも、なぜ被告席で立ち上がって、自白を破棄し、虚偽の、恐るべき告発を全部、ずたずたに引き裂いてしまわないのだろうか？　リョーヴァはそういうことがおこることを待った。だが、むだだった。（中略）心の疾患、絶望、病熱、不眠症。自分の「持ち場」を離れることがいやで、定期的にくりかえす激しい痛みの発作にもかかわらず、盲腸の手術をのばしつづけた。食べるものもろくに食べず、気力もうせて、がっくりしたようになりながら、動きまわった。それでも、二月はじめに、デューイ委員会の判定をのせた『反対派ブレティン』を発行した。彼はよろこび勇んでこのことをコヨアカンに報告し、ゲラ刷りを同封した。これからの仕事の計画についても述べた。だが、自分の健康には、一言もふれなかった。これは、彼が両親に書き送った最後の手紙だった。」（ドイッチャー『追放された予言者・トロツキー』）

レオン・セドフは一九三八年二月初旬より虫垂炎の痛みに耐えていた。入院することで自分の居所が知られ、また、必要な作業に遅れが生じることを怖れたといわれている。しかし、二月八日、「エティエンヌ」とともに作業していたとき、今までになかったほどの激しい発作におそわれた。これ以上、手術をのばすことはできなかった。レオン・セドフは一通の手紙を書き、自ら封をして妻ジャンヌに渡し、もし彼の身に何か「事故」が起こったら、そのとき初めて開封するようにと告げた。

レオン・セドフと「エティエンヌ」は、フランスの病院に入院して彼の名前を告げるのはまずい、ということで意見が一致し、ロシア人亡命者の医師たちが経営している小さな私立の診療所に入院することにした。その際、フランス人技師のマルタンと名乗ること、フランス語しか話さないこと、フランスの同志たちには誰にも所在を知らせないこと、彼らの訪問を許さないこと、これらの諸点で意見が一致すると、「エティエンヌ」が救急車を呼んで入院させた。

手術はその晩に行なわれ、数日後には回復の兆しが見られた。妻のジャンヌと「エティエンヌ」だけが見舞いに訪れた。「エティエンヌ」とは組織問題について話し合えるまでに回復しつつあった。ところが、一三日の夜に病状が急変し、一四日に再手術が行なわれたが、一六日に三二歳で死亡した。虫垂炎の手術で回復した後に、毒殺されたとの説もある。ジャンヌはNKVDに殺されたと主張した。

イグナーチ・ライスとアワルテル・クリヴィッキーの証言によれば、モスクワのNKVD本部では、「あの若僧はよく活動している。あいつがいなかったら、おやじは仕事を進めることがはるかに困難だったろう」とよくいわれていたとされる。「エティエンヌ」は救急車を呼んだ直後に、NKVDの上司に連絡を入れている。レオン・セドフの死後、「エティエンヌ」は何の困難もなしに、パリのトロツキスト組織でセドフが占めていた地位を継承し、『反対派ブレティン』の発行継続を引き受けたのも彼であった。

NKVD関係者はレオン・セドフ暗殺を否定している。一九三九年三月よりトロツキー暗殺計画の責任者となったパヴェル・スドプラトフは回想録の中で次のように書いている。

「セドフがパリで死亡したのは確かだが、彼のファイルにもトロツキスト・インターナショナルのファイルにも彼が暗殺されたという証拠は見つからなかった。もしそうだとすれば、だれかへの褒賞か褒賞の請求があったはずだ。当時、詳細も具体例も提示されなかった。ふつうに考えれば、セドフの死はNKVDの殲滅工作の結果だろう。実際の記録によれば、シピゲルグラスは自然な原因でセドフが死亡したとエジョフに報告した。報告を受けた彼は、「上出来だ。うまく片付たな?」と述べた。シピゲルグラスはエジョフと言い争うつもりはなかった。そしてエジョフはスターリンに報告する際に、セドフの死を自分の手柄にしようとした。これがもとで、NKVDがセドフを始末したと信じられるようになった。(中略)彼を消してしまったら、ヨーロッパにおけるトロツキスト工作に関して情報管理ができなくなってしまっただろう。」(スドプラトフ『KGB衝撃の秘密工作』)

また、ヴォルコゴーノフも、「もちろんズボロフスキーは、セドフの発病についてただちに「ボス」に報告している。モスクワはその日のうちにセドフの病気のことを知った。ところで、NKVDの保管文書には、機会をみてセドフを、抹殺せよという直接の、命令に関する資料はない」と記述し、NKVDによるレオン・セドフ暗殺説を否定している(ヴォルコゴーノフ、前掲書)。

確かに、トロツキーよりも先にレオン・セドフを暗殺することは論理に反することだったろう。トロツキーからレオン・セドフに送られてくる原稿、手紙、さらには種々の情報のすべてが、「エティエンヌ」を通してモスクワに速報される状態が維持されていたのであるから、「エティエンヌ」の立場を損ないかねないリスクを冒すことは考えがたいことである。

レオン・セドフの死後、NKVDはズボロフスキー（すなわち「エティエンヌ」）を今後どのように利用するかを決めるため、本部から「ウェスト」という暗号名をもつ特別代表がパリにやってきて、「息子」の死後「チューリップ」の立場は困難なものとなった。彼らのエージェントに対する最大の危険は「近所の女」（エストリン）から出ている。しかし、「チューリップ」はこの危険を「過小評価」している」とするとともに、ズボロフスキーをトロツキスト・グループの情報収集、『反対派ブレティン』の仕事の継続、「第四インターナショナル・ロシア支部」に影響を行使することに集中させるとの要請を本部に行なって許可を得た（ヴォルコゴーノフ、前掲書）。しかし、秘密政治部は、ズボロフスキーをトロツキーのもとにもぐりこませようとしたらしい。ズボロフスキーはメキシコのエジュノール宛てに手紙を送って、トロツキーのもとに行ける可能性を打診したが、エジュノールが返事をしなかった。おそらく、トロツキーが慎重になっていて、返事を出させなかったのであろうと推測される。

「ウェスト」は、もしズボロフスキーをトロツキーのもとにもぐりこませることに失敗した場合、第四インターナショナルの国際書記局を通じて「トロツキストを二、三人」派遣しなければならないと述べている。トロツキストを装った者たちを送り込もうというわけである。「ウェスト」の提案は認められ、スペインとソ連邦から、新手の「トロツキスト」たちがメキシコに送り込まれることになる。

オランダのスネーフリートやロシア人亡命者のヴィクトル・セルジュは、以前より「エティエンヌ」が工作員ではないかとの疑いを持っていたといわれる。レオン・セドフの死後、ヨーロッパにおけるトロツキスト運動の事務局的な任務を継承していたズボロフスキーがNKVDの工作員であるとの情報は、第四インターナショナルが正式発足した直後に、米国に亡命したGPUの元高官からコヨアカンのトロツキー宛てに送られた手紙で知らされた。そのスパイの名は「マルク」であると告げられていた。情報をもたらしたのはアレクサンドル・オルロフ（本名はアレクサンドル・フェルドン、西側ではアルクサンドル・オルロフの名で知られる。別名ニコルスキー）であった。オルロフは一九三六年七月に内戦勃発直後のスペインに派遣され、スペインにおけるNKVDの最高責任者の地位にあったが、一九三八年八月に粛清されることを恐れて六万ドルを横領して失踪、その後一一月に米国に亡命したことが判明した。

オルロフがトロツキーに送った手紙は、米国到着後の一二月二七日付であった。その手紙の筆者は自分の身元を明かすことを拒み、米国に住むロシア系ユダヤ人で、同年六月一三日にソ連邦と満洲との間の国境を越えて逃亡して日本側に庇護を求めたNKVD極東地方内務人民委員部長、すなわちNKVDの極東地方の最高責任者であるゲンリッヒ・サモイロヴィチ・リュシコフの親戚の者を装って、日本にリュシコフを訪ねて帰ってきたばかりであるとしていた。そしてリュシコフからの伝言であるとして、トロツキーに対して「マルク」というスパイがパリに存在する事実を警告した。オルロフは「マルク」の姓を知らなかったが、人物像や経歴、セドフとの関係がきわめてくわしく描かれていた。そして、トロツキーの暗殺が日程に上がっていると警告していた。その手紙は、次のように書かれていた。

「リュシコフはそのスパイの名前を忘れていたが、それでも、その男が誰であるのか、あなたが誤ることなく指摘できるように、充分くわしく語ってくれた。このスパイは、長い間、あなたの息子L・セドフを助け、パリでロシア語の『反対派ブレティン』の編集を手伝い、セドフのまさに死の時まで共同して働いていた。リュシコフは、このスパイの名前が「マルク」であるのはほとんど確実であると言った。スパイは文字通り、L・セドフ自身の影であった。（中略）このスパイはあなたの息子に巧みに取り入って完全な信任を得、セドフ自身と同じくらいあなたの組織の活動について多くを知るようになった。（中略）このスパイは三二から三五歳ぐらいである。（中略）リュシコフは写真を見たことがあった。このスパイは眼鏡をかけている。結婚していて、赤ん坊が一人いる。」

「リュシコフは、今やトロツキーの暗殺が日程にのぼっていて、モスクワがこのスパイの助力で、あるいはスペインのトロツキー派を装ったスペインのスパイによって暗殺を実行しようとしているという憂慮を表明していた。」（レヴィン『暗殺者の心理』）

このようにオルロフの手紙は、ズボロフスキーの存在を暗示すると同時に、さらにスペイン人を使ったトロツキー暗殺計画が存在することを示唆していた。したがって、トロツキーは一九三八年末頃には、自分に対する暗殺計画が存在している事実と、「エティエンヌ」がNKVDのスパイであることの認識を有していたと考えられる。それゆえに、トロツキーはズボロフスキーに関して、彼から再三にわたりトロツキー宛てに送られてきたメキシコに行く許可を求める手紙に応じなかった。

一九三八年七月、プリンキポ滞在時代のトロツキーの秘書で、その後もレオン・セドフとともにヨーロッパにおける「左翼反対派」運動の調整役として活躍してきたルドルフ・クレメントが失踪し、その後、セーヌ河で首なしの遺体で発見される事件が生じた。クレメントは、九月に開催される予定となっていた第四インターナショナルの創設大会の準備に参加していた。七月初めには、ベルギーのグループに渡す手はずになっていた文書が入った鞄を地下鉄の中で盗まれるという事件も発生していた。クレメントは何らかの秘密を知っていたため殺害されたのではないかとの疑いが生じた。そして、その秘密とは、「エティエンヌ」の正体に関してではなかったかと推測する向きもある。

5　第四インターナショナルの創設

一九三〇年代初めには、ヨーロッパや南北アメリカの国々で「ボリシェヴィキ＝レーニン主義」と思想をともにし、ソ連邦共産党内の粉砕された「左翼反対派」の考え方に同調する党やグループが多く生まれた。しかし、大半は少人数のグループで、せいぜい数十人から二〜三〇〇人程度であった。メンバーの多くは共産党や労働者党から除名されたり、追放された人たちであった。また、その隊列にはGPUの工作員が送り込まれているケースも多々あった。

第四インターナショナルの結成計画は、前述のとおり一九三三年にはすでに作成されていた。当時トロツキーは、ナチスの反革命に対するドイツのプロレタリアートの壊滅的な敗北、とりわけドイツ共産党の政治的壊滅の後、プリンキポ島を離れてフランスに出発する二日前の一九三三年七月一五日に、前述のとおり、「新たな共産党と共産主義インターナショナルを建設することが必要である」を執筆し、コミンテルンの最後的な破綻を確認し、新たなインターナショナルの建設を国際的な「左翼反対派」に提起した。ただし、新しいインターナショナルを結成する必要性が主張されていたものの、「ただちに宣言すること」ではなく「準備をすること」が提起されていた。

その後、一九三四年七月に創立の呼びかけが『ニュー・インターナショナル』論説の形で発せられた。一九三五年八月には、「すべての革命的プロレタリア組織＝集団に対する公開状」が発表され、それは次の言葉で結ばれていた。

「今日、資本主義の決定的な没落という条件のもとで、第四インターナショナルは、その先行者の肩に立ち、その勝利と敗北の経験に養われて、西洋と東洋の被搾取者たちを世界資本主義のとりでに対する勝利的攻撃に動員するであろう。世界の労働者よ、団結せよ！」（湯浅赳男『トロツキズムの史的展開』）

一九三六年七月、ジュネーヴで第一回国際協議会が開催され、そこにおいて第四インターナショナルの創立が宣言されることをトロツキーは期待していたが、各国の左翼中間主義の諸党派との調整がつかずに、創立には至らなかった。その後も、トロツキーは期待していたにもかかわらず、第四インターナショナルの結成には至らなかった。しかし、ようやく創立にいたったときには、そのタイミングを逸していた。ヨーロッパの多くの国々においてファシズムが労働運動を壊滅させ、ソ連邦においてはトロツキーの支持者たちが容赦なく撲滅されたため、ロシア国内に核を形成することを不可能にさせたといった情勢の変化が、第四インターナショナルの運動を拡大しうる基盤を縮小させたことは否めない。

一九三八年九月三日、パリ郊外のペリニーという村にあるトロツキーの友人アルフレッド・ロスメルの別宅で第四インターナショナルの創立大会が開催された。しかし、米国、ソ連邦、イギリス、ドイツ、フランス、イタリア、ベルギー、オランダ、ポーランド、ギリシャの一〇カ国にラテンアメリカの代表を加えた二二人が参加しただけの小規模な大会となった。前述のとおり、大会開催に先立って、準備作業に従事していたルドルフ・クレメントが拉致され、また各国のトロツキスト運動に関する報告や、第四インターナショナルの規約草案その他の文書が紛失していた。GPUの新たな不意打ちを防ぐために、大会は準備会議をたった一回開いただけで開催された。出席者は、GPUやフランス右翼が何か挑発を仕掛けてくるのではないかとひどく恐れていたといわれる。

大会はレオン・セドフ、クレメント、エルヴィン・ヴォルフの三名の殉教者を名誉議長に選び、米国社会主義労働者党（SWP）のマックス・シャハトマンが議長を務めた。トロツキーは、名誉議長と執行委員に選ばれた。大会はカタロニアのマルクス主義統一労働者党（POUM）とフランスの社会主義労働者農民党（PSOP）の代表の傍聴者としての入場を拒否した。総会では、トロツキーが起草した文書が配布された。「第四インターナショナルの任務」「いまやスターリニズムに対する国際的攻撃に移るときである！」「アピール」などである。

全体議論において、ポーランド支部（トロツキー伝三部作の著者であるアイザック・ドイッチャーが所属）の代表である「カール」と「ステフェン」の二名から第四インターナショナルを宣言することに反対する意見が表明された。ポーランド代表の二名が反対した理由は、第二インターナショナル（社会民主主義）と第三インターナショナル（コミンテルン）がモラル的に死んでいるというトロツキーの主張には同意するものの、客観的情勢として、全体的に労働運動が退潮期にあり、激しい反動と政治的沈滞状態にある時期に新しいインターナショナルを創立することには説得力はないという点にあった。このようなポーランド代表たちの反対表明に対して、実効的な反論はなされていない。フランスのピエール・ナヴィルは、情勢は新しいインターナショナルの創立にはまたとないほど適切な時機にあると断言し、「現在の不明確な状態に終止符をうって、明確な綱領と明確に構成された国際的指導部と明確に組織された各国支部をもつことが必要である」と論じた。また、米国のマックス・シャハトマンは、ポーランド代表の議論は「見当ちがいでまちがっている」として、彼らは「われわれの中に巣くうメンシェヴィキである。なぜなら、組織の重要性に対するこんなに貧しい理解と、インターナショナルの未来に対するこんな不信しか示すことができないのはメンシェヴィキだけだからである」と、いずれも論理的とは考えられない反論を行なって、ポーランド代表たちの問題提起を事実上抑圧した（ドイッチャー、前掲書）。そして、一九対二の多数で第四インターナショナルを宣言することが決定された。

その後、総会では『全世界の労働者に』という宣言が採択された。この宣言では、第四インターナショナルは「誇りをもって自らをマルクスの第一インターナショナル、ロシア革命、レーニンの共産主義インターナショナルの事業の継承者、相続人であることを宣言する」と主張されていた。

また、トロツキーが監修した新しいインターナショナルの宣言は、あらためて世界社会主義革命は不可避であると表明していた。宣言は、ファシズムに対してと同様に、「モスクワの官僚主義者」にも向けられ、彼らは「憎むべき全体主義的体制を確立し」、「社会主義の名そのものをおとしめている」と批判した。

宣言はまた、勤労者に「マルクス、エンゲルス、レーニン、トロツキーのわれわれの偉大な教師によって鍛え上げられた」無敵の理論で武装し、「資本主義の要塞に突撃」をかけるよう呼びかけていた。

創立大会は休憩時間もとらず、長時間にわたって続けられ、現段階における労働者階級の闘争の形態、ソ連邦の状況、迫りつつある戦争に関して、第四インターナショナルはいかなる立場をとるべきか、などが検討された。他方、ほとんど審議もなされずに第四インターナショナルの規約が採択された。

ソ連邦の状況についての決議には、「一〇月革命が獲得したすべてが破滅する脅威が高まった結果、第四インターナショナル・ロシア支部の任務は、新たな社会革命を呼びかけることにある」と記載されていた。しかし、大会に参加したロシア支部の唯一の代表は、レオン・セドフの役割を継承したズボロフスキーであった。彼は、セドフの急死後、パリにおけるトロツキーの利益代表者になると同時に、それによって得た情報をNKVDに報告していた。ズボロフスキーは、「「じいさん」は私を書記局にいれ、国際書記局のすべての会議に出席できるように指示した」と報告している（ヴォルコゴーノフ、前掲書）。

ズボロフスキーは、創立大会に参加したメンバーや決議の内容を素早くモスクワに報告し、第四インターナショナルがめざしていた運動拡大の方向性をも報告することによって、NKVDが第四インターナショナルの運動を効果的に妨害することを可能にさせた。

第四インターナショナルは、創立時点より組織防衛能力を欠いていたが、それにさえ気づいていなかったのである。ズボロフスキーは、ロシア支部の代表として、また国際書記局のメンバーとして、第四インターナショナル国際書記局のあらゆる活動、決定、意図に関する情報をモスクワに報告した。また、ズボロフスキーは職務に熱心なところを見せながら、自発的にすべての文書目録をつくり、さらには第四インターナショナルに関連するあらゆる文書や、トロツキーの個人的文書にひそかに接して複写することにも成功し、それらをモスクワに送っていた。

トロツキーはコヨアカンで、創立大会についての連絡がパリから入ってくるのを待ちながら、新しい強力な政治勢力、つまり「世界社会主義革命党」の設立がもたらすであろう影響力の大きさに期待した。二週間ほど経って、トロツキーは創立大会で承認された約二〇〇ページにおよぶ文書を受け取った。

創立大会に関して、さらに言及しておくべきことがある。それは、のちにトロツキー暗殺者となるラモン・メルカデルが、トロツキーに接近するチャンネルとしてアプローチした米国人女性トロツキストのシルヴィア・エイジロフが通訳として創立大会に参加しており、エイジロフのパリ訪問を好機としてメルカデルが彼女に知り合う機会が事前に設定されていたという事実である。いわば、創立大会は、トロツキー暗殺に向けた序章でもあったのである。

第4章
トロツキーとメキシコ政治

メキシコ到着時のトロツキー夫妻

1 メキシコ共産党（PCM）とロンバルド・トレダーノの関係

メキシコ共産党（PCM）とロンバルド・トレダーノは、双方ともにスターリンの路線を代表していたにもかかわらず、メキシコに到着したトロツキーに対する姿勢に関しては同じではなかった。ロンバルドは、トロツキーの受け入れに反対を表明したときのように、PCMよりも慎重に、イニシアチヴに関しても注意深かった。

一九三七年一月一一日、『ウニベルサル・グラフィコ』に掲載された記事は、トロツキーに対するロンバルドの戦術がどのようなものであるかを推測させるものであった。この記事の中でロンバルドは、個人の名においてではなく、メキシコ労働者連盟（CTM）の名において語り、トロツキーのメキシコ滞在はメキシコの労働者にとっての不利益のゆえに、これに反対するという論理を用いている。そして、PCMがトロツキーの亡命受け入れに反対している理由は、ソ連邦のシステムに敵対的な指導者に対する攻撃という政治的傾向を持つものであるとPCMを批判して、CTM全国委員会の名において、CTMに属するすべての諸団体に対し、トロツキーへの敵対的な行動を取らないように求めている。そして、PCMが展開しているトロツキーに対する扇動は「作為的」なものであると批判した（ギャル『メキシコのトロツキー』）。

これに対してPCMは、機関紙『エル・マチェテ』において、「CTMは労働者に受動性を求めている。しかし、われわれはトロツキーをメキシコから排除することができると確信している」と反論した。

そしてPCMは、トロツキー問題に関してはカルデナス政権をも攻撃の対象とし、世界最悪の反革命家に配慮して庇護したことは、米州で最も民主的で、最も左翼的なカルデナスの政治的姿勢と矛盾するものであると批判した。

一月一六日付『エル・マチェテ』は、カルデナス大統領によるトロツキー受け入れに抗議できないCTMは無定見であると指摘し、「プロレタリアートは、政府が誤っているとき、政府の意見に反対する権利をもっていないのだろうか?」と論じた。『エル・マチェテ』は一月中にさらに七本のトロツキーに関する論稿を掲載したが、論調は同じであった（ギャル、前掲書）。

これに対して、ロンバルド派の月刊誌『フトゥーロ（未来）』は、トロツキーに関する一般的コメントを載せたにとどめた。そして、一月三〇日にはCTM全国執行委員会の第三回全国協議会への報告書において、トロツキー問題に関してPCMを批判して、次のように宣言した。

「メキシコ人民戦線においては、戦線に参加する特定の集団に属する人々は、トロツキーのメキシコからの追放を求めるためにトロツキー滞在に反対することは自由であると考えているようである。この事実を考慮して、全国執行委員会は最近の会合において次のように決定した。

(イ) トロツキーの滞在が労働運動を分裂させるために利用されることを避けるために、メキシコにおけるトロツキーの存在にプロレタリアートにとっての重要性を与えてはならない。

(ロ) メキシコにおけるトロツキーの滞在に関して公にコメントしてはならない。

(ハ) トロツキーにメキシコ居住を許した共和国政府の責任を問うことになるため、いかなる場合にもトロツキーの追放を求めるべきではない。

(二) 全国執行委員会は、CTMのすべての加盟団体に回状を送り、組合の集会においてこの問題を考える場合に際し、それによってCTMメンバーの労働者のオリエンテーションのために、CTMとトロツキズムとの間の相違を説明する。」(ギャル、前掲書)

PCMとロンバルド(およびCTM)との間の紛争は一九三七年六月にピークに達し、コミンテルンの介入で、ロンバルドと彼のグループに有利に解決された。

一九三六年のCTM創立大会における、PCM系のミゲル・アンヘル・ベラスコとロンバルド派のフィデル・ベラスケスの間の拮抗事件に端を発して、「シンコ・ロビートス(五匹の小狼)」と呼ばれたCTM指導部は、PCMをCTMから切り離そうと画策してきた。CTMの内部でPCMが推進しようとしていたあらゆるイニシアチヴは妨害され、PCMの影響下にあったいくつかの組合が除名された。これに対して、一九三七年一月一六日付のPCM機関紙『エル・マチェテ』は、CTM指導部の規約に反する反動的で誤った方法を批判する一連の事実を列挙した上で、「これらの事実は、労働者大衆の利益に反する方向にCTMを導いており、分裂の危険性が日に日に先鋭化している」と批判した。

この時期、教育労働者組合(SME)は、代表を選出する際の選挙規約の違反や、分担金を払っていない加盟団体の除名など、組織規約の諸原則が無視されているとCTM指導部を批判した。これに対して、ロンバルドとCTM指導部はSMEへの攻撃を開始し、SMEを支持するすべての者は共産主義者に操作されていると非難した。CTM第三回全国協議会では、SME問題に関する投票が指導部に有利なように操作された。これを理由にSMEはCTMを脱退し、CTM指導部を公金横領で告発した。

この事実から眼をそらさせるために、ロンバルドは規約違反とか、CTMの政治的乗っ取りであるとか、党の利益を労働運動の利益よりも優先しているなどといった理由でPCMを攻撃した。そしてCTM指導部は、規約について加盟組織がコメントすることを禁止した。こうして、規約問題は指導部である全国執行委員会の専権事項となった。これらの措置によって、ロンバルドとCTM指導部は、CTMの絶対的なコントロールを確保した。それから少し後、ロンバルドは、今度は、PCMがCTMを政党に転換させ、国家権力の掌握に向かわせようとしているとPCMを批判した。

一九三七年四月末に開催されたCTM第四回全国協議会は、全国執行委員会から三名の共産主義者の追放を決定した。これらの措置に反対して、必ずしもPCMのコントロール下にない団体を含めて二二団体がCTMを脱退した。

コミンテルンの介入によって紛争が解決されるまで、PCMとロンバルド（およびCTM）との間に存在した政治的姿勢の違いは、カルデナス政権の性格づけと、「人民戦線」の設立に関しての二点であったと言える。PCMは、カルデナス大統領によるトロツキーの亡命受け入れ決定に反対したが、これは一九三七年一月に開催された第六回党大会の報告書において示された「カルデナス政権が進歩的政策をとる限り大統領を無条件に支持する」との姿勢が、批判する自由、批判する権利を放棄するものではないという原則に基づいてのものであった。

この大会においてPCMは、カルデナス政権を、「権力にある進歩主義的ブルジョアジーの政府」ではなく、「人民戦線政府」であると性格づけていた。その一方で、「共産主義者は、大統領によるあらゆる行為の責任を政府と共有することはできない」とし、また「国民革命党（PNR）は人民戦線全体ではなく、革命的なナショナリスト政権が存在するときのみ、PCMはそれに参加できる」と決議し、カルデナス政権に対する姿勢を相対的に論じていた（マルケス・フエンテス『メキシコ共産党』）。

他方、ロンバルドとCTM指導部は、農民の組織化を放棄して以降、「人民戦線」の創出を政府の手に任せていた。同年四月にCTM全国協議会は、「この問題［人民戦線］に関する決定はPNRに拠っている。なぜなら、PNRが全国農民統一組織委員会（COUCN）をコントロールしているからである」と述べていた（アンギアーノ『カルデナスとメキシコ左翼』）。明らかに、政府およびPNRが農民を組織することに「人民戦線」設立の可能性は依存しているとの立場である。

一九三七年半ば、カルデナス大統領もコミンテルンも、PCMとロンバルド（およびCTM）との間の紛争を懸念し仲裁者を任命した。任命された仲裁者は米国共産党（CPUSA）書記長のアール・ブラウダーであった。ブラウダーは、とくにPCMの指導者たちを説得する任務を帯びてメキシコに到着した。説得の結果、内部からのなんらの抵抗もなしにPCMは、コミンテルンがブラウダーを通じて「セクト主義的」と呼んだ姿勢を修正した。

一九三七年六月二六日から三〇日に開催された党中央委員会総会において指導部が自己批判をする少し前、PCM書記長のエルナン・ラボルデは、そのタイトル「あらゆるリスクを払っても統一を！」が有名になる論稿を発表した。ラボルデはその中で、労働者の間での団結の欠如は、労働者階級を弱体化させ、「人民戦線」の創設を妨げることになると論じた。

こうして、コミンテルンへの屈服を通じて、PCMの中央委員会総会は「人民戦線」の創設に向けた努力を優先するとの立場をとるに至る。そして、「もしそれがわれわれの存在なしに組織されたとしても、それを受け入れ、それを支持する」とまで言明することになる。中央委員会総会はまた、来る国会議員選挙へのラボルデの立候補を取り下げ、PNRの候補者たちを支持すると宣言した。

同年七月、CTMはその隊列の中に生じた一時的な分裂は克服されたと宣言した。四月に脱退した諸団体は、SMEを除いてCTMに復帰した。PCMは、コミンテルンを通じてCTM指導部に屈服したとき、労働者階級を指導する機会を失った。また、カルデナス政権に完全に屈服する道を進み、全般的に影響力も低下させ、一部組合の間では尊敬さえ失った。

またラボルデは、トロツキー問題に関して一九三六年一二月と一九三七年一月に、カルデナス大統領およびCTMに対してとったアグレッシブな態度を自己批判した。

「カルデナス政権に対して急進化するようにと非現実的な圧力を行使した。トロツキー問題に関して、必要な勢力を有していなかったために大衆行動を組織することは不可能であったにもかかわらず、大衆行動を開始すると脅迫した。」（ギャル、前掲書）

この自己批判は、PCMがトロツキーをもう攻撃しないということを意味するわけではない。PCMは、トロツキー問題に関して、カルデナス大統領を批判することも、CTMを批判することもやめたということにすぎなかった。しかし、これはPCMにとって、団結を無条件に重視する立場を採用したことで払わねばならなかった代価であった。

ここで、一九三四年五月初めに、メキシコ政府がソ連邦に対して外交関係再確立の希望を伝えたことに触れておく必要がある。交渉が開始され、一九三四年九月にメキシコが国際連盟に加盟してからは、交渉の場は国際連盟に移された。一九三六年九月一七日、ソ連邦側は、メキシコと即座に、かつ無条件で外交関係を復活する決定を行なった。背景には、エチオピアや共和国スペインの防衛や、ファシズム非難に関して両国政府間に存在した姿勢の近接性や共通の問題意識があった。

一九三六年一〇月、国際連盟メキシコ代表のガルシソ・バソルスは、カルデナス大統領から同じ意味合いの指示がいつ来てもおかしくない状況であると発言した。その後、カルデナス大統領はトロッキーの亡命受け入れを決定したが、一二月にバソルス代表はソ連邦代表に対して、メキシコの国際的な政治的条件は、ソ連邦との外交関係の再確立に好ましい時期だとカルデナス大統領が判断していると伝えた。PCMは、メキシコ政府の決定を前に沈黙した。

PCMは一九三七年六月以降、CTMの演壇からロンバルドが個人名において、あるいはメキシコ労働運動の名において、トロッキーを攻撃し、それをPCMを批判するために利用したときも、ロンバルドを攻撃しなかった。

CTM第四回全国協議会の開催後、CTMはトロッキズムに対する姿勢を次のように規定した。

「CTMは、亡命の権利の原則に賛同であるともう一度宣言する。しかし同時に、あらゆるカオスを含む社会的反響とは独立してその原則が適用されることは否定し、トロッキーの入国がすべての進歩的勢力の利益に反する形で必然的な影響を与えていると確認する。真のトロッキーの政治的姿勢を証拠立てるものは、トロッキーがメキシコの地を踏む以前から、反動的な新聞が、革命家の人格を称揚してきた事実である。トロッキーは（中略）カルデナス政権を人民戦線の理論を攻撃するときに間接的に攻撃するが、それはファシズムから発する思想と行動と完全に一致する。それゆえに、レオン・トロッキーはメキシコ人民の敵である。」（ギャル、前掲書）

ロンバルドは、同じ頃公表された論稿においても、PCMやコミンテルンとは一線を画した姿勢を示しているが、ここにかつてのロンバルドに見られた「非政治主義」や「組合主義」の名残を見ることができる。

ＰＣＭが屈服する形でＣＴＭとの和解がなった。この頃、カルデナス政権は、最も急進的で、最も建設的な段階にあり、「人民と政府の間の全体的な一体性」が強調された時期であった。すなわち、メキシコにおいて、カルデナス政権を中軸とした「人民戦線」が形成されようとしていた時期であった。そして、ＰＣＭとロンバルドの双方がトロツキーを「人民戦線」の敵として表現することに力を入れ始めた時期であった。

トロツキーがメキシコに到着してからの半年間、カルデナス大統領は、その政治的綱領の中の基本的な諸点に関わる事業を精力的に展開していた。農業部門においては、全人口の五分の一を占める先住民のための学校や医療施設の建設のために全国を駆け巡っていた。北部のラ・ラグーナ地区での土地分配を実行した後、カルデナス大統領は大土地所有者の農地を収用して、エヒード制度（第2章第3節参照）に転換し、エヒード共同体を基盤とした農業経済を全国に拡大することに関心を有していた。カルデナス大統領は、次の目的地であるユカタン州に赴いて、大土地所有者や竜舌蘭《りゅうぜつらん》を採取する企業の土地を接収するために指揮をとった。

他方、外交の分野での中心的テーマは、共和国スペインとの連帯であった。一九三七年一月一九日、国際連盟メキシコ代表イシドロ・ファベーラは、国際連盟に対して、ファシスト勢力の利益だけに役立つ中立の姿勢を放棄するよう求めたが、その要求は実らなかった。三月一三日、カルデナス大統領は外国プレスに対して、「メキシコ政府は、国内産の武器と弾薬を共和国［スペイン］政府に提供し続ける。

メキシコはマヌエル・アサーニャが率いる政府を支持する姿勢を変更しない」と表明した（ギャル、前掲書）。その後、メキシコ政府は、スペインからの難民の第一波である五〇〇人の子供たちを受け入れて、彼らにメキシコ国籍を与えた。こうして全国を駆け巡りながら、国際情勢に関心を払い続けつつ、カルデナス大統領はさらに国内全体に関わる問題に関しても留意し続けた。

一九三七年五月、石油部門の労働者が実行したストライキをメキシコ政府が支持したことに対して、懸念を表明した外国資本の代表者たちは、六月二三日にカルデナス大統領が共和国の利益を防衛するとの理由で鉄道を国有化したと知ったとき、麻痺状態に陥った。二年前からカルデナス大統領を「共産主義的」と非難してきた国内の右翼勢力も立ち上がった。ルイス・モロネスがメキシコに帰国して、「祖国！　正義！　自由！」をスローガンとした宣言を発した。

カルデナス大統領は、農地分配によって農民の絶大な支持を得、ＰＣＭの屈服によって左翼運動に関しても心配の種がなくなり、任期六年間の中で第三回目となる農地分配を北部のヤキ谷で実施するために現地訪問を予定していた。だが、国有化問題と物価上昇問題に発する政情の緊迫化が起こり、メキシコ・シティにとどまることを余儀なくされた。農地分配は同年六月から一〇月の間に実施された。

他方、都市住民の一部が、物価上昇は農地改革などカルデナス政権の農業政策に原因があると批判し始めた。労働者はカルデナス大統領を支持し、外国資本や米国政府はメキシコ政府を批判した。

このような状況下で、トロツキスト組織の国際主義共産主義者同盟（ＬＣＩ）は、物価上昇とインフレに関して政府の責任を告発するビラを作成する好機であると考え、労働者に「直接行動」の方法で政府と闘うことを呼びかけた。ＰＣＭはＬＣＩが政府攻撃のビラを配布したことをトロツキー追放の口実として利用した。PCMは、トロツキーがメキシコのトロツキスト組織の間に生じた分裂によって錯乱したかのように装って、七月二五日付機関紙『エル・マチェテ』において、トロツキーの指示によってトリアノン劇場でトロツキストの集会が一九日に開催されたと批判した。同紙によると、その集会で演説した者たちは、物価上昇に関してカルデナス大統領を攻撃し、「プロレタリアートの共通の敵」であると政府を批判して武装反乱を呼びかけた。翌日、『ラ・プレンサ』紙の一記事は、この情報を否定した。この記事によれば、トリアノン劇場での集会はPCMによって組織され、物価上昇を理由に政府を中傷したとトロツキーを批判したものであった。トロツキーのメキシコ到着によって拡大された、PCMとメキシコのトロツキストたちとの間の伝統的な敵対関係は、まさに戦争の様相を見せ始めた。

一方、ロンバルドは一九三七年後半に、「革命学校」あるいは「メキシコ人民戦線」と彼が呼んだメキシコ革命党（PRM）に労働運動を統合するための準備に専念していた。ロンバルドは、CTM第六回全国協議会において、カルデナス政権の第三報告書をコメントして、次のように述べている。

「CTMは、メキシコおよび世界のプロレタリアートを前に、カルデナスの視点と、労働者階級の間に存在する一体性は、見捨てられたセクターの意見を配慮し、その行為の目的を、間断なき革命が時の流れの中で解決してゆく諸問題を意識しながら、大統領が遂行してきた事業によって完全に正当化されていると宣言する。」（ミロン『ビセンテ・ロンバルド・トレダーノ』）

ロンバルドにとって、カルデナス政権、およびPRMが「人民戦線」そのものであった。したがって、ロンバルドにとっては、コミンテルンの第七回大会の路線が示した「人民戦線」の路線とは、カルデナス政権を支持し、PRMを労働者と農民を基盤とする政党にすることであった。

ＰＣＭもカルデナス政権の評価に関しては同じ道を進んだ。八月二九日付の『エル・マチェテ』紙上において書記長のラボルデは、なぜカルデナス政権が「民族改良主義」ではなく「人民政府」であるかにつき、その違いを説明した。ラボルデは、カルデナス政権がなしていることは、「単に一九一七年憲法に基づいた改革」を超えており、革命的性格を有するものであることに気づいたと説明した。そして、「労働者の民主主義」に関するカルデナスの言葉は空疎なものではなく、ＰＣＭが求めて闘っている人民政府に対応するものであり、「すべての労働者は、いかなる敵に対してであれ、カルデナスの周りに結集しなければならない」と主張した（ギャル、前掲書）。

土地分配や石油国有化など、カルデナス政権が推進する急進的な政策が内外の反対勢力の抵抗を受けている時期に、ＰＣＭとロンバルドにとって最大の敵は改革に敵対する右翼反動勢力であり、その中にトロツキーをも含めたのである。

2 メキシコ・トロツキスト運動の分裂

先述のとおり、一九三七年六月にカルデナス政権下で生じた物価上昇に関して国民的な議論が沸騰したとき、ルシアーノ・ガリシアの指導下にあったＬＣＩは物価上昇とインフレに関する政府の責任を非難するとともに、労働者に対して政府への直接行動を呼びかけた。二回にわたるモスクワ裁判が終了し、トロツキーをメキシコから追放しようとするスターリン派の策動が強まる中で、「直接行動」という言葉は「テロ」や暴力のイメージと結びついた。ガリシアの姿勢は、スターリン派に口実を与え、トロツキーの亡命に危険をもたらすだけでなく、第四インターナショナル・メキシコ支部を孤立させかねないものであった。また、カルデナス政権を攻撃することは、石油問題に関して成熟しつつあった闘争にカルデナス大統領をも巻き込んで形成されつつある反帝国主義的潮流に敵対することであった。

一九三七年六月一二日、トロツキーはガリシアの「直接行動」の呼びかけは反マルクス主義的であるとして拒否した。

「私の人生において、サボタージュが労働者の闘いによって使用される方法であると聞くのは初めてである。生産面と輸送面におけるサボタージュは、物価の低下よりも逆に物価の上昇をもたらしてしまう。スターリン主義者たちは、トロツキストをサボタージュに関して批判している。われわれは、この批判を拒否はするが、しかしLCIが呼びかけているのは、スターリン派の中傷を確認するものであると解釈されかねない。（中略）呼びかけは、反マルクス主義的であり、冒険主義的である。しかしそれだけではない。この似非の政治によって、呼びかけの考案者たちは、スターリン主義的な計画に資するために創造された形態を選んだ。この犯罪的な政治を、全体的に、根本的に告発する権利を私は留保しておく。」（ギャル、前掲書）

LCI指導部は、トロツキーは自身の安全、自分の亡命を確保するためにカルデナスを支持したことで、メキシコの労働者と農民の利益を犠牲にしたと結論づけた。オクタビオ・フェルナンデスの証言によれば、トロツキーに託されたディエゴ・リベーラがこの書簡を読み上げたLCIの会合から少し後に、ガリシアはこの議論を深めることを断固として拒否し、組織の解散を提案して、ただちに承認された。

この時点から、トロツキーとメキシコのトロツキスト・グループの大半との決裂は既成事実となった。

一九三七年六月以降もトロツキー邸を訪問し、警備を担当し続けたLCIメンバーは、リベーラとフェルナンデスのグループに残った。

LCIの解散に関して、トロツキー、フェルナンデス、リベーラらはガリシア、アヤラ、イバラらの解党派を説得し、解党を撤回させようとしたが、彼らは聞く耳を持たなかった。

一九三八年初めに、ガリシアがLCI再建の呼びかけを行なったが、何らかの変化や政治的成熟があってのものではなかった。二月一二日、ガリシアの指導下で、旧LCIから残った数十名が、ガリシア、ベラスケス、リベーラからなる新しい指導部を選出した。しかし八日後、リベーラは革命路線に反対したとして除名された。リベーラやフェルナンデスがこれに抗議したのに対して、ガリシアは、トロツキーの亡命を妨害することになるとの口実で革命路線を放棄することはできないと回答した。

同年三月、トロツキーが第四インターナショナル国際書記局（準）に対して行なった、メキシコ支部の問題解決のための代表団派遣要請に応えて、国際書記局（準）を代表して米国社会主義労働者党（SWP）のジェイムズ・キャノン、マックス・シャハトマンら三名からなる代表団が、LCIの情勢を検討し、内部抗争を解決するためにメキシコに到着した。しかし、代表団はメキシコに到着したものの、フェルナンデスとリベーラ以外とは会見できなかった。ガリシアは、LCIの内部情勢に関して代表団と議論することを拒否した後、またしてもLCIを解党し、これを研究センターに転換することを提案した。三月一二日、ガリシアの提案が投票に付され、三〇対七で承認された。しかし、ガリシアはSWP代表団の米国帰還後、再びフェルナンデスとリベーラおよび彼らのグループを排除する形でのLCI再建を図った。

四月一五日、トロツキーはキャノン宛てに次のような書簡を送っている。

「私はメキシコ支部に関して何か提案できるだろうか？ （中略）あなた方が参加した会合におけるあなた方の存在は予期せぬ結果をもたらした。ガリシアは復活したLCIの名において、接収された資本に賠償する政策をとっているカルデナスを攻撃する声明を発した。（中略）彼らは第四インターナショナルを名乗り続けている。私の意思としては、汎米会議は彼らを認知すべきではなく、メキシコ支部の再組織化のために代表団を任命すべきであると考える。少なくとも、二、三カ月間メキシコにとどまることができる責任ある一名を送ることが必要である。早ければ早い方がよい。」

（ギャル、前掲書）

トロツキーのこの意見に応えて、チャールズ・カーティスがメキシコに派遣された。リベーラが出席した第四インターナショナルの汎米会議では、LCIをメキシコ支部とは認めないことを決定した。汎米ビューローは、メキシコ滞在中のカーティスに書簡を送り、その中で、今後ガリシアを危険分子とみなすよう指示した。また、六月二一日付の汎米ビューロー名でキャノンがカーティスに宛てた書簡において、キャノンは「われわれの観点から見れば、ガリシアは有害な分子である。彼のような人物と妥協を試みることは誤りであろう。（中略）もし彼がわれわれとの闘いを決意するのであればできる限り攻撃的な闘いをしなければならない。（中略）労働者は、遅かれ早かれ、ガリシアか第四インターナショナルのいずれかを選ぶ問題であることを理解するであろう」と述べた（ギャル、前掲書）。

汎米ビューローは、他方でフェルナンデスのグループの将来性に期待して、「フェルナンデスのグループは、LCI解体の責任を部分的に負っている。しかし、ここにあやがある。われわれはフェルナンデス兄弟が将来の可能性を提供するとの印象を持っている」と表明している。汎米ビューローは、カーティスに対して、大衆的な大きな組織における体系的で真剣な活動から発してメキシコ支部を再建することを中心的目的とするよう労働者に呼びかけることを助言している。また、理論誌『鍵（クラーベ）』の定期的刊行を支援するように要請した。

これらの決定に対して、ガリシアらは七月一六日付と同二六日付声明において、「あなた方はわれわれに弁解を許さず、インターナショナルから追放した」と抗議した。

同一九三八年九月にカーティスは、当初カーティスに対して向けられていた敵意は信頼に転じつつあると、汎米ビューローに報告している。また、ガリシアに関しては、指導部を辞し、下部組織で活動しているが、そのグループは二五～二八名であり、そのうち二一～二五名が労働者であること、フェルナンデスのグループに関しては、「第四インターナショナルの友人たち」と呼びつつ、彼らのメンバー数が七～八名であり、一人を除いて残りは学生と教員であること、また両グループはともに正式支部に再統合されるために第四インターナショナルの創立大会を待ち望んでいることを報告している。そしてカーティスは、一〇月までに支部の再組織化を実現したいとの希望を表明した。

九月三日にパリで開催された第四インターナショナルの創立大会で採択されたメキシコ支部に関する決議は、ガリシアとフェルナンデスを支部メンバーとして認めるも一年間は指導部のポストに就くことを禁止し、リベーラは第四インターナショナル副書記の直接の監督下に置かれるとの内容を含んでいた。このため、決議が公表されるや、リベーラとガリシアは受け入れを拒絶した。創立大会の直前に、ガリシアはトロツキーに書簡を送り、インターナショナルの決定に従うと述べていたが、決議の内容を知ってからは決して約束したようには振る舞わなかった。

キャノンは九月九日付でカーティスに宛てた書簡において、ガリシアが第四インターナショナルの諸支部や排除されたグループに「第四インターナショナルの闘士たちへ」と題する回状を送ったことを知らせている。この回状の詳細は知られていない(ガリシアはのちにこの回状を書いたことを否定している)。しかし、「第四インターナショナルが労働者をブルジョアジーに売る危険性がある」、「第四インターナショナルの指導者たちは官僚的である」ということが書かれていたらしい。キャノンはガリシアの行為を「裏切り行為」と呼び、ガリシアは創立大会以前とまったく同じ行動を取り続けていると付言した。

一二月五日、トロツキーは内部文書を通じて、ガリシアを除名するように提案した。「ガリシアは、マルクス主義者の義務を遂行するためには、政府を批判する表層的な新聞を月に一～二回刊行するだけで充分だと考えている。これが彼の革命的行動なるものである。しかし、メキシコにおいては、どこよりも以上に、ブルジョアジーに対する闘争、政府に対する闘争は、政府との関係においてその従属性から労働者を解放することにある。ガリシアには反省するために六カ月を与えよう。そして、当面はガリシアを第四インターナショナルに属させておこう」と書いた(ギャル、前掲書)。

これに対してガリシアは怒りを込めて、トロツキーに宛てた挑発的な書簡で応えた。その中でガリシアは、とくにLCIの中で行なわれた組合に関する議論におけるいくつかの事実について証言するよう求めた。ガリシアが言うには、フェルナンデス、リベーラ、トロツキーが統一建設労働者組合(SUC)を「人民の家」に加盟させようとしていたのに反して、SUCをCTMに加盟させたのは確かにガリシア本人であるが、この点につき話し合いたいと述べた。

しかし、トロツキーは回答しなかった。翌一九三九年一月七日、カーティスはガリシアを最終的に第四インターナショナルから除名し、再建LCIへの加入も認めないことを提案した。ガリシアを非難する理由として、トロツキーをLCI内部の抗争に巻き込もうとしたことが挙げられた。

一九三九年一月三一日にカーティスによって召集された会合においてLCIが再建され、新しいLCIのメンバーたちは、第四インターナショナル創立大会と汎米会議で採択された諸決議を受け入れた。書記長にはフェリクス・イバラが選出された。そして二月一〇日、汎米ビューローにLCIの再建が通報され、メキシコ支部として認知するよう要請された。

同年四月一九日、カーティスはメキシコでの彼の任務は終了したと発表し、そして後任にスペインのマヌエル・フェルナンデス・グラディソ（ムニス）を提案した。汎米ビューローはカーティスの提案を受け入れ、カーティスの米国帰還までにフェルナンデス・グラディソがメキシコに到着するよう手配することを通知した。五月二四日、まだフェルナンデス・グラディソは到着していなかったが、カーティスはLCIが緩慢ながらも成長しており、メンバー数は三五〜四〇名に達し、その大半が労働者であること、理論機関誌『鍵（クラーベ）』の発行部数は一五〇〇部に達したことを報告している。

一九三〇年代後半におけるメキシコのトロツキスト運動のメンバーは数十名を超えていない。しかも、内部抗争が絶えず、トロツキーと友好的なフェルナンデス・グループは少数派にすぎず、LCIの内部抗争を決着させる能力もなかった。LCIの内部抗争は、第四インターナショナル国際書記局と汎米ビューロー、そして、とくに米国のSWPの協力なしには克服できなかった。また、後述するように、トロツキーのメキシコ亡命実現に尽力したリベーラとも絶縁状態になる。このような状況の中で、トロツキーが頼りにすべきメキシコのトロツキスト運動の脆弱性はトロツキー自身の安全性にもかかわる問題であり、トロツキーが精神的に孤立感を深める重要な要因の一つとなったであろうことが容易に想像できる。

3 トロツキーの反撃

トロツキーは、一九三七年一月九日にメキシコに到着した時点から、メキシコ国内でスターリニズムを代表するPCMとロンバルド・トレダーノ（およびCTM）と対決しなければならないと覚悟していた。それは、モスクワがトロツキーにメキシコで静かな生活を送らせることはないだろうとの認識に発していたし、他方で、モスクワ裁判を批判することは、同時にモスクワから指令を受けたメキシコ国内のスターリン派の攻撃をひき起こすものであることを予想していたからである。メキシコ到着当初、PCMやロンバルドに対するトロツキーの姿勢は、メキシコにおける亡命の権利を失うようなリスクを冒さないことと、他方で彼らからの攻撃に対しては必要最小限の防御にとどめて、内外のスターリニズムの仮面をはがすことを慎重に行なうとの姿勢であった。しかし、トロツキーの反撃は徐々にエスカレートしていった。

第一のエスカレートは、一九三七年六月に生じた。同月二五日、ロンバルドが「レオン・トロツキーのためのメキシコ亡命と、メキシコ・プロレタリアートの立場」と題する論稿を発表し、トロツキーのメキシコ亡命を批判したが、トロツキーはその翌二六日にただちに反撃を開始した。この反論では、亡命の条件であった内政不干渉に慎重さを示すと同時に、亡命の権利を守ろうとする意思が強く見られた。トロツキーは次のように書いている。

「いくつかの公での発言においてトレダーノ氏は、例えば私がゼネストを呼びかけたなどと内政干渉をしていると述べている。この発言の中には、確かな言葉は一つもない。（中略）トレダーノ氏は、ソヴェト政府に対する私の批判を取り上げて、私をファシズムの奉仕者であると主張している。では、彼が述べているのはソ連邦の内政への干渉であって、メキシコの内政に関わることではない。いかなるときでも、この問題について語る資格を示してこなかったトレダーノ氏と私が論争することに何らかの意味があるのだろうか？（中略）要するに、社会主義とソ連邦国民の最悪の敵は、モスクワの指導者一派の「友人たち」である。トレダーノ氏はその一部である。これらの人々から、社会主義と革命を防衛する方法を学ぶことは、私には受け入れられないことである。」（ギャル、前掲書）

この六月二六日のロンバルドに対する反撃は、ロンバルドを「最悪の敵」と呼び捨てたという意味では確かに過激なものであった。しかし、トロツキーは一九三七年のうちは、PCMやロンバルドからの攻撃に対して、相手にしないですませた。それ以上に、トロツキーはデューイ委員会の裁決を待ち望んでいた。デューイ委員会の裁決こそが、ソヴェト官僚制とその全世界の代表者たちの仮面をはがす確実な武器であると思われたためである。

裁決が公表された直後の同年一二月一三日の記者会見で、トロツキーは次のように述べて、裁決が大きな武器になるだろうとの期待を表明した。

「しかし、われわれ、私とナターリャは、メキシコにGPUの何人かの友人を見つけた。モスクワのでっちあげに依拠して、これらの人々は、われわれのメキシコ到着以来、亡命の権利を否定させようと、一〇回ほどの企てを実行した。（中略）私はこれらの企みには応じてこなかった。主人を発見することは、その傭兵、エージェント、従卒を見つけることを意味するものと考えた。（中略）裁決を前に、一人のエージェントも、一人の従卒も、その責任から逃れることはできないであろう。」（ギャル、前掲書）

デューイ委員会の裁決の公表後、トロツキーの姿勢に変化が生じた。PCMとロンバルドからの攻撃に対して、確実に反撃し、投げつけられた告発の一つ一つに反論し、また可能であればメキシコに関して有している彼の視角を表明することを開始した。とくにそれはロンバルドに対して向けられた。トロツキーはロンバルドが投げつけてくる批判が、モスクワ裁判において使用されたものと同じ「でっちあげ」であることを示すことで、ロンバルドとクレムリンの一体性を強調しようとした。さらにトロツキーは、いかなるでっちあげの非難に対しても「口を閉ざすことはない」と宣言し、ロンバルドが次の段階の攻撃のためにまずは世論を欺こうとしていると見て、その一つ一つに反論することを決意した。そして、「欺瞞に対する反論は、メキシコ政治への干渉ではない」と主張した。

トロツキーは、一九三八年二月二四日に「不可避の宣言」と題する論稿を発表し、その中で次のように書いた。

「この首都の街路は、誰かが私のポケットに手を突っ込んで、通信文や文書を盗もうとしたら、私はその人間の腕を捕らえる権利を有していると信じる。そして、その腕の持ち主が、私がメキシコの内政に干渉していると叫ぶことはないだろう。（中略）ロンバルド・トレダーノは、私にとって最も限りなく価値のある、私の政治的名誉を盗もうとしている。それゆえに、私は自衛する権利を有している。世論に真実を知らせなければならない。そしてロンバルドに関する真実は次のとおりである。私を沈黙させ、私の亡命の権利を奪う目的で、でっちあげの材料を使って、労働者を私への敵対行為に動員し始めたときから、ロンバルドは、メキシコの国内政治の代表の資格においてではなく、GPUの政治のエージェントとして行動している。彼は自らの責任を負うべきである。」

（ギャル、前掲書）

この日から、メキシコ国内のスターリン派からの攻撃で、トロツキーの回答なしにすむものはなくなった。「従僕とは議論しない」としてきたこれまでの姿勢を大きく変化させていった。八日前の二月一六日に長男レオン・セドフが死亡したことも影響したのかもしれない。

しかし、ロンバルドの側からの攻撃もエスカレートする。第3章第2節で前述のとおり、一九三八年三月一六日に、CTMは第二回大会において、トロツキーを「メキシコの敵」と決めつける宣言を満場一致で採択したが、その理由は次の七カ条からなっていた。(イ)トロツキーは正当なマルクス・レーニン主義者であったことはない、(ロ)トロツキーは国際的なファシズムの共犯者である、(ハ)人民戦線の敵であり、中国とスペインの人民の敵である、(ニ)メキシコにおける労働者の団結の敵であり、メキシコの内政に干渉している、(ホ)同時代の基本的諸問題に関するトロツキーのすべての行動が世界の労働者階級にとって敵である、(ヘ)トロツキーに関してCTM全国執行委員会とロンバルドがとってきた態度は正当であった、(ト)ロンバルドはメキシコのプロレタリアートの真の代表である。要するに、トロツキーはファシズムの共犯者であり、内政干渉を行なっているからメキシコから追放すべきであるということであった。同一九三八年六月にロンバルドがヨーロッパに旅行し、現地の新聞においてトロツキーに関する発言を行なったが、トロツキーはただちに反撃している。この頃から、彼の口調には独特の皮肉や嘲りのトーンが目立ち始める。

七月に、当時メキシコを訪問中であったシュルレアリストのアンドレ・ブルトンや、他の何人かでミチョアカン州のパックァロに旅したとき、現地の教員組合のメンバーである教員グループから彼らの機関誌『生活(ビーダ)』のためにメキシコの教育に関するコメントを求められた。トロツキーはそのとき、全体主義的な政治体制や組合体制が教育にもたらす危険性を指摘して次のように述べた。

「後進国――これにはメキシコばかりではなく、ある程度はソ連邦も含まれるが――では、学校教師の活動は単なる職業ではなく、崇高な天職である。文化的教育は、抑圧され踏みにじられている大衆の中に批判的人格を目ざめさせ、発展させることを任務とする。このための不可欠な条件は、教育者自身が批判的感覚をもって育った人格を有していることである。まじめに深遠をうちたてることのない人間は、人民の指導者たりえない。あらゆる形態――国家や労働組合や党――をとった全体主義的体制が文化と教育に対して取り返しのつかない打撃を与えるのはまさしくこのためである。軍事的命令のように思念が上から押しつけられる場合には、教育者は知的個性を失い、その職業を通じて子供や大人に対して尊敬や信頼の念をもって感化させることはできない。」(『トロツキー著作集4　一九三八―三九　下』)

このコメントに対して、ロンバルドとＰＣＭは数回にわたって、トロツキーが教育労働者の運動を分断しようとしているとの批判をくり返した。そして、トロツキーがメキシコ国内を旅行することさえ批判し始めた。これに対してトロツキーは七月一九日、次のように反論している。

「現在、パックァロ、ジキルパン、グァダラハラ、モレリア各地に私が行った休暇旅行が論議の的にされている。もはや私はゼネラル・ストライキやファシスト反乱を準備しているという罪で告発されておらず、今やメキシコ旅行や、ホテルへの宿泊、そしてメキシコ市民との会合や会議などの罪で告発されている。確かに私はこれらの罪をすべて犯した。しかも、ぜひ付け加えなければならないが、私はこれらの罪を非常に喜んで犯したのである。種々の階層の人々、労働者や教師、軍人、芸術家、政府や市町村の当局者たちの中に私がみたのは、一般にメキシコ人を非常にはっきりと特徴づける、あの思いやりと寛大さばかりであった。パックァロでは、自発的にディエゴ・リベーラと私を訪れた二、三人の教師たちと、ソ連邦の状態、とくに公務員の問題について話を交わした。私は彼らに、これまでに本や論文で何度も発表したのと同じ見解を述べた。見解の内容を完全に明らかにするために私は文書にした声明文を手渡しておいた。私が知る限り、これらの教師のうち誰一人、自分をトロツキスト派と考えたり呼んだりした者はなかった。」（トロツキー、前掲書）

八月には、メキシコ・シティで二つの国際的なイベントが開催された。一つは汎米労働組織の会合、もう一つは「戦争とファシズムに反対する会議」であった。これらの会合に関して、トロツキーは前者については「あらゆる米州の労働者組織をスターリンとＧＰＵの道具にすることを目的としている」と批判し、後者については「会議はモスクワによって計画され、命令され、組織された。日本との関係が緊張していることを考慮して、スターリンは米国の国境に強力な潜在力を有することを示そうとした」と、いずれもがモスクワの指示の下で行なわれた点を批判した。これに対して、PCMは機関紙『エル・マチェテ』を通じて、ロンバルドは『未来』と『エル・ポプラール』(一九三八年四月に創刊されたCTM機関紙)を通じて、トロツキーの発言を批判した。トロツキーは、こうしてスターリン派のメディアが民主主義的な議論を圧殺する傾向を厳しく批判したが、この時期からとくにロンバルドに対する反撃は直接的な表現をもつものとなっていった。

「民主主義はプロレタリアートにとって、階級闘争の発展を可能にする手段として以上の価値はない。それゆえに、一般的に世論に対して、とくにプレスに対して、それをコントロールするための例外的な武器をブルジョアジーに与える労働者階級の指導者は、「裏切り者」とみなすことができる。あらゆるタイプのブルジョアジーは、階級闘争が激化した最後の瞬間に、例外的な法律を、あらゆる制限的な法規を、あらゆる民主主義的な検閲の形態を、労働者階級に対して向けてくるだろう。これを理解しない者は、労働者階級の隊列を放棄すべきである。」(ギャル、前掲書)もはやトロツキーにとって、ロンバルドは、「労働者階級の隊列を放棄すべき」「裏切り者」にすぎないとみなされた。

この時期、すなわち一九三八年八月に、オクタビオ・フェルナンデスは、友人のガルシア・トレヴィーノから知らされた重要な情報をトロツキーの秘書であったエジュノールに伝えている。その情報とは、PCM中央委員会が、米国共産党(CPUSA)を通じて、「直接行動」をも含む、トロツキーとトロツキストたちに対する追及を強化するよう指示を受けたというものであった。ガルシア・トレヴィーノは、

PCM書記長のラボルデが、この問題に関して特別な指示を受けるために米国に行き、帰りはダイス民主党上院議員が主催する米国非米活動調査委員会の追及から逃れるために、一時的に米国国内で身を隠し、極秘裏にメキシコ領内に戻ったと伝えた。エジュノールがフェルナンデスから受け取った情報は、PCMがトロツキーたちを物理的に殲滅するまでにキャンペーンを強化するとの指示を受けたということであった。

九月八日、ニューヨークにおいてトロツキーの弁護士であるアルバート・ゴールドマンが記者会見を行ない、PCMがとった決定を暴露した。その中で、ゴールドマンは、ヨーロッパで生じたレオン・セドフ、ルドルフ・クレメント、エルヴィン・ヴォルフの暗殺に言及するとともに、GPUの工作員であるジョージ・ミンクスとフランス人ジョルジュ・フォーニアルの二名がメキシコに入国したとの情報を明らかにした。ゴールドマンは、「トロツキーと彼の友人たちに対するキャンペーンは、メキシコ教育省の高官たちの援助でPCMによって、またロンバルドによって実行されるにちがいない。ロンバルドは最近のヨーロッパ滞在中にGPUから必要な指示を受け取り、トロツキーを愚弄する映画も携えて帰国した」とも述べている(ブルーエ『トロツキー3』)。

トロツキーはPCM書記長であるラボルデを攻撃した。

「ゴールドマンが暴露した瞬間に、ラボルデはメキシコに現れた。報道機関は、彼の帰国に関してなんらのコメントもしなかったと、私は言いたい。彼はどこから帰ってきたのか?（中略）極秘裏に米国にとどまっていたのか? そこで何をしていたのか? ラボルデには、ゴールドマンの発言に反論する責任があろう。(中略) いかなる口実からも彼は救われない。世界の世論が、この件に関して明確かつ正確な解答をするよう陰謀家たちに義務づけるだろう。ラボルデは米国に潜んでいたのか？　イエスかノーか？　潜んでいたのなら、何を目的としてであったのか？」（ギャル、前掲書）

トロツキーのトーンはエスカレートするばかりであった。ラボルデは沈黙した。ゴールドマンが、ロンバルドのトロツキーに対する戦争の新たな段階への参加を指摘したことは間違ってはいなかった。確かに、ゴールドマンの発言にただちに反論したのは、PCM機関紙の『エル・マチェテ』ではあったが、トロツキーを孤立させる上で効果をあげたキャンペーンを展開して、暴力的な事件を誘発させる方向に導いたのは、ロンバルド一派であった。

一九三八年九月号のCTMの月刊誌『未来』が、CTMが三月に採択した「トロツキーはメキシコの敵である」とする決議を再録するとともに、「トロツキーが意味するもの」と題するルイス・フェルナンデス・デル・カンポの論説を掲載した。フェルナンデス・デル・カンポはその中で、「トロツキーの反革命的な責任は、裏切り以外の何ものでもない。現在の政治的時期に、人民の利益に対する裏切りとは、ファシズムの共犯者であることである」と論じた（ミロン、前掲書）。メキシコにおいて、トロツキーをファシズムの共犯者とする言説が反トロツキー・キャンペーンの中で強調されたのはこの頃からであった。しかし、特徴的なことは、決して具体的にドイツやイタリアを名指ししていない点である。その背景には、石油企業の国有化問題で米英企業がメキシコの石油購入をボイコットするやも知れぬ時期に、枢軸諸国が輸出先の可能性としてあったため、メキシコ革命党（PRM）への加盟を通じてカルデナス政権の基盤となりつつあったCTMとしては、具体的な国名に言及することを避けたと見られる。

トロツキーの反撃はさらに続いた。一九三八年末、トロツキーは『トロツキーに対する攻撃の意味』と題するパンフレットを発行した。中身はロンバルドに向けられ、彼の役割を総括するものであった。

一九三九年四月にPCMが、五四名の死者を出した鉄道事故の責任がトロツキーにあると攻撃したとき、トロツキーは『鍵（クラーベ）』の誌上から、ラボルデに対して、噛みつきそうな皮肉と押しつぶすようなユーモアをもって怒りを表した。しかし、トロツキーにとって、最大の敵はロンバルドであり続けた。トロツキーは、一九三七年から一九三八年前半に見られた「不可避の、やむをえない声明」とは明確に対比されるスタイルでロンバルドを攻撃し、「トロツキズムの最大の敵」であるとまで言った。

4　カルデナス政権の評価――植民地・半植民地問題への視角

トロツキーは、メキシコへの亡命後、一九三八年四月にカルデナス政権が外資系石油企業の国有化を行なうまで、メキシコ情勢に関する論稿を執筆してこなかった。しかし、石油企業の接収措置の発表後、外資系企業の国有化や、これら企業の国有化後に企業を労働者管理下に置こうとしたカルデナス政権の措置に関して論評を書き始めた。これらの一連の論評においてトロツキーが強調したことは、植民地・半植民地諸国（「周辺部資本主義諸国」もしくは「途上国」）における外資系企業の国有化を支持すべきだという点と、外資系企業の国有化や労働者管理そのものは社会主義化とは無縁であるという点であった。

まず、外資系企業の国有化に関しては、カルデナス政権がとった国有化措置を擁護して、これに対して制裁措置をとろうとしたイギリス政府やアメリカ政府を批判した。一九三八年五月一四日付『ソーシャリスト・アピール』紙に掲載された、カルデナス政権がイギリス系のメキシカン・イーグル石油会社の資産を接収したのに対して、その返還を求めたイギリス政府の要求を批判して『デイリー・ヘラルド』紙編集部宛てに同年四月に執筆した「メキシコの石油会社接収」と題する論稿の中で、トロツキーは次のように述べている。

「外国人高官の一握りの輩が、言葉の真の意味でメキシコその他多くの後進国ないし弱小国の生き血を吸い取っている。外国資本が「文明化」に貢献しているとか、外国資本が国民経済の発展に援助を与えているなどという厳粛な演説はまったくパリサイ主義である。現実に問題となっているのは、メキシコ国内の天然資源の略奪なのである。自然はメキシコの地下に金や銀や石油などを貯えるために何百万年も要した。外国帝国主義者たちは安価な労働力や外交政策と艦隊による保護を利用して、できる限り短い時間のうちにこの黄泉を略奪しようと欲しているのだ。」（『トロツキー著作集4 一九三八―三九 下』）

そして、トロツキーは、イギリスの労働者階級を代表する労働党こそ、カルデナス政権による接収措置を支持し、イギリス政府を批判すべきであるとの視点から、「メキシコの独立に対するイギリス帝国主義の攻撃の今後の進展は、決定的にイギリス労働者階級の動きにかかっている。ここでは問題をあいまいなきまり文句によってごまかすことは不可能である。帝国主義暴力の犯罪的な手を麻痺させるためには、確固とした決然たる態度が必要である。世界の世論はイギリス労働党の断固たる声を待ち受けている」と主張した。

また、同年六月二五日付『ソーシャリスト・アピール』紙に掲載された「メキシコとイギリス帝国主義」と題する論評において次のように述べている。

「半植民地メキシコは、政治的、経済的な民族独立を求めて闘っている。これがメキシコ革命の現段階の根本的な内容である。石油王たちは下級資本家でもなく、普通のブルジョアでもない。彼らは、外国の最も豊かな自然資源を握り、巨万の富の上に立ち、母国の外交的、軍事的暴力に支えられて、従属国の立法、司法、行政のすべてを自分たちに従属させ、そこに帝国主義的封建制の体制を打ち立てようとしている。このような状況の下では接収のみが、民族的独立と民主主義の基本的条件を守るための唯一の有効な手段なのである。」（トロツキー、前掲書）

このようにトロツキーは、メキシコのような「半植民地国」が外資系企業を接収することを支持し、植民地主義国側の労働者もこれを支持すべきだと主張したのである。しかし、「国有化（接収）」はただちに社会主義化を意味するわけではなく、国家資本主義の枠内で行なわれているにすぎないと強調する。トロツキーは遺稿の一つである『第四インターナショナル』一九四二年二月号に掲載された「帝国主義の衰退期における労働組合」の中で、「メキシコにおける鉄道と油田の国有化は、もちろん、なんら社会主義と共通するものではない。それは後進国における国家資本主義が一方では外国の帝国主義から、他方では自国のプロレタリアートから、自らを守ろうとする一手段である」と述べている（『トロツキー著作集2　一九三九―四〇　下』）。また、トロツキーの暗殺後に発見され、一九三八年五月頃に執筆されたと推定されている論稿「産業国有化と労働者管理」においては次のように述べている。

「工業がおくれた国々では外国資本は決定的役割を持っている。だから、民族プロレタリアートに比べて民族ブルジョアジーは相対的に弱体である。この結果特殊な国家権力が生じる。政府は外国資本と国内資本との間、弱体な民族ブルジョアジーと相対的に強力なプロレタリアートとの間を綱渡りする。かくして政府はきわだった特性を持った独特のボナパルティズム的性格を帯びる。政府はいわば階級の上に立つ。実際にはこうした政府が統治できるのは、外国資本の道具になり下がって、プロレタリアートを警察独裁のくびきで縛りつけることによってか、それともプロレタリアートに対してマヌーバー［作戦、策謀］を使い、譲歩し、それによって外国資本に対して一定の自由な行動範囲を得ることによってか、いずれかしかない。現在の政策は第二段階にある。その最大の成果は鉄道と石油業の接収である。これらの措置は完全に国家資本主義の枠内にある。しかしながら、半植民地国において国家資本主義は民間外国資本とその諸政府の重圧の下におかれるし、労働者の積極的支持なしには自己を維持しえない。それゆえ、この国家資本主義は、真の権力を手ばなすことなく、国有産業部門における生産の進行についての責任をかなりの程度まで労働者組織にゆだねるのである。」（『トロツキー著作集4　一九三八―三九　下』）

ここでトロツキーは、「ボナパルティズム」なる概念を用いているが、これに関しては後で見ることにして、先にこの論稿の中で言及された国家資本主義下における労働者管理に関する主張を見ておく。

「社会主義への道は、プロレタリア革命ではなく、ブルジョア国家による種々の産業部門の国有化とその労働者諸組織の手中への移行をつうじて進むと主張するならば、それはもちろん決定的な誤ちであり、むきだしのペテンである。だが、このことが問題なのではない。ブルジョア政府は、自ら国有化を遂行し、国有産業の管理に労働者の参加をもとめるよう余儀なくされた。もちろん、人は次のような事実をひきあいにだしてこの問題を避けることができる――プロレタリアートが権力を掌握することなしには、国家資本主義企業の管理への労働組合の参加は社会主義的成果をもたらしえない、と。しかしながら、革命的翼からするこのような否定的な政策は大衆にとって理解されないだろうし、日和見主義の足場を強化するだろう。マルクス主義者にとって問題なのは、ブルジョアジーの手によって社会主義を築くことではなくて、国家資本主義内に生起する情勢を利用し、労働者の革命的運動を前進させることである。」（トロツキー、前掲書）

この部分でトロツキーが述べていることは、国家資本主義の下での国有化は社会主義化ではないし、プロレタリア権力の樹立なしに国家資本主義企業への労働組合の参加は社会主義的成果をもたらさないという点を前提としながらも、さらに進んでこのような労働者管理への参加を通じて「労働者の革命的運動を前進させる」ために情勢を利用すべきだという点である。

この論稿の中でトロツキーが述べた諸点の中で興味深いのは、カルデナス政権下において生じている諸事実を「植民地・半植民地諸国」に一般化する形で、いわば「周辺部資本主義社会」論を展開していることである。そして、トロツキーの「周辺部資本主義社会」論の特徴となるのが、「ボナパルティズム」の概念であった。前出の論稿の中でトロツキーは、「工業がおくれた国々では外国資本は決定的役割を持っている。だから、民族プロレタリアートに比べて民族ブルジョアジーは相対的に弱体である。この結果特殊な国家権力が生じる。政府は外国資本と国内資本との間、弱体な民族ブルジョアジーと相対的に強力なプロレタリアートとの間を綱渡りする。かくして政府はきわだった特性を持った独特のボナパルティズム的性格を帯びる。政府はいわば階級の上に立つ」と述べている。トロツキーはここで、「階外国資本と国内資本との間、および弱体な民族ブルジョアジーと強力なプロレタリアートの間で、級の上に立つ」政府＝「特殊な国家権力」をボナパルティズムと呼んでいる。いわば「勢力均衡」論に基づく「ボナパルティズム」論を展開していると言える。

トロツキーの「ボナパルティズム」論には先駆がある。一九三二年一〇月三〇日付の『反対派ブレティン』第三二号に掲載された「ドイツ・ボナパルティズム」と題する論稿である。「ボナパルティズム」とは、マルクスの「フランスにおける内乱」や「ルイ＝ボナパルトのブリュメール一八日」、およびエンゲルスの「住宅問題」に基づいて、フランスのナポレオンの第一帝政とナポレオン三世の第二帝政において現象面での違いはあるとしつつも、経済的支配階級が政治支配を行なうが、例外として拮抗する諸階級（ブルジョア革命または絶対王政のなしくずし的な変革後のブルジョアジーとプロレタリアート）の力が互いに均衡しているため、外見上の調停者として現れる国家権力のあり方をさすものと理解されている概念である。

「ドイツ・ボナパルティズム」においてトロツキーは、一九三〇年代初頭にナチス政権の発足に先立って、ナチズムの政権到達の諸条件を準備したとパーペン政府を評し、その性格づけに関して「ボナパルティズム」の概念を使用した。この論稿の中でトロツキーは、「自由主義、ボナパルティズム、ファシズムなどの概念は、普遍的な性格を有している」が、「歴史的現象は決して完全な形で繰り返されることはない」と述べ、「アナロジーとしてボナパルティズムについて語るさいは、ボナパルティズムの諸特徴のうちのどれが現在の歴史的諸条件のもとで最もはっきりと表現されているのかを指摘する必要がある」とした上で、「資本主義の衰退が、再びボナパルティズムを日程に乗せた」と論じている点に特徴があった。すなわちトロツキーはこの論稿の中で、「資本主義衰退期のボナパルティズムは、ブルジョア社会台頭期のボナパルティズムとまったく異なる」と主張した。そして、トロツキーは、マルクスとエンゲルスがビスマルクをも「ボナパルティズム」と呼んでいた事実を指摘して、「ビスマルクは、有産階級と台頭しつつあるプロレタリアートとの間の対立をボナパルティスト的やり方で利用して、それによって有産階級内部の対立を克服し、国民の上に軍事・警察機構を押し上げた。ビスマルクの政策は、今日のドイツ・ボナパルティズムの「理論家」が参照している伝統そのものである」と述べて、パーペン政府のあり方を「ボナパルティズム」であると論じたのである。

さらにトロツキーは一九三六年八月に脱稿した前出の『裏切られた革命』の中でも、「ボナパルティズム」論を展開している。

「シーザー主義、ないしはそのブルジョア的形態であるボナパルティズムが舞台に登場するのは、二つの陣営のはげしいたたかいが国家権力を国民の頭上にいわばのしあがらせ、これに外見上、階級からの完全な独立――実際には特権者を擁護するのに必要な自由にすぎないのだが――を保障するというような歴史的時機である。」(トロツキー『裏切られた革命』)

トロツキーはこのように述べた後で、「政治的にアトム化された社会にそびえ立ち、警察と将校に依拠し、おのれにたいするいかなる統制も許さないスターリン体制は明らかにボナパルティズム、史上かつて見られなかった新しいタイプのボナパルティズムの一変種にほかならない。(中略)ボナパルティズムは危機の時代の資本主義体制の政治的手段のひとつである。スターリン主義も同種の体制の一変種である。ただし組織化された武装ソヴェト貴族と非武装の勤労大衆との対立によってひきさかれた労働者国家を基盤としているが」と述べ、これを「ソヴェト・ボナパルティズム」と呼んでいる。スターリン主義を「ソヴェト・ボナパルティズム」と呼ぶことの是非については議論の余地があろう。しかし、重要な点は、ここでもトロツキーが「ボナパルティズム」を、二つの対抗する階級の拮抗状態の上に外見上「階級から独立」した国家権力のあり方として描いている点である。

トロツキーの死後、『第四インターナショナル』一九四〇年一〇月号に掲載された「ボナパルティズムとファシズムと革命」と題する未完の論稿において、トロツキーは次のように述べている。

「われわれはこれまで、ファシズムをその発展のあらゆる段階にわたって分析し、それぞれの局面を扱って最も新しい様相にまで達している。ファシズムはボナパルティズムの要素を一定程度含んでいる。この要素つまり、階級闘争の極度の尖鋭化のために国家権力を社会から一段上に引き上げることなしには、ファシズムは不可能であっただろう。しかしわれわれは、ファシズムの初期から指摘してきたこの要素はあくまで帝国主義衰退期のボナパルティズムの問題であって、ブルジョア勃興期のボナパルティズムとは質的に異なっていると。次の段階において、われわれは純粋のボナパルティズムをファシスト独裁へのプロローグだとして区別した。なぜなら純粋のボナパルティズムの場合には、君主の支配が近づき……」（『トロツキー著作集2　一九三九―四〇　下』）

トロツキーの口述が録音されたテープのこれに続く部分は不鮮明であったので、いまだに解明されていない。そしてこの文章は次のように続く。

「ドイツにおけるヒンデンブルグ大統領とそのもとのブリューニング、シュライヒャー両政権、さらにフランスのペタン政権は、すべて不安定であったか、あるいは不安定でしかありえない。帝国主義衰退期においては、純粋なボナパルトのボナパルティズムでは完全に不充分である。帝国主義は、その力のもとにプチブルジョアジーを動員し、プロレタリアートを粉砕することが絶対必要であることを認識する。帝国主義がこれを遂行できるのは、プロレタリアートが権力を奪取しうる能力がないことを自ら暴露し、一方では社会的危険によってプチブルジョアジーが発作状態に追い込まれた場合のみである。」(トロツキー、前掲書)

トロツキーは一九世紀の第一帝政および第二帝政における「ボナパルティズム」を「純粋なボナパルティズム」と呼び、他方一九三〇年代末の状況を「帝国主義衰退期のボナパルティズム」と呼んで区別する。そして、さらに植民地・半植民地諸国にその概念を拡大した。こうした枠組みの中で、メキシコ情勢に関連して「ボナパルティズム」の用語が使用された。

前出の遺稿「帝国主義の衰退期における労働組合」の中に「ボナパルティズム」に言及している部分が二カ所存在する。次の二つの文章である。

「植民地や半植民地は、自国の資本主義ではなく、外国の帝国主義の支配下にある。しかし、だからといって、資本主義の大立物と、それに本質的に従属している植民地あるいは半植民地とのあいだの、直接的かつ実際的な日常的結びつきが弱まるのではない。逆に強められるのである。帝国主義的資本主義が植民地ならびに半植民地諸国に労働貴族と労働官僚層を作り出すかぎりにおいて、これらの労働貴族と労働官僚層は、植民地あるいは半植民地の政府を保護者、パトロン、またときには調停者としてのその支持を求める。その結果、一般に植民地および後進諸国における政府のボナパルティズム的または半ボナパルティズム的な性格は、その最も重要な社会的基礎を得るのであり、同様にしてまた、改良主義的組合の国家に対する依存の基礎を得るのである。」

「後進諸国においては、民族的資本主義ではなく、帝国主義的資本主義が主要な役割を果たしているのであり、そのかぎりにおいて、民族ブルジョアジーが占める社会的位置は、それ自身の産業発展の度合いと比較し、はるかに小さいものである。外国資本が労働者を輸入せずに原住民をプロレタリア化するかぎりにおいて短時日のうちに民族プロレタリアートは、当該国の生活において最も重要な役割を果たすようになる。このような条件のもとでは、民族政府が外国資本に抵抗しようとする度合いに応じて、この政府は多かれ少なかれプロレタリアートに依拠することを余儀なくされる。他方、外国資本との緊急な結合が不可避であると考えたり、それが自らの利益になると考える後進国政府は、労働者組織を破壊し、多かれ少なかれ全体主義的な体制を形成する。こうして、民族ブルジョアジーの弱さや、都市の自治の伝統の欠如、外国資本の圧力、プロレタリアートの相対的に急速な成長は、いかなる種類の安定した民主主義体制の基礎をも奪い去っている。後進的な、つまり植民地ないしは半植民地的諸国の政府は、一般にボナパルティズム的ないし半ボナパルティズム的性格をおびる。相違の存在は、一方が労働者、農民の支持を求めて民主主義的な方向をとり、他方は軍事警察独裁を採用することによる。この相違が労働組合の運命を決定する。労働組合は国家から特別の保護を受けるか、それとも苛酷な迫害をこうむるか、どちらかである。国家からの庇護は、この国家が直面する二つの課題に規定されている。——第一は、労働者階級をひきつけ、帝国主義の側からする過度の要求に対する抵抗にむけて、その支持を引き出そうとする課題であり、——そして第二に、労働者を官僚の支配下に置くことによって、労働者自身を規律によって統制しようとする課題である。」（トロツキー、前掲書）

このように、トロツキーは明らかにカルデナス政権を「ボナパルティズム」的政権と評価している。しかし、同政権を「ボナパルティズム」と評価した論稿はいずれも、トロツキーの死後に公表されたものである。したがって、そこには明らかにトロツキーのカルデナス大統領に対する配慮が働いていたと想像される。しかし、いずれにせよ、トロツキーはカルデナス政権の分析を通じて、植民地・半植民地諸国に一般化された「帝国主義の衰退期」における「ボナパルティズム」の概念を発展させた。その概念とは、くり返しになるが、帝国主義資本と国内資本との間の、および国内資本とプロレタリアートとの間の階級的均衡の上に、階級を超越するかのような見せかけの下に形成される国家権力を意味する。

しかし、カルデナス政権のような、植民地あるいは半植民地（メキシコは「半植民地」と表現されている）における「ボナパルティズム」的な政権は、ナチス政権発足の露払い的な役割を果たしたドイツのパーペン政府とは異なって、進歩的性格も有しているとトロツキーには考えられた。その相違は、前出の論稿の中で言及されている「直面する二つの課題」によって説明されている。すなわち、その第一は「労働者階級をひきつけ、帝国主義の側からする過度の要求に対する抵抗にむけて、その支持を引き出そうとする課題」であり、第二は「労働者を官僚の支配下に置くことによって、労働者自身を規律によって統制しようとする課題」である。前者の場合には、労働者階級の支持を獲得する目的で労働条件の改善などの要求を受け入れるため、相対的には進歩的性格を有することになる。前出の「メキシコとイギリス帝国主義」において、トロツキーは次のように述べている。

「現在メキシコ革命は、たとえてみればアメリカ合衆国が独立戦争に始まり、奴隷制の廃止と国民的統合を達成した南北戦争に終わる七五年間に遂行したのと同じ任務を遂行しつつある。（中略）

現段階においてメキシコ政府が遂行しつつあるのはまさにこの任務である。カルデナス政権は、ワシントンやジェファーソン、アブラハム・リンカーン、グラント将軍らが遂行した任務にも比すべき作業をメキシコで達成しつつある一連の政治家たちの一人である。」(『トロツキー著作集4 一九三八―三九 下』)

このようにしてトロツキーは、メキシコ滞在中にカルデナス政権の分析を行なう際に、カルデナス政権が民主主義的な任務を遂行する一方で、階級均衡的な「ボナパルティズム」的性格も有しているとして、ヨーロッパ滞在時とは異なるもう一つの「ボナパルティズム」論を発展させたのである。

メキシコ滞在中に、植民地・半植民地諸国における先進諸国とは異なるボナパルティズム論を展開したトロツキーは、「人民戦線」論においてもメキシコのような半植民地における「人民戦線」は反帝国主義闘争の主体となりうるとの視角から進歩的性格をもつと評価するようになる。それは自分の亡命を受け入れたカルデナス大統領に対する謝意を表明したものというよりは、「半植民地国」における反帝国主義闘争の実態を実見した結果、深めた認識であると見るべきだろう。

一九三八年一一月八日の日付が付されている米国SWP全国委員会委員のチャールズ・カーティスやトロツキー邸に滞在していた秘書兼護衛らとの会話記録に、次のようなトロツキーの発言が見られる。

「外国の帝国主義者に対する闘争であろうとその反動的なファシスト的手先に対する闘争であろうと、そうしたものに対する直接の闘争である場合にはつねに、われわれは、われわれの組織と綱領と党の全面的な政治的独立性とわれわれの批判の完全な自由を保持しながら、革命的支持を与える。中国の国民党、メキシコのPRMとペルーのAPRA[アメリカ革命人民同盟]は非常に似通った組織である。それは党という形をとった人民戦線である。

もちろん、ラテンアメリカの人民戦線は、フランスやスペインほどひどい反動的性格をもたない。それは二面的である。それは、労働者に矛先を向けているかぎりにおいて反動的な性格をもつ可能性があり、帝国主義に矛先を向けているかぎりにおいて積極的性格をもつ可能性がある。」（トロツキー「ラテン・アメリカ問題」）

このようにトロツキーは、ラテンアメリカに見られる「人民戦線」的な政党は、メキシコのPRMのように二面性をもつと見て、労働者に矛先を向けるのではなく、帝国主義に矛先を向ける場合にはこれを肯定的にとらえた。この視角から見れば、カルデナス政権はPRM自体が「人民戦線」的性格をもち、党内にCTMを包摂すると同時にPCMとも協力関係にあるという意味合いにおいて、肯定的な政権であるとトロツキーは評価していたと考えられる。しかしながら、このようなトロツキーの見方に対しては、メキシコのトロツキズム勢力の一部から、カルデナス政権に対する迎合的姿勢であるとの批判が投げかけられ、メキシコ・トロツキズム運動の分裂の一因になった。とはいえ、トロツキーの植民地・半植民地論（＝周辺資本主義社会論）の視点からは、ボナパルティズム論にせよ、「人民戦線」論にせよ、メキシコ滞在中に視角の拡大が見られたことは興味深い。

第5章

暗殺者の接近

「ジャック・モルナール」ことラモン・メルカデル

1 スターリンの「トロツキー抹殺」計画

後述する一九四〇年五月二四日にダビッド・アルファロ・シケイロスらによって実行されたトロツキー邸の襲撃や、同年八月二〇日にラモン・メルカデルによって行なわれた暗殺など、一連のトロツキー暗殺に関わる活動を推進したのはソ連邦のＮＫＶＤチームであり、その責任者はパヴェル・アナトリーリェヴィチ・スドプラトフであった。スドプラトフは回想録である『衝撃の秘密工作』の中で次のように自己紹介している。

「皆さんは知らないだろう。それというのも、私の名は五八年もの間、ソ連邦の最高機密の一つだったからだ。ひょっとして別の名前で知っているのでは、という人がいるかもしれない。つまり、私が西側で誤って呼ばれてきた、ザ・センター、ザ・ディレクター、ＳＭＥＲＳＨ（「スパイに死を」の頭文字をとった防諜機関）のボスといった呼び名である。私の所属していた特殊任務局は、国外でのわれわれの敵に対する破壊活動、誘拐、暗殺を担当する、ソ連邦保安機関内の特別部門だった。私はトロツキー暗殺の責任者であり、第二次世界大戦中はドイツとドイツ占領地域におけるゲリラ戦と偽情報工作を担当した。」（スドプラトフ『ＫＧＢ衝撃の秘密工作』）

スドプラトフによれば、一九三九年三月、彼はトロツキー暗殺の指令をスターリンから直接に命じられた。その日、スドプラトフは内務人民委員のラヴレンティ・ベリヤ（大粛清の指揮をとり、のちにスターリンの後継者の一人と目された人物）に呼び出され、重要な会見があるので同行せよと命じられてクレムリンに赴いた。ベリヤとスドプラトフは、スターリンの官房責任者であるA・N・ポスクレブイシェフに導かれてスターリンの執務室に入った。スターリンは、「トロツキストの運動には、トロツキー自身を除くと、政治的には力を持つ人間はいない。彼を片づければ、脅威はなくなる」、「トロツキーは一年以内に排除されねばならぬ。つまり戦争に突入するのは必定だが、その前にだ」と述べた。スドプラトフは、スペイン内戦でのゲリラ戦に生き残った者を任務に参加させる許可を求めたところ、スターリンは「任務の遂行に適した信頼できる人物を選ぶのは君の任務のうちであり、党の義務でもある。必要な援助や支援は惜しまない。報告は、直接ベリヤ一人にするように。しかし、実行の全責任は君だけが負う。ヨーロッパからメキシコへの特別任務部隊の派遣は君個人が手配して、その報告は君の手書きでなければならない」と述べたという。スドプラトフはこのスターリンとの会見の直後にNKVDの対外情報局の部長代理に任命され、メキシコに滞在中のトロッキーに対する新しい工作の責任者となり、ルビャンカ（NKVD本部）の七階の七三五号室に執務室を与えられた。翌日ベリヤからレオニード・アレクサンドロヴィチ・エイチンゴン（本名はユダヤ系のナウーム・イサコヴィチ・エイチンゴンであるが、NKVD内ではロシア系のレオニード・アレクサンドロヴィチを使った）がチームに入ることになったと電話連絡があった。こうして、エイチンゴンがトロッキー抹殺計画のメキシコでの現地最高責任者となる。

エイチンゴンは、一八九九年一二月一日にベラルーシのユダヤ人居住地区ゴメリに近いモギリョフ州スクロフの町で生まれた。一九一七年にエイチンゴンは社会革命党に入党、そして翌一九一八年、一九歳のときに赤軍に加わり、チェカ（CHECA）に転属される。それ以来、情報・諜報・工作員の道に進んだ。一九二〇年、エイチンゴンは社会革命党を離党しボリシェヴィキに入党した。エイチンゴンはチェカでジェルジンスキーに目をかけられ、一九二一年にモスクワに戻され、士官学校で軍事教練を受けると同時に、そこで軍司令官候補生とともに戦略と戦術を学んだ。その後、中国でGRU（ソ連邦軍参謀本部諜報総局）ネットワークと活動をともにした後、モスクワに呼び戻され、一九三〇年にはNKVDの特殊任務局長代理としてヤコフ・セレブリャンスキーを補佐した。特殊任務局は西欧と日本における戦時の破壊工作をOGPUと並行的に準備していたが、エイチンゴンはこの権限を使って西欧の工作員をカリフォルニアに移動させて配置した。

米国で対日工作を準備していた時期に、エイチンゴンはのちにゾルゲ事件に関与する画家、宮城与徳をリクルートしている。宮城は一九〇三年に沖縄の農家の次男として生まれ、肺結核の初期症状に苦しみながらも、米国に移民した父親を追って一九一九年六月に渡米、サンディエゴ公立美術学校を卒業後、ロスアンゼルスに夜間営業のレストランを開業した。その一方で社会科学研究グループを結成して、一九二七年頃に米国共産党（CPUSA）の外郭団体であったプロレタリア芸術協会や赤色救援会日本人支部に同党党員であった吉岡某の勧誘で加入し、一九三一年には党員矢野努（本名、豊田令助）の勧めでCPUSA日本人支部に入党。この時期にエイチンゴンによってNKVDの諜報網にリクルートされたと見られる。

一九三二年末に中国での任務を終えて翌三三年一月にモスクワに帰ったゾルゲは、同年四月に日本での任務を与えられ、五月にベルリンに到着して準備を開始、七月中旬にパリに到着して、八月一日に米国に渡り、ニューヨーク、ワシントンに滞在した後、シカゴで『ワシントン・ポスト』社に勤務する連絡員から、まもなく日本に帰る宮城との連絡方法を教えられた。ゾルゲは八月中に宮城に先立ってバンクーバーから横浜に向かい、九月六日に日本に到着した。

一方、宮城は一九三二年頃に「コミンテルンの日系アメリカ人矢野某と国籍不明の白人活動家」から「コミンテルンの仕事で一年ばかり東京に帰ってくれ」（実際にはゾルゲのネットワークは赤軍第四部の管轄下にあったのだが）と指示を受け承諾していた。その後、身辺整理と旅費づくりのために個展を開催したり準備を行ない、一九三三年一〇月に米国を出発した。一〇月二四日に横浜に到着、指示された新聞広告が一二月六日付の『ジャパン・アドバタイザー』紙に掲載されたのを見て連絡をつけてゾルゲに接触した。宮城はゾルゲから説明を受けて初めて自分の任務がコミンテルンの諜報活動であることを知った。一九三四年三月、宮城はゾルゲの指示を受け、大阪朝日新聞社に勤務していた尾崎秀実を「南竜一」名で訪ね、その日の夕方、大阪市西区土佐堀町の中華料理店「白蘭帝」で会見し、尾崎が上海で知りあった人物が会いたがっていると伝え、後日、奈良公園内の指定した場所で両者を再会させた。

エイチンゴンは一九三二年までカリフォルニアにいたものの、彼は諜報ネットワークの影の組織者であったと推定されるゆえに、矢野努とともに宮城に指示を与えた「白人活動家」がエイチンゴンであった可能性は小さい。『スパイ野坂参三追跡』の著者であるジェームス・小田は、この「白人活動家」はスティーヴ・ネルソンであったと、また『宮城与徳』の著者である在米日系人の野本一平はハリソン・ジョージ（CPUSA中央委員・汎太平洋労働者組合書記局機関紙『太平洋労働者』編集長）であったと推測している。スドプラトフによれば、宮城を直接リクルートしたのがエイチンゴンであったことは確実であり、宮城が、帰国後にゾルゲと尾崎秀実を再会させる手配をし、また東京での日本人工作員の組織化に中心的な役割を果たしたことと考えると、NKVDの世界的な諜報網の組織化におけるエイチンゴンが果たした役割の重要性がうかがわれる。

その後エイチンゴンは、スペインに派遣されていたニコルスキー（別名アレクサンドル・オルロフ、第3章第4節参照）が一九三八年七月に失踪したため、その後任として派遣された。一九三九年一月の人民戦線政府の敗北後はフランスに逃れて二カ月ほど滞在し、残存する組織網の再編とケンブリッジ・リングの一員であるガイ・バージェスの指揮にあたった。そして同年三月、トロツキー抹殺計画のメキシコ現地責任者に任命された。

エイチンゴンは、アメリカや西欧にあるNKVDの工作員網を熟知していたので、真に信頼できる工作員を選び出すことができた。スドプラトフによれば、エイチンゴンが最も信頼した工作員はマリア・デ・ラ・シエラであり、彼女はトロツキーがノルウェーにいたときに彼の秘書として送り込まれて成果をあげ、その後メキシコのトロツキーのもとにいたが、彼女の存在は失踪したオルロフ（ニコルスキー）に知られていたため、オルロフによって正体を暴露される前の予防策としてモスクワに呼び戻されていたとされる。

一九三九年六月、スドプラトフとエイチンゴンはベリヤの命令でパリに行き、メキシコに派遣するメンバーの人選をチェックするよう命じられた。両名は、NKVDが作成した偽造パスポートを携行してパリに向かった。パリに到着後、両名はカリダッ・メルカデルとラモン・メルカデルの母子と合流した。また、シケイロスのグループのメンバーとも個別に会った。この二つのグループは互いにもう一方の存在を知らされていなかった。カリダッとラモンの両名は、エイチンゴンから情報工作活動の技術を一カ月にわたって訓練され、同年八月にルアーブルからニューヨークに向かった。

他方、モスクワに戻ったスドプラトフは、エイチンゴンの米国渡航用書類を準備した。同年一〇月にニューヨークに到着したエイチンゴンはブルックリンに貿易会社を設立し、そこを連絡基地に使った。その後メキシコに潜入したラモン・メルカデルは、エイチンゴンから必要な資金を受け取るためにニューヨークとの間を何回か往復した。

メキシコでは、シケイロスの特別任務部隊の支援グループが形成されつつあった。中心となったのはシケイロスとともにスペイン内戦に参加したメキシコ共産党（PCM）幹部メンバーであった。シケイロスの特別任務部隊はトロツキー邸の襲撃計画を立てていたが、ラモン・メルカデルはそれを知らされていなかった。スドプラトフによれば、シケイロスの部隊は、マリア・デ・ラ・シエラがモスクワに呼び戻される前に持ち出していたトロツキー邸の平面図に頼って襲撃計画を策定したとされる。だが、トロツキーらは一九三九年五月にロンドレス通りの「青い家」からビエナ通りの屋敷に転居しており（次章第2節で後述）、マリア・デ・ラ・シエラが呼び戻されたのはオルロフの失踪直後であったことを考慮すると、彼女はビエナ通りの屋敷の平面図を入手していた可能性はない。

2　シルヴィア・エイジロフへの接近――仕組まれたロマンス

米国への出発に先立って、NKVDとラモン・メルカデルは、CPUSAの協力も得て、トロツキーに接近するためのルートを開拓した。ラモン・メルカデルが接近するよう仕組まれたのは、米国人の女性トロツキストのシルヴィア・エイジロフであった。彼女は、コロンビア大学で心理学の修士号を得て、その後社会福祉司としてニューヨーク市で働いていた。

シルヴィア・エイジロフは、一九三八年九月三日にアルフレッド・ロスメルの別宅で開催された第四インターナショナルの創立大会に通訳として出席するため、フランスに旅行したとされる。ヴォルコゴーノフによれば、創立大会が開催される機会を利用してシルヴィア・エイジロフにラモン・メルカデルを紹介したのは、NKVDがトロツキスト・グループに送り込んでいた「エティエンヌ」こと、マルコ・ズボロフスキーであったとされているが（ヴォルコゴーノフ『トロツキー』）、異説が存在する（レヴィン『暗殺者の心理』）。

ロシア生まれの米国の新聞記者アイザック・ドン・レヴィンによると、シルヴィア・エイジロフのフランス行きは周到に仕組まれたものであった（以下、レヴィン、前掲書）。仕組まれたロマンスの当事者であったシルヴィア・エイジロフとラモン・メルカデルの二人を出会わせるために、NKVDは米国とフランスを結ぶネットワークを動員した。その端緒を演じさせられたのは、CPUSA党員で機関紙『デイリー・ワーカー』の編集委員であったルイス・ビュデンズであった。ビュデンズは、NKVDのロシア人工作員から命令を受け、スターリンの国際的な工作組織網に取り込まれた。このロシア人とは、通称「ロバーツ」と呼ばれた、駐米ソ連邦赤十字代表のグレゴリー・ラビノヴィチであった。ラビノヴィチとビュデンズの間を結んでいたのは、ヤーコフ・ゴロスであった。ゴロスは隠れ蓑として旅行代理店を経営していた。ビュデンズに米国を出発してメキシコに向かう直前のラビノヴィチと会うように連絡してきたのはゴロスであった。

ビュデンズは、計画されているかもしれないスターリンの生命とソ連邦に対する陰謀を粉砕するために、トロツキーとトロツキストの運動を抑制することが必要であると説得された。ビュデンズがこの極秘の計画に関わったのは、多数のトロツキストが加入していた「進歩的労働者行動協議会」の書記をしていたためであった。ビュデンズは、第四インターナショナルの内部に入った際に効果的に活動しうるような種類のCPUSAの党員を確保することができた。そして、ビュデンズがその中から選んだのは、ルビー・ウェイルという女性であった。なぜならルビー・ウェイルは、トロツキーに会ったり、第四インターナショナルの支持者であったルース、シルヴィア、ヒルダのエイジロフ三姉妹と知り合いであったからである。ルビー・ウェイルは、一九三八年より以前にトロツキスト党派である米国社会主義労働者党（SWP）の前身である労働者党（WP）に属しており、その頃にエイジロフ三姉妹と知り合っていた。ルースとヒルダはメキシコのコヨアカンにあるトロツキー邸を訪れたことがあり、とくにルースはデューイ委員会に関する作業がトロツキー邸で行なわれていたときに手伝いをしたことがあった。

シルヴィア・エイジロフは、夏期休暇にカナダや、メキシコや、ヨーロッパをよく旅行した。一九三八年の夏、パリで第四インターナショナルの創立大会が開催されることを、おそらくズボロフスキー（エティエンヌ）から知らされていたNKVDは、シルヴィア・エイジロフがその大会に出席するだろうと考えた。実際には、彼女はその大会のことを事前に知らなかったし、その年のヨーロッパ旅行は単なる休暇旅行にすぎなかったようであるが、NKVDはシルヴィア・エイジロフの旅にラモン・メルカデルとの出会いを仕組んだ。そのため、ルビー・ウェイルをシルヴィア・エイジロフに同行させた。

一九三八年七月、シルヴィア・エイジロフとルビー・ウェイルは英国南部のサザーンプトンに上陸して、ロンドンに向かった。ロンドンでは、ルビーに旅行資金を出したことになっているイギリスに住んでいた姉コリンに会った。ルビーは姉にパリに行くつもりであると言った。二人は船と連絡している列車に乗ってパリに向かい、同じホテルに泊まった。ルビーは「ガートルード」という名のパリにいる同志を知っていると言った。

ルビー・ウェイルは、パリに住んでいたガートルード・アリソンにシルヴィアを引き合わせた。ガートルードの夫であるベネズエラ人のエドゥアルド・マチャドは、ニューヨークの反帝国主義者同盟で活動し、二度も米国から追放されたことがあった。ガートルードとエドゥアルド・マチャドは、一九三二年にソ連邦入りし、数年間モスクワに滞在して、NKVDの秘密工作員になっていた。フランス警察の記録によれば、ガートルードは一九三七年から翌三八年にパリに住んだことが確認されている。ガートルードは、ニューヨークのグリニッジ・ヴィレッジに住んでいたが、ニューヨークでルビーに指示を与えてから、先に大西洋を渡って、さらにパリで指示を与えていたのである。ルビーは、シルヴィアとラモン・メルカデルを知り合わせると、いつの間にか消えうせていた。

シルヴィア・エイジロフが（トロツキー暗殺後に）証人として行なった証言によれば、「彼女〔ルビー〕が親しくしていた、パリにいるある人を知っていました。それは若い学生で、パリのガートルードの家へよく訪ねてきていました。ルビーは彼と交際するつもりでした」、「そのため、彼女は彼を招き、彼はホテルへぶらりとやってきました」、それから毎日パリを見物し、その後ルビーはパリを去ったという（レヴィン、前掲書）。

その若い学生とは、テヘラン生まれのベルギー人「ジャック・モルナール」を名乗っていたラモン・メルカデルであった。こうして、シルヴィア・エイジロフはラモン・メルカデルとの出会いを仕組まれた。メルカデルは、のちに刑務所での監査中にメキシコ人の犯罪心理学者アルフォンソ・キロス・キュアロン教授に、このときのきわどいエピソードの核心を、次のように語っている。

「水泳の練習に行った時に、ガートルードという名の北アメリカの若い女性と知り合いになった。彼女はロンドンかニューヨークから来ていた。話をしている間に、ルビー・ウェイルという友人がいると言った。ルビーはアパートを探しているとのことだった……。」(レヴィン、前掲書)

おそらくラモン・メルカデルも、ガートルードやルビーの存在を知らされてはいなかったのであろう。シルヴィア・エイジロフと「ジャック・モルナール・ヴァンデンドレッシュ」のパリでのロマンスは、七月の初めての出会いからすぐに始まった。高価そうな服装を着て、外見的には上品な「モルナール」は、シルヴィアをドライブや画廊巡り、観光旅行に連れて行った。「モルナール」は、休暇中にパリで一人残ったシルヴィアにとって理想的な案内人であった。

シルヴィアは世界各地を旅行したことがあり、またフランス語、スペイン語、ロシア語を話すことができた。そして、トロツキズムの運動に参加していた。一方、「モルナール」は、共産主義にもトロツキズムにもなんらの関心を示さなかった。「モルナール」はシルヴィアに、音楽や演劇やほかの文化的な話題か、あるいは人物批評やスポーツについて語った。「じつのところシルヴィアは、彼がどんな種類のものにせよ、政治にまったく無関心のように見えるのを驚きあやしんだ」(レヴィン、前掲書)。だが「モルナール」はいつも、ベルギーの裕福な貴族の家柄の出で、外交官である父親の勤務先であったテヘランで生まれたという、実在しない人間をうまく演じた。

このロマンスで重要な点は、パリで二人が一緒にいた数カ月の間、シルヴィアは一度も自分がトロツ

シルヴィアと「モルナール」(1938年，パリ)

キストであることを話したことはなかったという点である。しかし、仕組まれた出会いの相手である「モルナール」は、当然ながらそのことを知っていた。

シルヴィアが、自分がトロツキストであることを話さなかったのは、「モルナール」に好ましからぬ女性と見られることを恐れたためであったろう。しかし、「モルナール」がどんな種類の政治にも無関心を装ったことは、NKVDの目的がシルヴィアに警戒させずに「モルナール」をトロツキーに近づかせることにあったことを示している。

他方、「モルナール」の話にはつじつまのあわない点もあった。「モルナール」はソルボンヌでジャーナリズムを勉強していると語ったことがあり、収入源はスポーツ記事を売ることと、家族からの仕送りということであったが、シルヴィアは「モルナール」が原稿を書いているのを見たことがなかった。また、「モルナール」はスポーツ記事を書いていると話したにもかかわらず、シルヴィアをスポーツのイベントに連れていったこともなかったし、スポーツ界の指導的な人々が集まっている場に取材に行った気配もなかった。

七月後半、すなわち二人が出会ってから三週間が過ぎないうちに、「モルナール」は家族が重大な交通事故に遭ったので、ベルギーに帰らなければならないと告げた。それは、トロツキーのプリンキポ滞在期に秘書を務めたルドルフ・クレメントが七月一三日に失踪し、一六日に首なし死体で見つかった直後であった。

「[トロツキー暗殺後に]トロツキーの護衛の一人ジェイク・クーパーは、数週間前ラモン[メルカデル]と雑談した時に、海外のトロツキー派の指導者を知っているとラモンがふと言ったことを思い出した。ルドルフ・クレメントという名が話に出た。ラモンは彼を知っていたと言った。そして、「GPUが邪悪にもクレメントを殺害した」時、パリにいたと付け加えた。」(レヴィン、前掲書)

「モルナール」ことラモン・メルカデルは外科手術に魅せられ、また肉類を切る手さばきも職人肌であったことは、クレメントの殺害に「モルナール」が関与していたことを示しているのだろうか。証拠はなにもない。

一九三八年七月二六日、シルヴィアは「モルナール」からブリュッセルの消印がある以下の手紙を受け取った。

「愛するシルヴィア、前に言ったように、兄が、母の事故という悪い知らせをよこした。事故はこういうふうに起こった。父と母がオスタンドからブリュッセルへ一日を過ごしにくる途中だった。二人は専用の運転手が運転する自動車に乗っていた。そして、ブリュッセルへ入るすぐ手前で、父は避けがたい理由のために車を止めさせた。その時だった。一〇トントラックが車に衝突し、運転手は死に、母は重傷を負った。父は車の中にいなかったので怪我はしなかった。母は昨日、再び手術を受けた(三日間で二度目の手術)。医者は最大の危険は過ぎ去ったと言っているが、二、三日は安心できないそうだ。」(レヴィン、前掲書)

すべてが嘘で固められて周到に仕上げられ、この話はシルヴィアを納得させたようである。「モルナール」がいない間、シルヴィアはプラハに一人旅をして、そこからブリュッセルへ回り、「モルナール」と会い、一緒にパリに帰ろうと思っていた。しかし、ブリュッセルで指定された場所には一人の女性が現れて、「モルナール」は突然イギリスに呼ばれて行ったと告げた。

シルヴィアは一人でパリに戻った。「モルナール」は九月の初めになってパリに現れた。そして、「じつはブリュッセルにずっといたけれど、徴兵拒否をしたため、軍に逮捕されていた」と説明した。シルヴィアは、兵役を終えないで現実に出国することなどできるのか、という単純な疑問が生じるはずのつじつまのあわない話を受け入れた。「モルナール」を信じていたかったのであろう。シルヴィアが家族を紹介してほしいと頼んだとき、「モルナール」は承知せず、両親はシルヴィアを嫁として受け入れないかもしれないと言った。

この頃、すなわち九月三日に、パリ近郊のアルフレッド・ロスメル宅で第四インターナショナルの創立大会が開催され、シルヴィアは通訳として出席した。

「シルヴィア・エイジロフは会議への代表者ではなかったが、通訳の資格で数度会議に出席した。彼女の「非政治的な」恋人は、会合の部屋の外のあたりをうろついていた。そして、「偶然に」多くの重要な代表者たちに会った。そのなかには、アメリカの戦闘的なトロツキー派［SWP］の指導者ジェイムズ・キャノンや、第四インターナショナルのフランスの有名な文学者アルフレッド・ロスメルがいた。」（レヴィン、前掲書）

シルヴィアと「モルナール」はパリで数カ月間一緒に過ごした。そして、シルヴィアはヨーロッパへ出発する際に、社会福祉司の仕事を辞めてきたので、仕事を探さなければならないと告げた。そのとき、

「モルナール」は永久に一緒にいたいと言った。

スポーツ記事を買うことによって「モルナール」を支えていることになっていたのは、アルギュース出版という新聞・雑誌記事の配信会社であった。この会社が救いの手を差し伸べた。「モルナール」はシルヴィアに、アルギュース社と話をしたところ、シルヴィアが大学で専攻した心理学に関する記事を毎週書くという条件で毎月三〇〇フラン支払う用意があると言っていると伝えた。条件はほかにもあった。アルギュース社がシルヴィアに支払う際に直接の接触はなく、またどこに原稿が記事となって掲載されたかは明らかにしないという条件であった。ここにも怪しんでしかるべき点があったはずである。さらにアルギュース社は、専門的な著述家でもないシルヴィアに、フランスの専門的な心理学者の原稿料よりも多くの額を支払うとのことであった。だが、恋の魔力に取りつかれたシルヴィアは、謎の記事配信会社の存在を信じることができた。

こうして、ロマンスが真実であることをシルヴィアに信じ込ませると同時に、厄介な法律的な結婚を避けることができた。断続的ではあるが、二人が一緒にいるようになってから半年ほどが経った頃、「モルナール」はあるベルギーの新聞の駐米通信員の職を得たと告げ、シルヴィアをニューヨークに帰らせて、自分も二、三週間ほど遅れて米国に行くと言った。シルヴィアの存在を確たるものにした上で、「モルナール」はメキシコに乗り込む準備を着々と進めたのである。

一九三九年二月、シルヴィアはパリを去ってニューヨークに戻った。後からすぐに行くと言っていた「モルナール」は来なくて、その代わりに「行けない」という旨の電報がシルヴィアのもとに届いた。その後、「モルナール」は手紙をよこし、ヨーロッパにとどまっている理由は、米国の入国査証を得ることができないからであると説明した。しかし、ベルギーの外交官の息子で、政治よりもスポーツに関心を持ち、家庭的にも裕福で、しかもニューヨーク駐在通信員の委任状を持った人間に米国政府が入国査証の発給を拒む理由があろうとは考えがたく、「モルナール」の説明はあまり説得的ではなかった。

一九三九年九月初め、「モルナール」はニューヨークに現れた。彼はブルックリンのリビングストン通り五〇番地のシルヴィアの家を訪れたとき、「フランク・ジャクソン」の名を使っていた。彼はエイジロフ姉妹に対し、兵役拒否を隠すために偽造旅券で逃れてきたと言った。二人はトロツキスト運動の仲間である女性が提供してくれたグリニッジ・ヴィレッジのアパートに移った。旅券は「フランク・ジャクソン」名であったが、綴りは"Jacson"と、「ジャクソン」という姓の一般的な綴りである"Jackson"ではなかった。この綴りの誤りは、NKVDが関与していることを疑わしめるものであった。

この旅券は、カナダ外務省が一九三七年三月二二日に、一九二九年にカナダ国籍を取得したユーゴスラヴィア系のカナダ人トニー・バビッチに発給したものであった。バビッチは、スペイン内戦時に国際旅団に参加し、内戦の最初の局面で戦死していた。国際旅団に参加する者はスペイン到着時にNKVDによって旅券を取り上げられることが決まりであったため、NKVDはこのバビッチの旅券を「フランク・ジャクソン」名に変造したのであった。

「ジャクソン」は、エイジロフ家の人たちに旅券は偽造文書屋から三五〇〇ドルで購入したと語った。少し経ってから、「ジャクソン」はシルヴィアに、イギリスのある輸入会社の職を得て、メキシコ・シティでイギリスが必要とする物資を買い付ける仕事に出ると告げた。そして、ニューヨークでの滞在を一カ月で終わらせ、シルヴィアに三〇〇〇ドルを預けてメキシコに向かった。

「ジャクソン」は、一九三九年一〇月六日付でメキシコ総領事が発給したトゥーリスト・カードを携行してニューヨークを発ち、一〇月一二日に陸路でメキシコのラレードに入国した。その際、入管事務所で彼は名前を「F・ジャクソン」と署名し、職業は機械技師、住所はカナダのモントリオールのセント・デニス通り一二六九番地と入国記録に記入した。シルヴィアはニューヨーク市の家庭救済局に新たな職を得ていたので、すぐにメキシコに行くことはできなかった。メキシコに着いた「ジャクソン」は、自分の上司であったレオニード・エイチンゴンが、彼自身の母カリダッ・メルカデルとともにまもなくメキシコに来ることを知らされた。一九四〇年一月、シルヴィアは「ジャクソン」を追ってメキシコに到着した。この頃には、カリダッ・メルカデルはエイチンゴンとともにすでにメキシコにいた。エイチンゴンはカリダッと恋人関係になっていた。エイチンゴンは「レオーノフ」と名乗っていた。

シルヴィアが「ジャクソン」に事務所はどこかと聞いたところ、彼はエルミタ・ビルの八二〇号室であると答えた。シルヴィアの妹が事務所を訪ねたところ、そんな部屋は存在しなかった。不審に思ったエイジロフ姉妹に「ジャクソン」は八二〇号室と六二〇号室を間違えたと説明した。その六二〇号室はダビッド・アルファロ・シケイロスが使用していた部屋であった。その後シルヴィアは、アルフレッド・ロスメルの妻マルグリッドに不安を打ち明け、マルグリッドはエルミタ・ビルに六二〇号室が存在することを確認した。これによってロスメル夫妻は「ジャクソン」に対する不信感を払拭し、逆に信頼を深めることになる。

シルヴィアが一度米国に帰ったのは三月末であった。三月一九日、シルヴィアはトロツキーに別れの挨拶を言いにトロツキー邸を訪れたが、このとき「ジャクソン」が初めて同伴した。そして、メキシコを離れる前にシルヴィアは彼に、自分と一緒でなければトロツキー邸には行かないということを約束させた。シルヴィアは、「ジャクソン」の偽の旅券がトロツキーに何か迷惑をかけるかもしれないことを心配していたらしい（ゴルキン『トロツキーの暗殺』）。

その後、メルカデルはシルヴィアのメキシコ不在中の四月下旬にトロツキー邸を訪れ、ロスメル夫妻を都心まで車で連れて行き、帰りは買い物をしたマルグリッドの荷物を部屋に運び入れた後、すぐに立ち去った。トロツキー邸に滞在中のロスメル夫妻、とくにマルグリッド・ロスメルの信頼を得ることで、シルヴィアの懸念をよそに、メルカデルはトロツキー邸に徐々に入り込み始めた。

3 メキシコ共産党（PCM）内の粛清

一九三九年四月、PCM書記長エルナン・ラボルデはコミンテルン代表の接触を受けた。そして、モスクワはトロツキー抹殺の決定を下したと告げられ、党書記長としてこれに協力することと、PCMが特別グループを形成してこれに協力することを求められた。ラボルデは、党幹部のバレンティン・カンパおよびラファエル・カリーリョの二名と協議した結果、トロツキーはすでに思想的にも運動的にも孤立しており、物理的に抹殺する必要があるとは思えないし、抹殺することは逆効果をもたらしかねず、PCMにおいてはカルデナス政権との関係を悪化させることになるとの見解に達して、この検討結果をコミンテルン代表に伝えた。これに対して、コミンテルンはPCMを規律違反とみなした。そこでラボルデらは、同年五月半ばに米国に行き、米国共産党（CPUSA）書記長のアール・ブラウダーと会見して、ＰＣＭの見解を伝えたところ、ブラウダーはＰＣＭの立場に理解を示して、モスクワに赴いてＰＣＭの立場を説明することを約束した。

コミンテルンからＰＣＭへの圧力は、トロツキー問題、すなわち反トロツキー・キャンペーンの不足とトロツキー抹殺計画への協力不足だけでなく、一九三七年以降のＰＣＭの路線の迷走にも原因があった。一九三六年二月二六日にＣＴＭが結成された後、ＰＣＭ系列の労働組合運動の中に、ロンバルドのＣＴＭ指導部と対立する組合が多発し、一時的にＣＴＭを脱退する動きが生じたが、指導部のＣＴＭ支持声明によってＣＴＭを労働組合運動の唯一の全国センターとする路線は維持された。しかし、一九三八年三月のメキシコ革命党（ＰＲＭ）の結成に際して、ＰＣＭが全体的にＰＲＭに加盟すると決定したとき、そして一九三九年六月にＰＲＭが左派のフランシスコ・ムヒカではなく、右派のアビラ・カマチョを大統領候補に擁立することを決定した際にも、ＰＲＭを人民戦線党とみなす延長線上で、明らかな右派候補を支持することが労働者階級にとっての利益になるのかという批判がＰＣＭ内に生じた。このように、ＰＣＭ内には党内不一致が生じていた。

さらに、一九三九年九月二六日、ＰＣＭ全国委員会（旧中央委員会）は臨時党大会を開催することを決定し、一一月二六日付の機関紙『メキシコの声』に、一九四〇年二月二四日から二九日に臨時党大会を開催するとの「呼びかけ」が掲載されたが、内外情勢に関する部分は次のとおり書かれていた。

「英仏帝国主義とドイツ帝国主義との間の戦争の勃発、独ソ不可侵条約の締結、赤軍によるウクライナと白ロシア西部の占領によってもたらされた一三〇〇万人のソヴェト人民の社会主義共同体への統合、イギリス帝国主義による帝国主義戦争をソ連邦に対する戦争に転じさせようとする操作、イギリスによる戦争を全ヨーロッパと他の諸大陸に拡大させようとする陰謀、米国とメキシコを戦争に引きずり込もうとする企み、「民主主義的」と呼ばれる帝国主義諸国における平和希求者に対する弾圧、中立諸国の人民を脅かす民主的自由の停止、メキシコにおける生活コストの上昇などの戦争の経済的影響、帝国主義企業と外国帝国主義の工作員によって進められている反動的活動の再強化、これらの事実が、帝国主義の新たな再結集をもたらし、侵略の拠点を移動させながら、情況を変化させてきており、革命運動とくに共産党に対して古いスローガンを放棄して、新しい情況に合致した新しいスローガンを作成することを強いている。」(マルケス・フエンテス『メキシコ共産党』)

また、〈議題〉としては、「ソ連邦の防衛とメキシコの民族解放に向けた第二次帝国主義戦争に対する闘争」、「経済的権利の拡大に向けた労働者・農民・人民大衆の闘い」、「PCMの強化と発展」、「規約改正と全国委員会の改組」の四点が掲げられた。内外情勢に関する認識には、独ソ不可侵条約の締結によってソ連邦および国際的な共産主義運動にとってのナチス・ドイツの位置づけが変更されたことは、ドイツへの言及が少ないことに現れてはいるが、アメリカ帝国主義を主要敵とは明記しておらず、その意味では独ソ不可侵条約の締結によって生じた方向転換が充分に反映されていないことは明白である。

同一九三九年一一月末か一二月初め、PCMを指導するために、イタリア系アルゼンチン人のヴィットリオ・コドヴィージャ、ベネズエラ人のリカルド・マルティネス、米国人のジェイムズ・ウィリアム・フォードの三名がコミンテルンより派遣されてメキシコに到着した。彼らは、一二月一四日に開催されたPCM全国委員会総会に出席して、席上、コミンテルン代表の通称「ペレス」が、PRMを人民戦線党とみなすというラボルデの発言についての疑問を呈し、もっと正統的な人民戦線を結成すべきだとする意見を批判し、ロンバルド派との関係を強化すべきことを示唆した。

当時、PCM内には親ロンバルド派の学生運動出身のエンリケ・ラミレス・イ・ラミレスらと、反ロンバルド派のバレンティン・カンパ、ミゲル・アンヘル・ベラスコ、ホルヘ・フェルナンデス・アナヤらがおり、一九三七年六月にコミンテルンの介入によってPCMがロンバルドおよびCTMに全面屈服した後も、PCMにはロンバルド忌避の傾向が一部に見られた。この一九三九年一二月の全国委員会総会において、ラボルデが書記長から、カンパは政治局員から解任され、臨時書記長にディオニシオ・エンシーナスが指名された。

この会合に介入して発言した「ペレス」が誰であったのかに関しては二説ある。『二〇世紀のメキシコ左翼』の著者カーはコドヴィージャであったと、他方『メキシコのトロツキー』の著者ギャルは、イタリア人のヴィットリオ・ヴィダリ（別名カルロス・コントレーラス）であったと、それぞれ推定している。状況証拠から見て、コドヴィージャであった可能性の方が大きい。ヴィダリが一九三九年から翌四〇年にかけてコミンテルンの要員としてメキシコにいたことは事実であるが、トロツキー包囲網の形成などの秘密工作に従事していた可能性が大である。

ギャルが、「ペレス」をヴィダリだとした根拠の一つは、トロツキーが後述の「コミンテルンとGPU」の中で、一九四〇年三月のPCM臨時党大会で、ディミトロフ、マヌイルスキー、クーシネン、テールマン、カルロス・コントレーラスらが「名誉幹部会」に選出されたことを引用している部分で、この「カルロス・コントレーラス」はチリ共産党書記長であったカルロス・コントレーラス・ラバルカであり、カルロス・コントレーラスとの別名をもつヴィダリとは異なる人物であったにもかかわらず、二人を混同したことにあると思われる。ヴィダリは、第2章第2節で前述のとおり、一九二〇年代末にメキシコに滞在した後、スペイン内戦時に勃発当初からコミンテルンによって第五連隊の政治顧問として派遣された。

他方、コドヴィージャは一九三〇年代半ばよりスペイン共産党顧問として、内戦勃発後も人民戦線崩壊時まで継続してスペインに滞在していた。スペインに派遣されていたイタリア共産党のパルミーロ・トリアッティは、一九三七年八月二九日付の報告において共産党の活動の不充分さの責任の一部は「われらの顧問たち」にあると指摘し、とくにコドヴィージャを批判して「中央委員会の業務いっさいを主人よろしく手中にし、「馬車馬」のごとく党を引っぱっている。ステパーノフが責任を持てば、コドヴィージャのやり方も変えられるだろうに」と述べていることからも（カー『コミンテルンとスペイン内戦』）、コドヴィージャがかなり強引な性格の人物であったことがうかがえる。

コドヴィージャは一九三九年一一月末から一二月初めに、ベネズエラ共産党のリカルド・マルティネスらとともにコミンテルンによって政治指導のためにメキシコに派遣されていること、およびメキシコの次の派遣地であったチリへの到着後に、スペイン内戦時にともに活動したペルー共産党書記長のエウドシオ・ラビネスに対して、「われわれはメキシコに行って、党［PCM］の浄化を指揮した。粛清だった。われわれはエルナン・ラボルデ、カンパと、役に立たない核を追放しなければならなかった。そして、信頼するに足りると思うが、私はディオニシオ・エンシーナスを選んだ。ラボルデとカンパは、頭が愚かでロンバルド・トレダーノを批判し続けていた。（中略）この件に関するクレムリンの視点は君も知っているとおり、われわれはこの党よりもロンバルドのグループに関心がある。新しい指導部はロンバルド・トレダーノに対決するようなことはしないだろう」と語ったことがラビネスによって証言されているため（ラビネス『大いなる欺瞞』）、コドヴィージャがＰＣＭの政治的指導にあたっていたことが推測される。ラビネスの証言からは、トロツキー問題以外の粛清の要因として、ロンバルドらとの関係があったことが理解される。

この一九三九年一二月の全国委員会総会において、ＰＣＭの路線を修正するために「粛清委員会」を設立することが決定され、翌一九四〇年一月半ば、「粛清委員会」が活動を開始した。コドヴィージャのほか、新書記長となったエンシーナスをはじめ、ラファエル・カリーリョ、アンドレス・ガルシア・サルガード、アンヘル・オリーボ、ファン・ゴンサレスらが参加した。

一九四〇年二月四日付で、同年三月一二日から一八日に臨時党大会を開催する新たな「呼びかけ」が行なわれた。この二回目の「呼びかけ」と一回目の「呼びかけ」との間には内容的に相違が見られる。その相違の中に、コミンテルンによって軌道修正されたＰＣＭの新路線があったのである。二回目の「呼びかけ」では次のとおりの内外情勢判断が示された。

「米英仏帝国主義が、ソ連邦に対するすべての帝国主義諸国の戦争に転じさせようとしている第二次帝国主義戦争の勃発、すべてのラテンアメリカ諸国を反ソ連邦・反人民の戦争政策に引きずり込もうとする反ソ連邦闘争の先頭に位置する米国内の帝国主義的諸勢力の侵略性、米英帝国主義勢力によって外から支援されたアルマサン派の蜂起の可能性、最後に指導部のセクト的・日和見主義的路線によって戦闘的な大衆の党に転じておらず、反対にセクト的・日和見主義的な歪曲の陰で党指導部内に敵、腐敗、トロツキー・グループが形成されているようなPCMの微妙な情況、これらがPCMの臨時党大会を呼びかける基本的な理由である。」(マルケス・フエンテス、前掲書)

また、〈議題〉として、「内外情勢とPCMの任務」、「トロツキズムおよびその他の人民の敵との闘い」、「組織問題および規約改正」、「全国委員会の選挙」の四点が掲げられた。とくに、「トロツキズムおよびその他の人民の敵との闘い」という項目が加えられたことは注目に値する。

前出の一九三九年一一月の第一回目の「呼びかけ」とこの第二回目の「呼びかけ」の間には、国際情勢の把握の仕方と反トロツキー闘争への力点の置き方に大きな相違が存在したことは明白である。第二回目の「呼びかけ」にトロツキー問題が取り上げられたことは、コミンテルンのPCMに対する主要な批判がこの点にあったことを示唆している。また、第二回目の「呼びかけ」においては、アメリカ帝国主義の動向が最重視されているが、これは一九三九年八月二三日に署名された独ソ不可侵条約や同年九月一日に開始されたポーランド侵攻(ソ連邦軍は一七日より侵攻開始)などの大きな国際情勢の変化を前に、第一回目の「呼びかけ」時点ではPCMの判断がソ連邦およびコミンテルンが示す方向性にまだ合致していなかったことを示すものであった。独ソ不可侵条約の締結によって、この時期にはソ連邦とコミンテルンにとっての「主要敵」がアメリカ帝国主義に向けられたという方向転換の戦略的意味をPCMは理解していなかったとの判断を、コミンテルンが批判すべき点としてもっていたことを示している。

一九四〇年二月二七日、「粛清委員会」の決定により、ラボルデとカンパの二人、さらに数百名が三月に開催される臨時党大会において追放処分に付されることが決定された。このようにして、PCMはコミンテルンを通じたモスクワの指令の下に、トロツキー抹殺計画に関与させられることになる。しかしながら、PCMがトロツキー抹殺計画に関与することは、ラボルデやカンパが懸念したように、カルデナス政権との関係を微妙なものにさせることになる。

こうして、PCM内の粛清を通して、トロツキー抹殺計画が推進されていった。このようなPCMの内紛とトロツキー抹殺計画の関連性を認識していたのはトロツキー自身であった。一九四〇年五月二四日のシケイロスらによる武装襲撃後の八月一七日の日付が付され、『第四インターナショナル』同年一一月号に掲載された「コミンテルンとGPU」と題する文章において、トロツキーは次のように述べている。

「私が、今年はじめ以来、襲撃を非常な確信をもって予想していたのは、一体なぜか？　私は七月二日の法廷で、被告側弁護人のパヴォン・フローレス氏の質問に答えたが、その中で、今年の三月に開かれたメキシコ共産党大会が、「トロツキズム」の根絶をめざす運動方針を宣言したことに、とくに言及しておいた。私の答えをもっとわかりやすくするために、事実をさらに追加して説明しなければならない。

襲撃の実際的準備が開始されたのが今年の一月であったこと、また、計画の予備的な吟味や推敲には一定期間が必要であることから、私は、襲撃「指令」が遅くとも一九三九年の一一月か一二月にはメキシコに届いていたと、確信をもって断言することができる。

『メキシコの声』紙をみればわかるように、党指導部の危機はちょうどこの時期からはじまっている。危機のきっかけは党外からやってきた。そしてそれは、党の頂点から下部へと発展した。誰が書いたのかはわかっていないが、いわゆる「討論資料」と呼ばれている特別の文書が、『メキシコの声』に発表されたのは、一月二八日であった。それは、トロツキズムにたいして「和解的な」態度をとるという罪を犯しているといわれた、旧指導部（ラボルデ、カンパなど）にたいする匿名の告発状であった。一般の世論は、その時は、これらすべての背後に何が隠されているのか、まったく知らなかった。しかし、事情に明るく、興味をもっていた観察者には、トロツキズムにたいする、あるいはそうでなければトロツキー個人にたいする、何か新たな重大な打撃が準備されていたことは、明白であった。

今日では、共産党の転換が、モスクワから発せられた襲撃命令と密接な関連を持っていることは、まったく自明のこととなっている。一体何が起きたのか？　もっともありうるのは、平和共存に慣れ、襲撃から生ずるかもしれぬきわめて不愉快な、政治上ならびに警察上の結果を恐れた共産党の指導者たちの間で、GPUが何らかの抵抗に出くわした、ということであろう。おそらくこのことが原因で、彼らに「トロツキズム」という非難が投げかけられたのであろう。トロツキーへの襲撃に反対する者は、誰であろうと、明らかに「トロツキスト」である、というわけだ。

構成不明の「粛清委員会」が、共産党の指導者であるラボルデ、および彼といっしょに前大会で選出された中央委員会を、解任した。誰が、このような巨大な権力を粛清委員会に与えたのか？　そもそも、委員会はどこからやってきたのか？　自然に発生するはずはない。外部から全権を委託された者が、委員会を指名したのである。この連中には、明らかに、自分の名前を隠さなければならぬあらゆる動機があった。

転換はすでに完成され、あと残されているのは、その転換を承認するだけとなった。二月一八日になってやっと、メキシコ人だけからなる新しい委員会の構成が発表された。だが今回も、誰が彼らを指名したのかということについては、何一つ指摘されなかった。三月二一日に党大会が召集された時には、全問題が決定済みで、代議員には、自分たちをつんぼ桟敷［ママ］において作られ、しかも、大多数の代議員に意図的に知らされていなかった、新指導部への忠誠の誓いをたてることだけが、残されていた。

『メキシコの声』紙（一九四〇年三月一八日付）に載った大会報告からもわかるように、「トロツキズムその他の人民の敵との闘争」についての討論は、ほかの議題の場合のような大会の公開会議ではなく、特別委員会の秘密会議で審議された。この事実だけからでも明らかなように、新指導部は彼の計画を、彼ら自身の党にも隠さざるをえなかったのである。秘密委員会の構成を私は知らない。だが、舞台裏でそれを指揮した者を推測することはできる。」（長田一編訳『トロツキー最後のたたかい』）

一九四〇年三月に生じたPCMの粛清が、それに先立ってPCMに対して行なわれたコミンテルンからの路線修正の指令に由来していたことがメキシコにおいて明らかにされたのは、一九七七年にバレンティン・カンパが回想録『私の証言——ある共産主義者の追憶』を発表してからであった。しかし、トロツキーはその当時から、『メキシコの声』を丹念に読み取ることによって真相の概要を把握していたのである。トロツキーにもわかっていなかったのは、誰がコミンテルンの指令によってPCMに直接圧力をかけたかである。これについては、コドヴィージャであっただろうと推測されているものの、カンパも明確な証言をしなかったので、現在に至るも確証されていない。

しかし、ＰＣＭの粛清と路線変更が、単にトロツキー問題だけを軸に生じたとするのはトロツキーの誤りであり、ＰＣＭは一九三七年以後の路線の中で、トロツキー問題だけでなく、ソ連邦共産党およびコミンテルンの「人民戦線」戦術に関わる方向性に充分に対応した路線をとっていなかったことが批判されたのである。トロツキー問題を含めた従属性の問題であった。

モスクワの介入を受けてＰＣＭが改編され、これによってＰＣＭがトロツキー暗殺に関与させられたこと、アビラ・カマチョを大統領選挙において支持し、その結果、メキシコ政府の右傾化（カマチョ政権は一九四〇〜四六年）に追随したことも一因となって、ＰＣＭは一九四〇年中に党員数を大幅に減少させることになる。党員数は、一九三九年一月の三万名から、一九四〇年末には四五〇〇名に激減した。ＰＣＭは一九八二年に解党されるまで、二度と一九三九年一月当時の党員数を回復することはなかった。

他方、トロツキー暗殺の直後に、彼の死を追悼してメキシコ・シティの街頭に三〇万人近くの人々が繰り出したことを考えれば、メキシコにおいてトロツキーの思想は大きな影響力をもつことはできなかったものの、革命家としてトロツキーを裏切り者であったと信じた人々は、ＰＣＭやロンバルドなどの少数の者を除けば少なかったに違いない。メキシコ人たちが、革命に生命を捧げた殉教者として、純粋に人間としてトロツキーの死を追悼したことは疑いない。逆に、トロツキー暗殺に関与したエンシーナス書記長の下でのＰＣＭは、ラボルデやカンパの出身母体である鉄道労働者を中心として、労働者の信頼を失っていった。

第6章

要塞——ビエナ通りの家

兎の世話をするトロツキー（1939年）

1 アンドレ・ブルトンのメキシコ訪問

一九三八年一月、シュルレアリストのアンドレ・ブルトンが、国際シュルレアリスム展の成功後、ヨーロッパにおける詩および絵画の現状をメキシコで講義する目的で文化使節として派遣されることになった。トロツキーは同年三月にブルトンのメキシコ訪問予定を知った。それまでにブルトンの作品についてほとんど知らなかったトロツキーは、『シュルレアリスム』など数点の作品を米国より取り寄せて読んでおいた。

このあたりの事情について秘書エジュノールは回想録の中で次のように書いている。

「ちょうどその頃、アンドレ・ブルトンが外務省の肝煎りでメキシコへ講演旅行に来ることを私たちは知った。トロツキーはブルトンの本を入手するよう私に命じた。まだブルトンの本を一冊も読んだことがなかったのである。時間の余裕がないので、パリからではなく、ニューヨークから取り寄せたほうが早いだろう。四月九日、私はハロルド・アイザックスに手紙を出し、ニューヨークで集められる限りのブルトンの本を送ってくれるように頼んだ。四月末、『シュルレアリスム宣言』『ナジャ』『通底器』その他一、二冊の本が届いた。」(エジュノール『トロツキーとの七年間』)

同年四月末にブルトンは妻のジャクリーヌとともにメキシコに着いたが、ジャクリーヌはそのときの様子を次のように回想している。

「船から下りると大使館の一人の書記官がわれわれを迎えました。おきまりの挨拶が交わされただけで、それ以上なにもありませんでした。このとき、私たちはせいぜい一週間もたてば底をついてしまうほどのお金しかもっていませんでした。アンドレは帰りの切符をポケットに入れていましたから、すぐに次の便でフランスに引き返そうと決めて、それをこの書記官に伝えようとした時のことです。リベーラがあらわれました。彼は、翌々日にレフ・ダヴィドヴィチが私たちを招待している旨を伝えて、私たちをサン・アンヘルにある彼の家に泊まるよう勧めてくれました。結局三、四カ月の滞在期間中、私たちはずっとここにお世話になりました。」（工藤孝史「アンドレ・ブルトンとレオン・トロツキー」）

在メキシコのフランス大使館はブルトン夫妻を迎えに書記官を派遣したものの、宿舎は用意していなかったのである。そのため、ディエゴ・リベーラの好意によって、ブルトン夫妻はコヨアカンに近いサン・アンヘルのリベーラの家に身を寄せた。そして、メキシコ滞在中に、ロンドレス通りにあるトロツキーの家を何回も訪れ、また数回にわたる国内旅行を通して、トロツキーと親交を温めることになった。ジャクリーヌが、リベーラが初対面のときに、翌々日にトロツキー邸訪問が予定されていると言ったと回想しているのは、記憶違いである。

ブルトンが初めてトロツキー邸を訪問したのは五月初めであった。ブルトン夫妻の「青い家」訪問を準備したのはエジュノールであった。エジュノールは「一九三六年秋のパリで調査委員会の仕事をしていたとき」、ブルトンと何度も喫茶店で会ったことがあり、顔見知りであった。

「ブルトンとジャクリーヌがメキシコに到着した直後、それは四月後半のことだったが、私は夫妻に会いに行った。私たちは伝統的なメキシコ料理のレストランで昼食をとった。ブルトンはメキシコに来て心楽しく、見るもの聞くものに感嘆しているようだった。私にたいしては、たいそう誠意ある応対をしてくれた。一九三八年四月二九日、私はピエール・ナヴィルにこんな手紙を書いた。「ブルトンは数日前から当地に来ています。この国そのものや、ディエゴの絵や、この国の美しいもののすべてに感嘆している模様。そのかわり、連日のように宴会やら公式のレセプションやらで、大勢の人間に悩まされています……」。数日後、すなわち五月上旬に、私は車でメキシコ・シティへブルトンとジャクリーヌを迎えに行き、コヨアカンに連れて来た。」（エジュノール、前掲書）

そのときの様子をジャクリーヌは次のように述べている。

「会談は午後一時きっかりに定められていましたが、確か四時頃になったと思います。アンドレは大変興奮していました。その興奮は「青い家」を守っている二つの扉を通り抜け、猿や、偶像や、珍しい鳥や花の生息する、あの伝説的な熱帯の庭を通り過ぎてゆくほどに、高まってゆくようでした。そして、私たちを迎えにやってくる、にこやかな二つの細いシルエットが見えました。（中略）私たちはレフ・ダヴィドヴィチの仕事部屋に通されました。最初の会話は、双方ともに、まだこれといった話題に限られたものではありませんでした。レフ・ダヴィドヴィチは資本主義のシステムがアウトサイダーの作家たちを扱うやり方と、われわれの到着とを関連づけて、冗談を言いました。彼の個人秘書のヴァン・エジュノールが二人のアメリカ人の同志と連れ立って入ってきました。レフ・ダヴィドヴィチの、暖かさが感じられると同時に的を得た気楽な冗談を交えた紹介――それが彼の本題への入り方だったようです――がありました。」（工藤、同前）

ブルトンとトロツキーの初回の会見において、反モスクワ裁判のデューイ委員会のこと、アンドレ・

ジード、アンドレ・マルローらフランスの作家のことなどが話題になったが、エジュノールによれば、「いろいろ情報が取りかわされたが、話は大きなテーマには発展しなかった」。

二回目の訪問が行なわれたのは五月二〇日であった。エジュノールは書いている。

「私たち（ブルトン、ジャクリーヌ、ナターリャ、それに私）がトロツキーの書斎に腰を落ち着けると、途端にトロツキーはかなりせっかちな感じで、あらかじめ準備していたかのように、熱烈にゾラを擁護し始めた。トロツキーはシュルレアリズムを、ゾラ流の狭い特殊な意味における「レアリズム」への反作用と見たのだろう。トロツキーは言った。「私はゾラを読むと、自分が知らなかったさまざまの新しい事柄を発見し、より大きな現実を洞察することができる。つまり幻想的なものとはすなわち未知なるもののことなのです」。ブルトンはいささか驚いて固くなり、椅子の背にぴったりと背中を押しつけた、いい姿勢で言った。「そう、その通りです、異議ありません、ゾラにはポエジーがあります」。トロツキーは続けて言った。「あなたはフロイトを援用なさるけれども、それはちょっと逆ではないだろうか。フロイトは意識のなかに潜在意識を浮かびあがらせる。あなたは無意識によって意識の息の根を止めたいのではありませんか」。ブルトンは「いや、そんなことはありません」と答え、それから不可避的な質問を発した。「フロイトはマルクスと両立するものでしょうか」。トロツキーは答えた。「さあ、それは……そのあたりの問題はマルクスも考究しなかった。フロイトにとって社会とは一つの絶対だけれども、『幻想の未来』では少しばかり様子が違って、社会とは抽象化された強制の一形式ということになっています。その社会を徹底的に分析する必要がある」。ナターリャがお茶をいれ、会話の緊張が少し緩んだ。話題は芸術と政治の関係ということに転じた。トロツキーは、スターリン主義的な組織に対抗するために、革命的な芸術家や作家の国際的組織の創設を提唱した。」(エジュノール、前掲書)

この五月二〇日の会話の中で、トロツキーが提案した「革命的な芸術家と作家の国際的組織」が、後述する「独立革命芸術国際連盟(FIARI)」である。エジュノールによれば、「ブルトンのメキシコ訪問を知ったときからトロツキーが考えていた計画だった」。そして、「宣言文の話になり、ブルトンはその草稿を書くことを引き受けると明言した」。このことから、のちにトロツキーとリベーラの間に誤解が生じることになる。

ブルトン夫妻はメキシコ滞在中に、トロツキーらとたびたび小旅行を行なったが、その様子について、ジャクリーヌは次のように述べている。

「人が考えているより、もう少し自由だったようです。短い滞在中に、アンドレと私がコロンブス発見以前の雄大な風景を見たがっていたので、リベーラの同意を得た上で、みんなで出かけることになりました。もっと自由に議論もできるし、心身の自由が議論にいい影響を与えるというので、何度か旅行が試みられました。六名に、仕事に不可欠の同志と、レフ・ダヴィドヴィチを警護する人が加わりました。総勢で一〇人から一二人が、二、三台の車に分乗して出かけました。私たちが逗留した先は、トルーカ、モレリア、クエルナバカといった街、ソチカルコ、テナユカ、カリストラウァカ、ティオティワカンのピラミッド、ポポカテペトル火山、タラスコのパックァロなどです。」(工藤、同前)

トロツキーらは六月にグァダラハラに旅行したが、そのとき、トロツキーがブルトンに不快感をしめしたようである。エジュノールは次のように書いている。

「グァダラハラへ旅行したのは六月のことである。ディエゴ・リベーラはその町で［作品を］制作中であり、私たちは旅行かたがたディエゴと合流する予定だった。二台の車に分乗して、私たちはグァダラハラへ向け出発した。前の車を運転していたのは、私の記憶に誤りがなければジョウ・ハンセン［秘書のジョセフ・ハンセン］で、その車の後部座席にトロツキーとナターリャが乗り、助手席にブルトンが乗った。みちみち話をしながら行こうということで、これはトロツキーが頼んでこうしたのである。私は二台目の車にジャクリーヌと一緒に乗った。確かフリーダも一緒だったと思う。運転していたのはアメリカ人、あるいはメキシコ人の運転手だった。グァダラハラまでは当時は八時間かかったが、二時間ほど進んだ所で前の車が停止した。三、四〇メートル後方で私たちの車もとまり、何が起こったのか調べようと、私は前の車にむかって歩きだす。ジョウが向こうから歩いてきて、私に言う。「おやじさんがきみを呼んでるよ」。ブルトンも前の車から下り、後ろの車にむかって歩いてくる。私たちはすれ違う。ブルトンは何も言わず、わけが分からないよ、驚いたよというしぐさをする。私は前の車に乗りこみ、車は動きだす。トロツキーは後部座席に、ぴんと背筋をのばし、無言で座っていた。今しがた一体何があったのか、一切説明しようとはしなかった。（中略）結局トロツキーはグァダラハラではブルトンと顔を合わせず、私たちは帰途に着いた。グァダラハラへ来るときトロツキーを怒らせたのは、やはりブルトンが宣言文の起草をずるずると遅らせていたことだったようである。しかしトロツキーは決裂を望まず、自制を取り戻した。全員がグァダラハラから帰ったのち、関係は少しずつ修復された。その後ブルトンは車の中での出来事

については決して私に語らず、私のほうも訊かなかった。」(エジュノール、前掲書)

小旅行の中で、トロツキーが未来の共産主義社会をあまりに理想化しすぎて、ブルトンをあきれさせることもあったようである。エジュノールは書いている。

「七月の初め、ミチョアカン州のパックァロへ数日滞在の予定で出かけることになった。ブルトンとジャクリーヌと私は先に出発した。(中略)私たちが選んだホテルはその昔の大きな邸宅で、客室は十ほどしかなく、庭には花々が咲き乱れていた。二日後に、トロツキーとナターリャが、二人のアメリカ人と一緒に到着した。アメリカ人の一人はジョウ・ハンセンだったと思う。ディエゴ・リベーラとフリーダもやって来た。一同は計画を練った。昼間は見物にあて、夜は芸術と政治について語り合おう。その会話の記録を「パックァロの会談」と題し、ブルトン、リベーラ、トロツキーの三人を著者として出版しようという話まで出た。第一夜はほとんどトロツキーの独演だった。彼の主張は、未来の共産主義社会においては芸術は生活のなかに溶けこむだろうというものだった。もはや踊りとか、男女の踊り手とかは存在せず、すべての人間が調和のとれたやり方で体を動かすだろう。もはや絵は存在せず、すべての住居は美しく飾られるだろう。この主張をめぐる討論は次の晩ということで、トロツキーは普段通り早い時刻に自分の部屋へ引き上げた。私は庭に残ってブルトンとお喋りをした。「どんな時代になっても、小さな四角い画布に絵を描きたがる人間はいると思う。きみはそう思いませんか」とブルトンは私に言った。第二夜は成立しなかった。ブルトンが病気になったのである。」(エジュノール、前掲書)

パックァロからの帰還後、宣言文の問題は解決に向かった。

「宣言文の件はようやく袋小路から脱した。私の記憶に誤りがないとすれば、最初に一歩を踏み出したのはブルトンの方だったと思う。彼は独特の細かい字をつらねた手書き原稿数枚をトロツキーに渡した。トロツキーはロシア語で数枚の原稿を口述し、私はそれをフランス語に訳して、ブルトンに見せた。それから新たな話し合いがあり、トロツキーは両者の原稿を一緒にして、それらを切り抜き、あちこちに若干のことばを付け足してから、全部を貼り合わせ、ちょっとした巻物のようなものを作った。その最終的なテクストを渡された私は、トロツキーのロシア語の部分を翻訳し、ブルトンの文章をそのまま活かして、全体をフランス語のタイプで打った。このタイプ原稿を両者が了承したというわけである。（中略）トロツキーは全テクストの半分弱を、ブルトンは半分強を書いたのだった。芸術家たちを対象としているため、宣言文はブルトンとリベーラの署名によって公表された。リベーラはこの文章の執筆にはまったく関与しなかったのだが。（中略）トロツキーとブルトンの最後の会見はブルトンのフランス帰国の直前に行なわれ、たいそう暖かい、友情に満ちた会見だった。今にも戦争が始まりそうな情勢で、ブルトンはフランスに帰れば召集されるかもしれなかった。一九三八年七月末のことである。コヨアカンの青い家の、日ざしの強い中庭で、サボテンや、オレンジの木や、ブーゲンビリアや、たくさんの土偶に取り囲まれて、別れの挨拶が取り交わされ、そのときトロツキーは書斎へ行って、共同で書いた宣言文の生原稿を持って来ると、それをブルトンに渡した。ブルトンはたいそう感激した。」（エジュノール、前掲書）

ブルトンとトロツキーによって起草され、一九三八年七月二五日付でブルトンとリベーラの署名のもとに完成された「独立革命芸術のために」と題する宣言は、一六のパラグラフから成っている。第一パラグラフはブルトンが執筆したとされており、全般的な世界的な文明を、とくに芸術と科学を取り巻く現状について述べている。

「文明が今日ほど深刻な脅威を受けたことはこれまでなかったと言っても過言ではない。ヴァンダル人は野蛮ではあるが、大して威力のない武器をとってヨーロッパの限られた一隅で古代文化を破壊した。歴史的運命をともにする世界文明は近代科学技術で武装した反動勢力の打撃を受けてよろめいている。われわれは決して近づきつつある世界戦争だけを考えているわけではない。「平和」な時代でさえ芸術と科学が置かれている情況はまったく耐え難いものになっている。」

第二パラグラフもブルトンの執筆によると見られ、問題提起の部分であり、「創造活動」にかかわる知的条件のみならず、「創造を支配している特殊な法則を尊重」すべきであると主張している。

「哲学的、社会学的、科学的あるいは芸術的などんな発見も、それが個人から出発し、主観的な才能を活用させ、文化を客観的に豊かにするものを創造する限り、貴重な偶然の成果、すなわち必然性の多少とも自発的発現として現れる。一般的な知識（それは世界を解釈する）の観点からしても、あるいは革命的な知識（それは世界を変革するために、世界の運動を支配する法則の正確な分析を必要とする）の観点からしても、そのような創造は無視することはできない。とくにわれわれは創造的な活動だけが行なわれている知的な条件に無関心ではいられず、また知的な創造を支配している特殊な法則を尊重しなければならない。」

第三パラグラフもブルトンが執筆したとされ、ソ連邦やナチス支配下のドイツにおいて生じている「芸術の堕落」、「芸術的人格の堕落」に関する判断が示されている。

「現代の世界で、知的な創造が可能なこれらの条件があまねく蹂躙されているのを認めざるをえない。その結果、必然的に芸術作品のみならず、とくに芸術的個性がますます堕落していくのが明らかになった。ヒットラー政権はドイツから、自由にほんの少しの共感でも示す芸術家をすべて追い出し、いまやペンや画筆をとることに同意する者を権力の召使い同様の地位におとしめ、最も悪質な申し合わせによって彼らに権力の賛美を強いている。報道が信ずべきものなら、ソヴェト連邦においても事情は同じであり、そこではテルミドール反動がその極に達している。（後略）」

アンドレ・ブルトン，ディエゴ・リベーラ，トロツキー

第四パラグラフは、トロツキーが執筆したと見られており、「芸術は本質的に革命的である」との基本的立場と同時に、「社会革命のみ」が「新しい文化」への道を拓くことができるとの立場が表明されている。

「同時代の人間の内的要求を表現することを主張する真の芸術は革命的ならざるをえず、社会の完全な、抜本的な再建を望まざるをえない。（中略）われわれは社会革命のみが新しい文化のために道を拓くことができると認める。しかしわれわれが現在、ソヴェトを支配している官僚主義とのすべての連帯を拒否するのは、われわれの眼にはそれが共産主義ではなく、共産主義の最も不実で危険な敵だと見えるからだ。」

第五パラグラフの執筆者は明らかではない。ソ連邦の支配体制が、ソ連邦だけでなく全世界の「精神的価値のあるものに敵対」して、「深い闇」を拡げている現状を告発している。

「ソ連邦は全体主義的政権を通じて、またソ連邦が他国の中で意のままに支配している、いわゆる文化組織を通じて、全世界にあらゆる精神的価値のあるものに敵対する深い闇をおし拡げた。そして、知識人と芸術家に変装した者どもは、その泥と血の暗闇の中にどっぷりとつかり、卑屈を自分の本分と心得、金のために嘘をつくことを習慣とし、罪を言い逃れることを限りない喜びとしている。スターリニズム公認の芸術は歴史上類のないあくどさで、彼らの欲得ずくの職業の見せかけをよくしようとする意図を、鏡のように映し出している。」

第六パラグラフは、第五パラグラフに続いて、スターリン体制が「高潔な感情や人間の尊厳を破壊している」現状を強く批判するとともに、反体制芸術の意義が強調されている。

「芸術の原則のこの恥ずべき否定、奴隷制社会でさえ、これほど極端におし進めたことのない芸術の否定が芸術の世界に惹き起こした嫌悪の感情は、かならずや激しい非難を生み出すことだろう。作家と芸術家の「反対派」がこの政権に疑惑を投げかけ、くつがえすための一つの力となった。いまやこの政権がより良い世界を求めるプロレタリアの権利と同様、すべての高潔な感情や人間の尊厳を破壊しているからだ。」

第七パラグラフでは社会運動と芸術の間の不可避の関係が強調され、続く第八パラグラフでは芸術の自立性が強調されている。

第九パラグラフは、「知的創造を発展させるため」には「個人の自由」が保障される必要性を強調している。

「(前略) もちろん、われわれは革命的政府がブルジョアの反撃に対して、かりにそれが科学や芸術の衣装をまとって現れようと、それから自らを防衛する権利があることを認める。しかし革命的自衛上、やむをえない臨時的措置と、知的創造に命令を与えることを主張することとの間には、大きな隔たりがある。物質的生産力をよりよく発展させるためには、中央集権的な支配力をもった社会主義的制度を樹立しなければならないだろうが、知的創造を発展させるためには、個人に自由を与える無政府主義的制度を最初に制定する必要がある。上からのいかなる権力も、命令も、あるいは少しでも命令のあとをとどめるものがあってもいけない。友好的協力、そして外部からの強制がない時初めて学者も芸術家も彼らの任務を果たすことができ、彼らの作品は史上かつてなかったような偉大なものになるだろう。」

第一〇パラグラフは、「純粋な芸術」を批判し、「芸術の至上の課題は革命の準備に積極的に、意識的に参加することである」と強調している。

「思想の自由を守るに際して、われわれは政治的無関心を正当化する意向はなく、いわゆる純粋な芸術を復活させて、反動的で不順な目的につかえることが決してわれわれの意図ではないことが、これまでのところで明らかになったであろう。われわれの芸術に対する評価は非常に高く、芸術が社会の運命に影響を及ぼすことを否定できない。われわれの時代の芸術の至上の課題は革命の準備に積極的に、意識的に参加することである。しかし芸術家は社会的な内容を主観的に吸収し、体の隅々までその意味をドラマに感じ、自由に彼の内的な世界に芸術的肉体を与えるのでなければ、彼は自由への闘いに役立つことはできない。」

第一一パラグラフは、「資本主義の断末魔の苦しみ」を前に創造の機会を失う危機にある芸術家は、屈服することなく、「人類の目的を裏切らない」よう訴えている。第一二パラグラフは、宣言文の目的は「芸術そのものの自由を守ることである」と強調されている。

「このマニフェストの目的はすべての革命的作家と芸術家が連合する共通の地盤をみつけ、彼らの芸術によって革命に奉仕し、革命の簒奪者から芸術そのものの自由を守ることである。たとえいかに異なった種類の美学的、哲学的そして政治的傾向でも、ここに共通の基盤を見出すことができるとわれわれは信じる。マルクス主義者と無政府主義者はヨシフ・スターリンと彼の手先ガルシア・オリベルに代表される反動的警察精神を容赦なく拒絶するなら、共に手をたずさえて前進することができる。」

第一三パラグラフから第一六パラグラフまでは、FIARIの結成を呼びかけると同時に、地方別および国別の準備組織の創設を呼びかけている。第一二パラグラフからはトロツキーが執筆したものとされている。

「われわれは何千という孤立した思想家や芸術家が今日世界中にちりぢりになって、彼らの声が訓練の行きとどいたうそつきの大きなコーラスの中に呑み込まれていることをよく知っている。何百もの小さな雑誌はそのまわりに若い力を糾合しようとしている。この若い力は新しい道を探し求めているのであって補助金を得ようとしているわけではない。芸術におけるすべての進歩的な傾向はファシズムと同様、スターリン主義からも破滅の手が及んでいる。独立した革命芸術はいまや反動的迫害に対する戦いのために力を合わせなければならない。そのような力の結合こそが独立革命芸術国際連盟（FIARI）の目的であり、われわれはこれを結成することが必要であると信ずる。

われわれはこのマニフェストの中にいかなる思想も提言する意図はない。われわれはこれだけでも新しい方向に第一歩をしるしたと考える。われわれはこのマニフェストの必要性を理解せざるをえないすべての友と擁護者にすぐさま自らの声を上げるよう呼びかける。われわれはFIARIの創立に参加し、その任務と行動の方法を検討しているすべての左翼出版に対してこの同じマニフェストを送る。

予備的な国際的接触が新聞や通信によって確立された時には、まず規模のそれほど大きくない地方的、国家的評議会を組織することができるだろう。最終的な段階は国際会議の召集であり、これは公式にFIARIの設立を告げるものとなろう。

われわれの目的は

「革命のために――芸術の独立を

「芸術の完全な解放のために――革命を」である。」（トロツキー『革命の想像力』）

FIARIの宣言文を性格づける思想的内容は、「芸術は何によっても拘束されてはならない」と要約され、とくにスターリン支配下のソ連邦における「社会主義リアリズム」が、ナチスによる全体主義的支配と並んで、芸術の発展を阻害している点を糾弾することにあったと言える。

シュルレアリストの運動が一九二〇～三〇年代を通じて、離合集散をくり返したことなどを考慮すれば、異なる次元の運動を経てきた二人の人物が体現する思想が交錯したことが、実質的な思想的合流を果たせるのか、あるいは実践的な成果を残すことができるのかとの視点で見ると、閉塞した時代状況を何とか突破しようという志の高さは認められるものの、大きな成果は期待できないものであったろう。

現に、ブルトンは帰国後の同一九三八年九月に約六〇名ほどの知識人や芸術家の参加を取りつけたものの、アンドレ・ジッド、ガストン・バシュラールなどの著名人の参加は得られず、大きな運動には発展できず、「実際のところ、革命芸術国際連盟の世界大会や正式な発足は決して日の目をみることはなかった」のである（ブルーエ『トロツキー3』）。この「独立革命芸術国際連盟（FIARI）」のフランス支部は機関誌『鍵』を発行するが（ただし二号まで）、メキシコにおいても『鍵（クラーベ）』が第一二号まで発行された。主な執筆者は、全体の頁数の三八%を執筆したトロツキーをはじめ、リベーラ、オクタビオ・フェルナンデス、エジュノール、フェルナンデス・グラディソ（ムニス）、ファン・オゴルマン、フランシスコ・サモーラ、その弟のアドルフォ・サモーラ、そしてその友人であり『鍵（クラーベ）』の編集者となったホセ・フェレルらで、全体的には二五名ほどが執筆に協力した。編集長はフェレルが務めたこと、およびその後オゴルマンの空港壁画問題に関連してリベーラが書いた文章の全文が掲載されなかったことにリベーラが強い不満をもち、それが彼とトロツキーの関係疎遠の一因になったことは次節で後述する。

トロツキーは、同年一〇月二二日付でブルトンに送った手紙の中で、とくにアンドレ・マルローを取り上げて、FIARIへの加盟を拒んだ芸術家を批判し、芸術のあらゆる拘束からの解放の重要性を今一度訴えている。この手紙は一九三九年二月発行の『反対派ブレティン』に掲載されたが、内容的にもリベーラが宣言文に署名したとの装いを保っていることから、掲載を前提として書かれたことがわかる。

「親愛なるブルトン

ディエゴ・リベーラとあなたがFIARI――真に革命的で、真に独立的な芸術家の国際連盟――を創設したことを、私は衷心から祝福します。ただ、どうして、真の芸術家たちの、とつけ加えないのでしょうか？　今こそまさにその時なのです！　いまや地上全体が汚れた悪臭を放つ帝国主義のバラックと化しつつあるのです。あの軽薄比類なきダラディエ［当時のフランス首相エドアール・ダラディエのこと］を筆頭とする民主主義の英雄たちはファシズムの英雄たちの物まねに余念がない（ただし、だからといって、民主主義の英雄たちがファシストの強制収容所にぶちこまれないという保証はまったくないのだが）、独裁者というものは鈍感で無知であればあるほど、科学や哲学や芸術の発展に口をさしはさまないではいられなくなるものです。他方、インテリゲンチャの盲目的奴隷状態も、現代社会の腐敗の無視すべからざる徴候です。フランスも例外ではありえません。

アラゴンやエレンブルグなどの卑小な手合いについては語るにおよばないでしょうが、キリストとスターリンの伝記を同一の熱情をこめて作成した殿方（死によってもその罪は消えはしない）なども、ことさら取りあげる必要もないでしょう。また、ロマン・ロランの憐れむべき（恥ずべきといえないが）衰弱ぶりについてもふれないことにします。しかし、マルローのケースはあまりに印象的なので無視するわけにはいかない。私は彼の初期の文学的足どりを多大な関心をもって見守っていました。マルローのなかには当初からすでに、気どりや衒《てら》いの強烈な要素が存在しました。異邦の地におけるヒロイズムについての彼のもったいぶった冷淡な研究は、しばしば焦立ちを引き起こしました。けれども彼の才能を否認するのは不可能でした。抗しがたい力強さでもって彼は人間的感動——英雄的闘争、自己犠牲、極限的苦悩——のまさに頂点を狙いうちました。この革命的ヒロイズムの感覚がマルローの存在のなかに奥深く浸透し、彼の気どりを浄化し、彼をしてこの天下大乱の時代の大詩人になりうるのではないかという期待——私などはそれを熱烈に望んだ——を抱かせるに充分でした。しかし、現実にはどういう事態が生じたのか？　この芸術家はGPUの通信員、慎重に縦・横の釣合いよく薄切りにした官僚主義的ヒロイズムの調達者になってしまったのです（当然のことながらここには主体性がない）。（中略）

芸術における革命思想へ向けての闘いは今一度、芸術的真実——いかなる芸術流派の道筋にも関係なく、ただ自らの内的自己に対する芸術家の不易の信頼の道筋の上にある——へ向けての闘いとともに開始されねばなりません。これなくして芸術はありません。

「嘘をつくなかれ！」——救済の処方はここにきわまるのです。

厳密にいってFIARIは美的、あるいは政治的流派ではなく、またそうなることもありえないでしょう。しかしFIARIは芸術家の生活や創造を取り巻く空気を変質させることはできる。痙攣的反動、文化的衰微、そして野蛮への回帰に特徴づけられる今日にあって、真に独立的な創造はまさにその本質そのものによって革命的でしかありえません。なぜならそういう創造は、耐えがたい社会的重圧からの脱出口の探求にほかならないからです。けれども総体としての芸術、あるいは個々の芸術家というものは、この脱出口の探求にさいしておのれに固有の道を選ぶ——外側からの命令によりかかるのではなく、逆にそのような命令を拒絶し、それを屈従するものはすべて唾棄しながら、――ものです。最良の芸術家サークルの中でこうした態度を鼓舞すること、これこそFIARIの責務なのです。FIARIが歴史にその名を残すことを私は堅く信じています。」（トロツキー、前掲書）

2　ディエゴ・リベーラとの訣別

一九三八年末にトロツキーとディエゴ・リベーラの関係が悪化して、結果的にトロツキーは、メキシコ到着時からリベーラとフリーダ・カーロより提供されて住んでいたロンドレス通りの「青い家」を一九三九年五月五日に出て、同じコヨアカン地区のビエナ通りにある借家に引っ越した。その後、米国の同志たちの資金援助を得て、この家を九五〇〇ドルで購入した。

トロツキーは、追放地のアルマ・アタに住んでいた頃からリベーラを知っていた。一九三三年六月七日付でプリンキポ島からリベーラに宛てて送った手紙の中で、トロツキーは次のように述べていた。

「親愛なるディエゴ・リベーラ同志

心からの挨拶の言葉を送ります。あなたの絵は、複製を通じてですが、知っています。中央アジアのアルマ・アタにいる時、アメリカの出版物の別冊で初めてあなたの作品の写真を見ました。あなたのフレスコ画は、男らしさに満ち、静寂感もあり、軟らかさもあり、内部からの力と形態の平衡した静けさに印象づけられました。（中略）それらの作品の作者が、マルクスとレーニンの旗の下にある革命家であることを想像もしませんでした。最近になり、ディエゴ・リベーラ師と、左翼反対派に近い友人であるディエゴ・リベーラが同一人物であることを知りました。（中略）アメリカを訪問し、あなたの作品の原画を拝見し、個人的にあなたと対話するという希望を今も持っています。あるいは、もしかしたら近い将来に、あなたがヨーロッパを訪問し、イスタンブール経由でプリンキポを訪問するかもしれませんが、そうなれば光栄です。あなたの手を親愛をこめて強く握ります。妻からもよろしくとのことです。あなたのレオン・トロツキーより。」（ギャル『メキシコのトロツキー』）

『メキシコのトロツキー』の著者であるメキシコ人政治学者ギャルは、トロツキーとリベーラの関係悪化の要因として、トロツキーとリベーラの妻であったフリーダ・カーロとのロマンスが介在した可能性をほのめかしながら、トロツキーとリベーラの妻でエジュノールとオクタビオ・フェルナンデスがその可能性を否定したことに言及している。エジュノールとフェルナンデスのいずれもが、リベーラはトロツキーとフリーダの淡いロマンスに気づいていなかったと証言している。もし気づいていたなら、リベーラの激しい性格から考えて、トロツキーとリベーラの関係は一九三七年中頃に悪化していたはずであった。確かに、両者が述べていることは理にかなっている。

一九三七年一月から一九三八年一〇月までの間、トロツキーとリベーラの関係は、個人的レベルでも政治的レベルでも素晴らしいものであった。前節で述べたように、例えば一九三八年六月にはトロツキー夫妻とリベーラは、ブルトン夫妻たちとともにグァダラハラに旅行しており、その際、リベーラは壁画家のホセ・クレメンテ・オロスコを紹介している。一九三八年七月初旬のパックァロへの旅行にも、リベーラとフリーダは同行している。これらの二つの旅行の間にトロツキー、ブルトン、リベーラの三人は、トロツキーの発案で「独立革命芸術家国際連盟（FIARI）」の設立を促進している。この目的のために、三人は「独立革命芸術のために」と題する宣言文を作成し、リベーラとブルトンの二人の名で署名されたが、実際には三人の議論の結果をもとにトロツキーとブルトンが作成したものであることは、前述のとおりである。この宣言文は、トロツキーにとってもリベーラにとっても、二人の関係がもった重要性を象徴していた。

トロツキーとリベーラの間の危機は、第四インターナショナルの創立を決定し、メキシコ問題に関する特別決議を採択した国際大会とともに始まったように思われる。この決議は、第4章第2節で前述したとおり、リベーラはメキシコ支部には属さず、国際的なコントロールの下で働くこととし、ルシアーノ・ガリシアとオクタビオ・フェルナンデスの二人は一年間メキシコ支部の中で責任あるポストを占めないものとすると規定していた。決議の立案者たちは、リベーラに関する部分を作成した際に、トロツキーの意向を正確に解釈していると信じたに違いない。すなわち立案者たちは、トロツキーがリベーラと話し合った後で、リベーラは組織の運営上の責任あるポストを占めるにはふさわしくなかったゆえに、日常的な仕事に対してや分派抗争に対して、それらに煩わされない特権をリベーラに認めるべきであると、トロツキーが提案したと思っていたのである。

しかしながら、この決議の公表とリベーラが国際主義共産主義者同盟（LCI）に属することを禁止するかのような解釈は、リベーラに屈辱感を与えたようである。その一方で、決議はリベーラの個人的な敵であり、彼に対するあらゆる攻撃の源であるガリシアと、リベーラの同盟者であったフェルナンデスとの間に一種の平衡バランスを確立していた。事態は、ガリシアに対してもっと厳しい制裁措置をとることをトロツキーが拒否したことで一気に悪化した。リベーラは、「しかし、あなたがリーダーではないか」と叫んだ（ギャル、前掲書）。

まさにこの時点で、ファン・オゴルマンの空港壁画問題が重なった。一九三八年一一月、リベーラの友人であった壁画家のオゴルマンは、要請によってメキシコ国際空港の壁に、ヒットラー、ムッソリーニとその側近たちのカリカチュア（風刺画）を描いた。これは、石油国有化の数カ月後に起こり、枢軸諸国に石油を輸出する選択肢を政府が持っていた時期であった。フランシスコ・ムヒカ通信・公共事業相は、壁画を破壊する命令を下した。これに対して、リベーラとフリーダに率いられた知識人と芸術家のグループが声明を発して、「当局による文化破壊的行為」であると抗議した。

トロツキーは、リベーラとフリーダの姿勢を批判した。今回問題となっているのは、貧しく従属的な国の経済的安定性に関わる問題であり、ロックフェラー・センターにリベーラが描いた壁画の破壊とは比較できないと説明した。この時点では、枢軸諸国によってメキシコ産石油がボイコットされるというリスクが生じる可能性があったからであった。トロツキーによれば、リベーラは反発して、「政府、とくにムヒカは、ヒットラーやムッソリーニに追従し、ユダヤ排斥を示すためにはどんなことでもする反革命家」であると断言した（ギャル、前掲書）。のちにリベーラは、「反革命」的な上司であるムヒカを擁護したアントニオ・イダルゴとも絶交した。

米国社会主義労働者党（ＳＷＰ）の機関紙『ソーシャリスト・アピール』は、創立大会の決議に関して説明したが、リベーラは何も聞く耳を持たなかった。トロツキーによれば、チャールズ・カーティスは大会の諸決議をもとに妥協を図ったが、リベーラは反発した。

その後、同一九三八年一二月にリベーラは、オゴルマンの壁画問題に関して再び書いた記事を『鍵(クラーベ)』の編集者たちが完全に掲載しなかったときに、彼らはトロツキーによって扇動されていると非難した。こうして、リベーラは第四インターナショナルおよびトロツキーとの決裂に導いたプロセス、さらに多くの諸側面を巻き込んだ決裂のプロセスに踏み込んだ。

リベーラは少しずつ、他の仲間たち、とくにカーティスに反発して、「人民の家」に積極的に参加し始めた。リベーラは、LCIに資金援助したように、「人民の家」に資金援助し始めた。その政治的能力を示そうとして、まだ大統領選挙のキャンペーン開始前であったが、メキシコ革命党(PRM)の保守系候補の支援と、労働者総連盟(CGT)との緊密化を模索した。

トロツキーは決裂を回避するために、あらゆる可能なことを試みた。そして、決裂を避けることができそうな間は、どのような情報も外部に漏れないように気をつかった。例えば、「独立革命芸術家国際連盟(FIARI)」の問題にリベーラが示した怠慢に対しては、リベーラを擁護し、ブルトンに弁解をし、病気、疲労、神経症が原因であると説明した。

しかしながら、同年一二月末にナターリャは、リベーラがエジュノールに口述したブルトン宛ての手紙を見つけた。その中でリベーラは激しくトロツキーを批判しており、それによって爆発は不可避であることが明らかになった。

このあたりの事情に関して、エジュノールは回想録の中で次のように述べている。

「政治的要因と個人的要因とをないまぜにして、一つの不安がはっきりしたかたちをとり始めたのは一九三八年一〇月、つまりブルトンがフランスに帰ってから二、三カ月後のことだった。私がすでに述べたいくつかの事情に、ここでさらに隠れた原因の一つと思われるものを付け足すとすれば、それはリベーラが一行も書かなかった宣言文《マニフェスト》にリベーラの署名が用いられた例の事実である。もちろんこの件についてリベーラは許可を求められ、正式に快諾したのだった。しかし人の心の中というものは測りがたい。これは単なる推測にすぎず、この推測を裏付けるようなエピソードを紹介することはできないのだが。もう一つ付け加えねばならないのは、一〇月中頃フリーダがフランスへ行ったことである。それはブルトンとジャクリーヌの招待で、フリーダは数カ月間フランスに滞在する予定だった。リベーラがいくぶんか精神的不安定に陥っただろうことは容易に想像がつく。

その何週間か、リベーラは両極端のあいだを揺れた。ある日はメキシコのトロツキスト・グループの書記になりたいと言い出す。どんな団体の書記であろうと、およそ書記というものには向いていないリベーラなのに。かと思うと次の日には、トロツキスト・グループのみならず、第四インターナショナルからさえ脱退し、絵に専念するつもりだと言い出す始末である。一二月の中頃、トロツキーはサン・アンヘルの［リベーラの］家を訪ねた。会談の結果、リベーラはもう脱退などと言い出さないことを約束し、二人は一応なごやかに話を終えた。

一二月の終わり頃、火薬に点火する役割を果たしたのは、ブルトン宛てのリベーラの手紙だった。リベーラはフランス語の手紙を書く必要が生じたとき、私の助けを借りるのを常としていた。彼の口述を私が書きとり、タイプで打つ。一九三八年一二月末のその日も、彼がブルトン宛ての手紙を書くというので、私はサン・アンヘルの家へ行った。リベーラは口述を始めた。間もなくトロツキーの「流儀」を非難することばが現れた。私は書く手をとめた。「続けて、続けて、心配はいらない、この手紙は私からL・D［トロツキー］に見せます」とリベーラは言った。私は決断を迫られたかたちになった。他の人が相手なら、私はここでただちに帰ってしまうところだろう。だが、トロツキーとリベーラの関係は特別だった。リベーラはコヨアカンの家へ予告なしにいつ何時でも訪れることのできる唯一の人物であり、トロツキーはいつでも彼をあたたかく迎えた。他の訪問客の場合はいつも第三者が同席する決まりで、その第三者とはたいていの場合、私だった。しかしリベーラが来たときは、トロツキーと私とのこの絶え間ない接触はゆるめることができ、私はいつも自発的に二人の話し合いの席から引きさがるようにしていた。（中略）リベーラとトロツキーの関係は、そのような警備システムから逸脱した、いわば特別の聖域だったのである。そんなわけで私はリベーラのことばを信じ、彼が私の仲介なしで直接トロツキーに釈明するに任せようと思った。リベーラは口述を終えた。私が帰る前に、彼はもう一度、この手紙は自分でトロツキーに見せるとくり返し、「じっくり話せば分かってもらえるさ」と言い足した。私はコヨアカンに帰り、手紙をタイプで打ち、仕上がった手紙を机の隅に置いておいた。トロツキーの午睡の時間というと、ナターリャはよく私の部屋にやって来て、私がいるいないに関係なく、トロツキーが口述し私がタイプした手紙や文書に目を通すことがあった。この日も彼女はブルトン宛てのリベーラの手紙を見つけ、それを読み、トロツキーに見せた。こうして爆発が起こったのである。

トロツキーの「流儀」にたいするリベーラの苦情というのは、その直前の二つの小さな事実に関するものだった。ブルトン＝リベーラの宣言文《マニフェスト》の公表後、メキシコでも独立革命芸術家国際連盟（FIARI）の微細な核が形成され、『鍵（クラーベ）』という雑誌が発行された。この雑誌の編集会議の席で、ホセ・フェレルという若いメキシコ人が編集長に任命された。この会議に出席していたリベーラは何の異議もとなえなかった。ところがブルトン宛ての手紙で、リベーラはこの任命の一件をトロツキーの《友好的で優しい》クーデターと呼んでいた。もう一点は、この雑誌に載せたリベーラの論文が、印刷所での時間ぎりぎりの決断のせいで、トロツキーの関知せぬまま、編集部への手紙として扱われたことである。これはトロツキーの責任であると、リベーラはブルトン宛ての手紙で述べていた。

この二点を訂正するために、トロツキーは私を介して、ブルトン宛ての手紙の書き直しをリベーラに要求した。リベーラは承諾し、もう一度手紙の口述を行なう日時を私に伝えてきた。その約束の時の直前になって、彼は約束を取り消した。そしてさらに別の日時を指定したが、それもまた取り消された。リベーラが感情面で乱れに乱れていたことは明らかである。ブルトン宛ての手紙の中の《友好的で優しい》という言葉は、リベーラがまだトロツキーに牽かれていたことを示している。

ブルトン宛ての手紙の書き直しをリベーラが拒んだことから、不和はにわかに嵩じた。二人は友好から敵意までの相つぐ諸段階を一気に駆け抜けた。トロツキーとリベーラはお互いにもう決して会おうとはしなかった。第四インターナショナル汎米ビューローのメキシコ駐在員だったチャールズ・カーティスと、私とが、仲立ちをつとめた。一月一二日に、当時パリにいたフリーダへトロツキーは手紙を出し、この仲違いを彼の立場から説明した。フリーダはもちろんリベーラの側にとどまった。」(エジュノール、前掲書)

リベーラがブルトンに送ろうとしたこの手紙の中で、リベーラは再び、彼の記事を完全に『鍵(クラーベ）』に掲載しなかったことでトロツキーを非難し、この拒否は芸術に対する思想表現の自由への抑圧であると解釈した。そして、トロツキーの態度を「弱い」とみなし、「ホセ・フェレルを大きな責任のあるポストに配置したとき、FIARIの問題に大きな打撃を与えた」とトロツキーを非難した（ギャル、前掲書）。

他方、トロツキーはリベーラの態度を次のように理解した。

「その全般的な様相において、恐るべき反動の圧力の下で、マルクス主義を放棄した現代の多くの知識人に生じ、また今も生じている危機と同一の危機である、イデオロギー的危機である。」（ギャル、前掲書）

すなわち、トロツキーはリベーラの第四インターナショナルからの離脱を、イデオロギー的な危機の結果だと評したのである。

トロツキーは、一九三九年一月の内部文書において、リベーラが第四インターナショナルの規律を破り続ける場合には、彼との決裂は公表されなければならないと主張していた。このときから、途方もなく混乱した時期が始まった。カーティスの手紙やエジュノールの回想録が、その問題の本質を誤りなくたどることを可能にしたとはいうものの、この混乱を時間順に再編するのは容易なことではない。

一月七日、リベーラは、二通の辞任状の一通を『鍵（クラーベ）』編集局宛てに、もう一通を第四インターナショナル国際書記局に送った。第四インターナショナルに送った手紙の中で、リベーラは次のように書いた。

「最近の大会の決定に基づいて、自分は汎米ビューローのコントロールの下におかれた。今まで託された仕事の中身は明らかにされなかった。それゆえに、私は完全な不活動状態になった。一つの組織に属することが革命的に誠実であるとは考えない。とくに、指導者の核がその有益な仕事を成し遂げることなしに、他方で同様の状況は、組織の内部の仕事に害を与えるような誤解を生じさせうる（もうすでに起きてしまったが）。これらの誤解はたやすくわれわれの敵によって利用されうるものである。

第四インターナショナルのためには、組織から私が脱退することが唯一の解決策であり、私の存在が起こすかもしれないいかなる責任からも組織は自由である。私は、組織の外で、第四インターナショナルのシンパであり続ける。」（ギャル、前掲書）

一月一〇日、トロツキーと議論した後に汎米ビューロー宛てに書いた手紙の中で、カーティスは、リベーラの脱退を受け入れるべきではないと提案した。

「われわれの運動にとって、リベーラが有している国際的な重要性ははかり知れない。彼の姿勢に忍耐をもつことが必要である。組織の中で彼と話し合うことを試みることが望ましく、また同時に必要である。組織の外では、組織ぬきでは、多分われわれから遠く離れていってしまうであろう。リベーラと近くで協力しあうこと以上に、この可能性のある方向から彼を救うことはできない。その試みは、彼の脱退を受け入れないということである。失うものは何もない、得るものが多いだろう。」（ギャル、前掲書）

トロツキーは、カーティスの提案に呼応して、ただちに『鍵（クラーベ）』の編集委員会宛てと、汎米ビューロー宛てに二通の手紙を送った。そのいずれにおいても、リベーラの脱退を受け入れない理由を説明した。過去数年間においてリベーラが行なってきたことは、彼自身が言うような「不活動」なものではなく、「偉大でかつ有益な活動」であったし、もしそれにリベーラが満足していないのであれば、脱退を撤回して満足のゆくような活動を行なってはどうかとリベーラにすすめた。と同時に、フリーダに仲裁を依頼した。しかし、フリーダは仲裁を試みようとはせず、つねにリベーラの側についた。これがエジュノールが言っているところの、「フリーダはもちろんリベーラの側にとどまった」という意味であろう。

一月一七日、汎米ビューローはリベーラに脱退表明を撤回することを求め、リベーラの脱退が「敵」に利用されるおそれがあることを強調した。

他方、リベーラはトロツキーからの呼びかけに対して、二カ月あまりも返事をしなかった。のちにリベーラは、エジュノールとの話し合いの中で、脱退を撤回しなかった唯一の理由を説明したが、その理由とはトロツキーが「青い家」に住み続けることを妨げたくなかったためというものであった。しかし、その間もリベーラは、トロツキーが彼に対する陰謀を仕掛けていると非難し続けている。また、その頃に行なったカーティスとの話し合いにおいては、リベーラはいくつかの個人的な意見の相違以外にトロツキーに対して含むところはないと説明し、芸術に専念したいので一人にしてほしいと頼んでいる。この頃のリベーラの言動には一貫性がないことが多い。

現にリベーラは、トロツキーたちとは異なった政治的方向に進もうとしていた。一九三九年一月、すなわちカーティスやトロツキーがリベーラを引きとめようとしていた時期に、リベーラはすでに行動を開始していた。リベーラは「人民の家」のメンバーたちとともに労働者・農民革命党（ＰＲＯＣ）を結成し、その綱領を基盤に、一九四〇年の大統領選挙に立候補することを宣言した。しかしながら、ムヒカが立候補を表明するやいなや、オゴルマンの空港壁画問題ではきわめてはげしくムヒカを批判していたにもかかわらず、ムヒカ支援の委員会に参加した。それだけでなく、『鍵（クラーベ）』に集う人々が大統領選挙に際して、トロツキーの亡命を危険にさらさないことを優先していると批判した。

そして三月二〇日、リベーラは汎米ビューロー宛てに、トロツキーとの決裂を通報し、LCIの姿勢を「日和見主義」と非難する手紙を送った。その中で、大統領選挙に独自候補として参加するためにPROCを結成したのは、自分の意思ではなく、「人民の家」の労働者の意思であると弁解した。リベーラは、自分がこの問題に関わったのは、自分が「人民の家」のメンバーであり、PROCの中央委員会の政治担当書記に選ばれたためであると説明した。そして、自分の姿勢を理解するためには、LCIが〈大統領選挙への立候補が予想されるすべての者はブルジョアジーの代表であるために選挙には参加しない〉と表明していることは誤りである点を理解する必要があると述べ、「自分が選挙問題に介入するのは、特定の候補者を支援するためではなく、労働者の利益に基づいた綱領を受け入れる候補者を支持して、労働者の利益を防衛するためである。LCIの立場はどうなのか？　棄権しろとでも言うのか？棄権は、右翼反動と改良主義者を利するだけである。そして、労働者を裏切ることになる。すべての候補を同じに扱うのは誤りである」として、それぞれの候補者を右派、中道、中道左派、左派に分類した上で、ムヒカが唯一の左派の代表であると論じた。加えて、ムヒカこそがメキシコ政府によるトロツキー亡命受け入れに際して尽力した人物であることを強調した。

さらにリベーラは、「下位のブルジョアジーはその無力のために二年以内に権力を掌握することはないだろう。またプロレタリアートもその未熟さゆえに不可能だろう。他方、小《プチ》ブルジョアジーは自分で権力を行使する能力をもっていなかったし、これからもないだろう。それでは、二年以内に軍・警察に依存した階層のボナパルティスト的な性格を変化させることは不可能であろう。右翼や中道を利するような棄権はすべきではない。ロンバルドやラボルデのように、中道と合体するのか？　いずれの場合も日和見主義的である」と論じた上で、「労働者と農民は、自立的な労働運動の発展を保障するような可能性を保持しながら、彼らが与える支持にその政治的存在が依存するような者を権力につかせるために必要な力を行使すべきである」と主張した（ギャル、前掲書）。要するに、トロツキーの庇護を優先するために棄権を呼びかけているように誤解されるＬＣＩの姿勢は「日和見主義的」であると批判したのである。

三月二七日、トロツキーは汎米ビューローに送った手紙の中で、リベーラを公に批判すべきことを主張して、次のように書いた。

「問題の政治的側面に関して、私の意見では、最後の時期におけるリベーラの政治的活動に関して、明確な声明をただちに公にしなければならない。彼が作成した文書は、マルクス主義と、第四インターナショナルの諸決議と完全に矛盾していたこと、およびもし脱退しなかったとしても、彼の活動は第四インターナショナルの外に置かれることになっただろうことを明らかにすべきである。労働運動は、個人的体験のための自由な場ではない。」（ギャル、前掲書）

これによって、決裂は決定的となった。もはや繕う余地は存在しなかった。リベーラは、同一九三九年四月一五日付で『ニューヨーク・タイムズ』に掲載されたインタビューの中で、丁重にトロツキーに対する敬意を表明すると同時に、決裂を公に認める発言を行なった。

「トロツキーと私との間に起きたことは喧嘩ではない。あまりに遠く隔たってしまって償いがたいものとなってしまった残念な誤解である。その誤解が、最大の敬意と最大の尊敬をつねにもっていたし、今ももち続けている人物との関係を断絶することを余儀なくさせた。（中略）トロツキーの偉大な存在と、私の弱々しく無意味な存在から考えれば、私が脱退することが最良の策である。」

（ギャル、前掲書）

そして、トロツキーに「青い家」に住み続けてもらうことを望んでいたが、数カ月前からトロツキーがリベーラに対して家屋の賃貸料を請求するようにと求めてくるようになり、感情を傷つけられたと表明した。しかし最後に、「トロツキーは、全世界の労働者の解放のための準備という困難な努力を、休みなく続けている」と敬意を表しつつ、両者の決裂は不可逆なものとなったことを示した。

リベーラは最終的な決裂の前に、トロツキーともLCIとも話し合うことを受け入れなかった。それだけではない。七月一日にムヒカが立候補を撤回するや、再び方向転換して、右派勢力が結集するファン・アンドリュー・アルマサンの支持に回ったのである。先述の、リベーラが汎米ビューローに対して行なった説明はそれなりに論理的ではあった。しかし、そこで表明した姿勢とアルマサン支持は矛盾する。この頃のリベーラの言動には論理的一貫性が明らかに欠如していた。そして、トロツキーはそのようなリベーラの非論理的な行動に振り回されたのである。

決裂が公表されると、PCMとロンバルド・トレダーノは喜んだ。決裂に続いた一九三九年の夏の間、PCMとロンバルドは、大統領選挙へのムヒカの立候補を攻撃する材料としてこの問題を利用した。

同年一月、ムヒカとアビラ・カマチョは、それぞれ大臣職を辞任して、大統領選挙に向けたメキシコ革命党（PRM）党内予備選挙に立候補していた。しかし、カルデナス大統領のカマチョへの支持を六月一五日に国内各紙が報じたため、ムヒカは七月一日に立候補を辞退した。そして、それ以前から、PCMとロンバルド（およびCTM）はカマチョ支持を表明していた。

ロンバルドは、一九三九年二月に開催されたCTM全国協議会においてカマチョ支持を表明し、同月二二日にCTMが正式にカマチョ支持を表明した。また、PCMは五月一日付機関紙『エル・マチェテ』に掲載されたインタビューにおいて、書記長のエルナン・ラボルデがカマチョ支持を表明した。ラボルデは、そのインタビューの中で、「トロツキズムは、大統領継承の闘いに参加して、そのマヌーバー［作戦、策略］を勧めている。彼らはムヒカ支持に関して、カルデナス陣営内でのいかなる調整にも反対するよう圧力をかけている」と述べ、トロツキーとリベーラの決裂に関して、「ムヒカ派の中に参謀を入り込ませようとしている。メキシコの政治的な装置として現れようとしており、換言するなら、ムヒカがトロツキーの候補者と見られることを阻止しようとしているのである」と説明している（ギャル、前掲書）。つまり、トロツキスト・グループは、ムヒカ支持の立場から、それを隠蔽するためにトロツキーとリベーラの間に紛争が生じたことにして、ムヒカ陣営にリベーラを入り込ませる芝居をしているのだと批判したのである。

しかし、機関紙上でこのように表明することは、あたかもムヒカがトロツキーの候補者であるかのような印象を与えることになる。それが、PCMの戦略なのであり、そのような印象を与えることによって、トロツキーがメキシコに内政干渉しているとする批判の基盤を作り出そうとしたのである。このよ

現在は「トロツキー博物館」として
公開されているビエナ通りの家

うに、トロツキーとリベーラの間に生じた不和は、PCMによって、曲解を混ぜ合わせることによって、トロツキー追放のキャンペーンに利用されたのである。

同時にPCMは、大統領選挙キャンペーンにおいて、トロツキーのメキシコ亡命に尽力したムヒカの立候補を撤回させることに全力を集中した。こうして、トロツキーとリベーラの間に生じた不和から決裂に至る問題は、両者の決裂だけにとどまらず、一九四〇年に予定された大統領選挙にも影響を与えることになった。

『エル・マチェテ』にラボルデのインタビューが掲載された四日後の一九三九年五月五日、トロツキー夫妻と彼らの協力者たちは、同じコヨアカンの一角にある、ビエナ通りに面する新しい家に移転した。先述のとおり、当初は賃貸であったが、その後、資金援助を得て九五〇〇ドルで購入した。エジュノールは次のように述べている。

「三月になって、私はコヨアカンに新しい家を見つけた。それは家賃は非常に安いが、ひどく荒れた家だった。（中略）この家には有利な点もあった。部屋数が割に多く、広い庭があり、四方に塀があり、その一角には当時まだほとんど家がなかったので、周囲を見張ることが容易である。」

「トロツキーは新しい住居が気に入った。修復されたその家はなかなか魅力的だった。（中略）ト

ロッキーは庭にサボテンを植え、兎小屋をしつらえさせ、毎日午後になると自ら兎の世話をした。」（エジュノール、前掲書）

また、同年七月から一〇カ月にわたりこの家に滞在したアルフレッド・ロスメルは、次のように述べている。

「住居の建物は、平屋建てで、三つの部屋が並び、これに、書庫と食堂に模様替えされたもう二つの部屋がかぎの手に接している。そして、これらをつなぐ廊下は、二階建ての高さをもつ、四角な一種の塔に通じていた。反対側には、壁に沿って、一棟の簡易建築が建っており、これは四部屋あって、秘書たち用とされていた。」

「初めてこの家を訪ねる者たちはびっくりする。ガレージから一歩出た途端、その眼の前に一列に並んだ兎小屋が見える。その小屋の中には白い兎ばかりが、いっぱい住んでいるのだ。思いがけない光景だ。トロツキーは、この兎たちに、餌をやり、心を配り、仔兎たちの面倒を見てやるなど、大いに世話をやいていた。この純白のものたちの群れが彼を楽しませたのだ。」（ロスメル「地球の上をヴィザもなく」）

四方を高い塀に囲まれたこの家は、スターリン派による襲撃の危険が高まるにつれて、次章で後述するように堅固な警備が施され、「要塞」の家と称されるようになる。

トロツキーらがビエナ通りの新居に移転した時期は、カルデナス政権が右旋回した時期と一致している。カルデナス大統領は、世界大戦が間近に迫りつつある気配を感じる中で、対米関係を考慮して、穏健派のカマチョを後継者に選んだ。

3　ロスメル夫妻と孫セーヴァの到着

長男レオン・セドフの死亡後、トロツキーの子供や孫で自由の身で生きながらえている者は、長女ジナイーダ（ジーナ）の息子であるセーヴァ（フセヴォロド・プラトノヴィチ・ヴォルコフ）一人が残されているだけとなった。ジーナの自殺後、セーヴァはレオン・セドフが生きていた間は彼のもとで養育されていた。

トロツキーは一八九八年一月、一九歳のとき、ニコライエフの近くでツァーの警察に逮捕され、ヘルソンの監獄へ、次にオデッサの監獄に移された。流刑の判決を受けたトロツキーは、モスクワのブトゥイルスキ中継監獄に入れられていた際に、南部ロシア労働者同盟の同志であった女性活動家のアレクサンドラ・リヴォーヴナ・ソコロフスカヤと、流刑先のシベリアで別れ別れになることのないように結婚した。バイカル湖畔のヴェルホーレンスクで、二人はジナイーダ（ジーナ）とニーナという二人の娘をもうけた。四年の投獄と流刑の後、トロツキーは脱走した（ロザンタール『トロツキーの弁護人』）。

アレクサンドラはその後、子供たちを夫の両親のもとに送り出し、自らは革命運動に献身した。トロツキーとの結婚は一九〇二年に解消された。一九二八年に次女のニーナが肺結核で二六歳で亡くなると、ニーナが夫ネヴェリンとの間にもうけた子であるレフとヴォリーナを引き取って育てた。一九三五年にアレクサンドラはレニングラードで逮捕されてシベリアに流刑となり、一九三七年に再逮捕され、一九三八年に銃殺された。レフとヴォリーナは、アレクサンドラの死後、彼女の姉妹に引き取られたが、その後の消息は不明である。

長女のジーナは、二度結婚し、一度目の夫ザハール・モグリンとの間に娘アレクサンドラが、二度目の夫プラトン・ヴォルコフとの間に息子セーヴァがいた。ジーナは、一九三一年にセーヴァを連れて国外に脱出し、プリンキポに滞在中のトロツキーと合流した。その後、父親との折り合いが悪くなってベルリンに行き、一九三三年一月五日に鬱病から三〇歳でガス自殺を図った（第1章第4節参照）。

ジーナの娘アレクサンドラ・ザハロヴナ・モグリーナはソ連邦にとどまり、母親が国外に出るまではヴォルコフ家とともに過ごし、その後は父親のもとに身を寄せた。父親が逮捕された後は、父親の二番目の妻に養われた。一九四九年に逮捕され、カザフスタンに流刑、一九五六年に名誉回復されるまでカザフスタンにとどまった。一九八九年にモスクワで死去。娘オリガ・アナトレヴナ・バフヴァローヴァと孫デニス・バフヴァーロフがいた。

トロツキーとナターリャとの間の次男セルゲイは、兄レオンとは異なって、意識的に政治から離れていた。モスクワ工科大学を卒業し、有能なエンジニアとなり、熱力学や動力装置理論に関する学術書を著し、若いうちにモスクワ工科大学の教授になった。トロツキーがアルマ・アタに追放されたとき、セルゲイは両親や兄に同行せず、国外に出ることも拒否したが、これが命取りとなる。一九三三年に離婚したが、住宅事情から同居生活を続けた。一九三五年初め、工場労働者を毒殺しようとしたというでっちあげの理由で逮捕され、五年の刑でクラスノヤルスクに流刑となる。一九三六年に再逮捕され、翌一九三七年一〇月二九日に銃殺された。二九歳だった。一九八八年に名誉回復された。

セルゲイは、流刑中の一九三五年にヘンリエッタ・ルヴィンシュタインと再婚するが、この結婚で生まれたユリア・セルゲーヴィナ・セドーヴァは、その後米国に移住し、その息子ダヴィドと孫三人はイスラエルに住んだ。

このように、一九三八年二月にレオン・セドフが死亡した時点で、トロツキーの身内で安全な状態にいたのはセーヴァだけになっていたのである。

ちなみに、トロツキーの兄弟姉妹および彼らの子供たちについても、生き残った者はほとんどいない。兄アレクサンドルは一九三八年四月二五日に銃殺。その長男ボリス・アレクダンドロヴィチ・ブロンシュタインは一九三七年一〇月にセルゲイ・セドフとともに銃殺。長女マチルダは強制収容所で死亡。次男レフは強制収容所での一〇年の生活後、一九四七年にモスクワ帰還直後に急死、次女エウゲーニアと三女アンナは生き延びた。

トロツキーの姉エリザヴェータは歯科医になり、政治には関わらなかったが、一九二四年クリミアで病死。息子のレフ・ナウモヴィチ・メイリマンは逮捕され、一時期投獄されたがのちに釈放されてカザフスタンに強制移住させられ、一九六〇年にそこで亡くなった。

トロツキーの妹オリガはカーメネフと結婚した。一九二七年には兄と夫の活動を公然と非難して、その思想を拒否したが、一九三五年に逮捕され、一九四一年秋に銃殺された。オリガの長男アレクサンドル・リヴォーヴィチ・カーメネフは、次男ユーリとともに、政治とは無縁であったが、一九三六年に逮捕され、同年中に銃殺された。長男アレクサンドルの子ヴィタリーは、母親の再婚相手に養子として引き取られて生き残ったが、一九七〇年に自殺した。

セーヴァは母の死後、しばらくウィーンに滞在したが、一九三四年に叔父のレオン・セドフに引き取られた。レオン・セドフは、かつてレーモン・モリニエの妻であったジャンヌ・マルタンと結婚していたが、ジャンヌもセーヴァを慈しんで育てた。トロツキーは、一九三一年一月にセーヴァが母に連れられてプリンキポに来たときに会っているが、その後一九三五年六月にフランスからノルウェーに出発する直前に、友人である弁護士ジェラール・ロザンタールの部屋でセーヴァと三年ぶりに会っている。

このときの思い出に関してトロツキーは、「パリで、私たちは別れてから三年ぶりにセヴーシカに再会した。彼は背が高くなり、大きくなっていた。(中略)そして、完全にロシア語を忘れてしまっていた」と述べている(ロザンタール、前掲書)。

レオン・セドフの死後、トロツキー夫妻はセーヴァをメキシコに引き取ろうとしたが、セーヴァを慈しんで離そうとしないジャンヌとの間で感情的な問題が生じてしまった。トロツキーは、ジャンヌに対して、セーヴァと一緒にメキシコに来るように提案し、彼女が望むのであれば、「私たちと一緒に私たちの娘として暮らすこともできよう」とも書き送った。ジャンヌは返事をよこした。だが、彼女はメキシコには来なかった。

時間をかけてセーヴァを引き取るための努力をした後に、トロツキーはことの次第を知らせる義務があると考えて一九三八年九月一九日付でセーヴァ宛てに手紙を書いた。

「私のかわいいセーヴァ、

私はお前にはじめて手紙を書きます。私たちのかわいそうなレオン[・セドフ]は、ナターリャと私に、いつもお前の生活のこと、お前の成長ぶり、お前の健康のことを、細かく知らせてくれていました。いま、レオン叔父さんはもういません。坊や、私たちは直接に連絡をとりあわなければならないのです。

私には、言葉のことをはじめとして、気がかりなことがたくさんあります。お前はすっかりロシア語を忘れてしまいました。それはね、私のかわいいセーヴァ、お前のせいではありません。でも、お前にとっては運の悪いことなのです。お前のお父さんがいまどこにいるか、まだ生きているものかどうか、私にはわかりません。でも、もう四年以上も前、お前のお父さんが私に書いてよこした最後の手紙では、お父さんはお前がロシア語を忘れていないかどうかを、しきりと訊ねていました。お前のお父さんはとても頭がよくて、教育のある人だけれども、外国語を話しません。もしお父さんがこの先お前に再会することがあっても、お前と話し合うことができないようなことがあったら、お父さんにとっては大変なショックでしょう。お前の姉にとっても同じことです。お前の姉が元気にしていて、きっといつの日かお前たちが再会できたら、と私は願っています。その時、もしお前が姉と母国語で話すことができなかったら、この再会がどんなに悲しいものとなるか、お前にも充分想像できるでしょう。私にとっても、お前をとても愛しているナターリャにとっても、言葉の問題はとても大事なことなのです。

でも、そのことばかりではありません。私たちはお前と、レオン叔父さんのことや、叔父さんが死んでから以後の現在のお前の生活や、お前の将来などに関係のあることを話したいのです。

レオン叔父さんが死んだあとすぐに、私はジャンヌに、お前と一緒にこちらへ来るように提案しました。ジャンヌはそれはできないと返事してきました。当然、彼女には彼女なりの理由があるはずです。しかし、私の決意は固いのです。お前は、もしジャンヌが賛成するなら彼女と一緒に、そうできないのならジャンヌと一緒ではなくても、しばらくの間でもこちらに来なければなりません。こちらでなら、お前と、そして（もし来るのならば）ジャンヌとも、お前の将来に関する問題を充分に話し合い、またロシア語の件もうまく解決することができるでしょう。

お前はもういまでは大きな少年です。私はとても重要なことについて、お前のお母さんやお父さんや、レオン叔父さんや、私やナターリャに共通だった、そしていまでもそうである思想について、お前と話さなければなりません。私たち家族全員を、それはまたお前の家族でもあるのですが、苦難にあわせてきたし、いまもあわせている思想や目的の高い価値を、私はどうしてもじかにお前に説明したいのです。私は私自身に対して、もし生きていればお前のお父さんに対して、またお前自身に対しても、お前の全責任を負っているのです。したがって、お前の旅行についての私の決定は、取り消すことができません。

私のかわいいセーヴァ、私は愛情をこめてお前を抱きしめます。ナターリャもです。

私たちはお前にこういっておきます。近いうちに、と。」（ロザンタール、前掲書）

しかし、この手紙はセーヴァの手に渡されなかった。ロザンタールによると、「ラクルテル街に置かれたままの「レオン・セドフの」資料のトロツキーへの返還条件をめぐって、ジャンヌ・モリニエがとうてい理解できそうにもない抵抗でこみ入らせてしまった争いによって、情況はいっそう悪化した」。さんざん手を尽くしたあげく、トロツキーは裁判に訴える決意を固め、法的手続きをとるよう同年一二月八日付でロザンタールに依頼した。

「わが親愛なる弁護士にして友へ、

この手紙は、現在ジャンヌ・マルタン・デ・ペリエール夫人のもとにいる、私の孫フセヴォロド（セーヴァ）の件に、君が私の名でたずさわれるよう、全権を委任するものである。

一九三三年一月にベルリンで起こった、私の娘でセーヴァの母であるジナイーダの死亡の後、セーヴァは、当時ベルリンでジャンヌ・マルタン・デ・ペリエールと内縁生活を送っていた、いまは亡き私の息子レオン・セドフに引きとられた。ドイツにおけるナチ体制の登場に関連するさまざまな転変の間、セーヴァは一時私の息子と別れていたこともあったが、その後一九三四年、彼はパリで私の息子と再び一緒に暮らすようになった。私の息子の死後、問題は当然ながら、セーヴァがこの先どこに住むかという形で出てきた。マルタン夫人は、三月一七日、セーヴァについて次のような手紙をよこした。

「私はあの子について法的な権利はまったく持っていませんが、道徳的な権利なら多分大いにあります。それでも、あなたがあの子を要求するのであれば、あなたに引き渡しましょう。しかし、これだけは知っておいて下さい。無用にあの子にたわむれたり、相手をしてやったりしてはいけない、しかもなお心優しくあれというのであれば、私がつらい思いをしているのも無駄になるということを。あなたが私からセーヴァをとり上げれば、もうそれっきりになるでしょう……」

そして彼女は、私にすぐさまはっきりした返事をよこすよう強く求めてきた。

私はこれに答えて、マルタン・デ・ペリエール夫人に、私の妻と私自身とともにあらゆる懸案の問題を話し合い、場合によってはセーヴァとともに私たちと一緒に暮らすため、メキシコに来るよう勧めた。問題を解決するのに他の手立てを見出せなかったからだ。彼女特有のあのいささか度を過した興奮まじりの乱暴な調子で、こう彼女は書くことができたのだ。「あなたがあの子を私に渡すか、さもなくば私から取り上げるか、それもただちに、そして永久に」。私はマルタン・デ・ペリエールのことをまったくといってよいほど知らない。私は彼女についてほとんど知識をもたないからといって、彼女が要求している無制限の信頼を抱く気にはとうていならなかった。ことは、姿を消してやがてもう五年にもなるが、おそらくはまだスターリンのどこかの監獄に父親が生きていて、いつかその権利を主張するかも知れない子供にかかわっている。彼のいない間、すべての絶対的な権利は私の手にある。しかもマルタン夫人は、自らこれを認めているのだ。私は、彼女がただ息子の連れ合いだったから所有しているにすぎない彼女の道徳的権利を、認める気は充分あった。しかし、私の家族で私に残されたたった一人のものである孫を、「ただちに、そして永久に」マルタン夫人に進呈することのできるものとみなすことなど、とうてい私にはできない。手紙をよこして以来、彼女のやることなすことすべてが、彼女の性格と態度に対する私の不信の念を最大限にかき立ててきた。

九月一九日、私はマルタン夫人の手を介して、セーヴァに手紙を書き送った。彼女は私の友人のアルフレッドおよびマルグリッド・ロスメルに、手紙を受け取った覚えはないと言明した。これは真実ではない。書留にしたのに、手紙はとうとう戻らなかった。しかも、マルグリッド・ロスメル夫人からマルタン夫人に託された手紙の写しも、同じ運命にあったのだ。私はまったく返事を受け取らなかった。

息子の生きているうちは、私たちはいつもセーヴァについての定期的な情報と、セーヴァからの手紙を受け取っていた。いまや問題は、事実上、マルタン夫人による子供の不法監禁なのだ。彼女自身の表現に従えば、彼に関し「法的な権利はまったく」彼女にはない。この問題を話し合いで解決しようとした私のあらゆる意図も、メキシコに来るようにとの再三にわたる提案も、当地に子供と来るか、さもなくば私の友人たちの手で連れて来させよとの一段と強い調子の要求も、すべてまったく実を結ばなかった。

それでもなお、いまでも私は、私の法的、道徳的権利とは別に、マルタン夫人の道徳的権利を満足させるため、できる限りのことをする用意がある。しかし、子供を彼女に「渡しはしない」。いまとなっては前にもまして。もしマルタン夫人が子供を連れてこちらに来れば、彼女は私たち家族の一員として権利をもつだろう。それ以上でもそれ以下でもない。もしそうでないなら、セーヴァはできるだけ早く、すなわち、君が法的手続きを整え次第、こちらに来なければならない。

深い友情をこめて。」（ロザンタール、前掲書）

友人であるトロツキーに依頼されて、セーヴァの問題についてのトロツキーの全権委任者として法的手続きを行なったロザンタールは、その手続きがきわめて煩雑なものとなったことを次のように書いている。

「法に訴えなければならなかった。子供の引き渡しを得るための──祖父に帰すことが明らかな──法的後見の設定は、国際的な私権の問題の数々、セーヴァはともかくとしてトロツキーのロシア国籍剥奪以後の国籍の決定、必要な戸籍書類の提出などで、大変こみ入ったものとなった。それは各種手続きやら、障碍やら、遅滞なしではすまされなかった。ソヴェト領事館筋が「自国民の当然の庇護者」として、自国籍を有する者に対する保護権を盾に介入してくるのを回避するため、特別に慎重さが要求されたのだった。私は優秀な手腕をもつ友人テオ・ベルナール弁護士の協力を得て、手続きに取り組んだ。彼ならば、裁判所で公知事実に至るのに長々と時間をかけるはずはなかった。手続きの遅滞の害を蒙らないよう、私たちはトロツキーの名で、未成年者の「身柄と財産」の管理人の選定を請求しなければならなかった。［一九三九年］一月一六日、私たちは訴訟に勝った。裁判所は法的管理人としてアレル弁護士を任命した。しかし、その時子供はもはやそこにはいなかった。」（ロザンタール、前掲書）

セーヴァはジャンヌによって隠されてしまったのである。セーヴァを見つけ出すための捜査は困難をきわめた。しかも奇妙な経過をたどった。ロザンタールによると、一九三九年三月一五日になって、「ふとした失言」から、セーヴァがムルテ・モーゼルのジェルベヴィレールに送られたことが判明した。しかし、住民の誰ひとりとして、都会の少年がやって来た話を耳にしてはいなかった。次に、ジェルベヴィレールではなく、エルベヴィレールに捜査の対象が変更されたが、ここでもセーヴァは見つからなかった。やがて、オー・ランのゲブヴィレールが問題の場所だったことがわかった。クリスマスの後に、一人の少年が「ステーヴ・マンソン」という名で「太陽の光」と呼ばれる宗教施設に入れられたことが判明した。

トロツキーの友人であるアルフレッド・ロスメルの妻のマルグリッドが「太陽の光」に赴いて、セーヴァを取り戻すことに成功した。ロザンタールがセーヴァを保護したことをトロツキーに電話で伝えたところ、トロツキーから電報が届いた。

「親愛なるジェラール、

　私たちは君からの電話で連絡を受けた。私たちが君や、マルグリッド・ロスメル、ならびにこのきわめて重要な一件に助力してくれたすべての友人諸君にどれほど感謝しているか、君にいう必要はあるまい。」（ロザンタール、前掲書）

　しかし、これですべての問題が解決したわけではなかった。ジャンヌはパリの夕刊紙『パリ・ソワール』に話を持ちこみ、その結果、一九三九年三月二六日付の同紙に「レオン・トロツキー、アルザスで孫を誘拐」との見出しで、センセーショナルな記事が掲載された。その記事にジャンヌの、「トロツキーは四人の子供を食い尽くしてきました。この追いつめられた男には、その身体と献身を自分の楯代わりにするために近親者が必要なのです。彼は私のかわいいセーヴァを死なせてしまうでしょう。あの子を死なせてしまうだろうと私ははっきり言っておきます」との談話が掲載された。このためスキャンダルが拡大し、フランス政府より全港湾当局に対して、セーヴァをメキシコに出発させないようにとの命令が出された（ロザンタール、前掲書）。

　さらに、ジャンヌの先夫であり、フランス・トロツキズム運動の中でトロツキーと対立するグループの代表であるレーモン・モリニエが介入した。彼は一九三九年四月に自分の新聞である『ラ・ヴェリテ』の付録として公開状を発表し、「追放の身の幼な子を七年にわたり育ててきた、一人の女性革命家との現実の絆が、レーニンの僚友であった「祖父」の法的権利により破壊されつつある」と問題を政治化しようと意図した。また、ジャンヌは、〈虐待され、道徳的に見捨てられた子供〉に関するフランスの一八八九年七月二四日の法律を援用して、法廷で親権獲得を要求した。この要求の根拠としてジャンヌは、トロツキーがアレクサンドラ・リヴォーヴナともナターリャとも正式に結婚した事実はなく、ジーナとレオン・セドフは〈認知されていない子〉であり、どちらについてもトロツキーには権利がないことを挙げた。

なぜ、モリニエとジャンヌはこんなにもトロツキーを苦しめようとしたのだろうか。トロツキーは、モスクワの監獄に収監中であったアレクサンドラとの結婚の証拠と、ジーナと流刑中の夫プラトン・ヴォルコフとの結婚の証拠を挙げて反論した。結果的には、法廷はジャンヌの要求を退けた。

次に生じた問題は、セーヴァの出国に関する親族会議による祖父の後見人選定を既成のものにすることであった。親族会議にはトロツキーの友人である亡命ロシア人のヴィクトル・セルジュも出席した。そして、親族会議の問題も解決し、一九三九年七月初め、セーヴァはロスメル夫妻に連れられてフランスを出発し、八月八日にメキシコに到着した（ロザンタール、前掲書）。

メキシコに到着したセーヴァ

ロスメル夫妻はその後、翌一九四〇年五月二八日までトロツキー邸に滞在している。トロツキー夫妻がロスメル夫妻と顔を合わせたのは一〇年ぶりであった。ロスメル夫妻は、一九二九年にプリンキポを訪れている。一九三〇年にトロツキーがフランスのトロツキスト・グループの内紛に際してレーモン・モリニエに加担しようとしたときに、ロスメルとの間に政治的不和が生じた。エジュノールによれば、「トロツキーとナタ－リャがフランスに滞在した一九三三年から三五年までの間に、ロスメル夫妻との接触は一度もなかった」(エジュノール、前掲書)。

一九三七年に反「モスクワ裁判」のデューイ委員会が結成されたとき、ロスメルはフランス代表として委員会に参加し、委員会出席のために米国に行ったりしている。トロツキーとロスメルは政治的には不和になったものの、デューイ委員会への参加や、セーヴァ問題での尽力など、ロスメルはトロツキーの生涯の友人として誠意を尽くした。

エジュノールは述べている。

「[ロスメル夫妻は] コヨアカンの家 [ビエナ通りのトロツキー邸] に落ち着き、私たちと一緒に食事をするようになった。会話のなかで、トロツキーとロスメルは政治の話もしたが、突っ込んだ話は出なかった。一定の線があって、二人は決してその線を越えようとはしないのだった。どちらも過去のことは口に出さず、ましてやフランスのトロツキスト・グループの問題が話し合われることもなかった。」(エジュノール、前掲書)

後述のように、ロスメル夫妻はトロツキー邸滞在中にラモン・メルカデルと知り合い、一九四〇年五月二八日に夫妻がメキシコを出発したとき、メルカデルが二人をベラクルス港まで車で送っている。

4　独ソ不可侵条約と「労働者国家」論争

一九三九年八月二三日、モスクワを訪問したドイツ外相リッベントロップとソ連邦外相モロトフの間で独ソ不可侵条約が署名された。この条約の締結は、ＰＣＭの中でもこれを整合的に受け入れられない傾向が生まれるなど全世界のスターリン派の党派や運動に戸惑いと混迷を与えたが（第5章第3節参照）、トロツキスト運動においても、従来から存在した「ソ連邦＝労働者国家」論争を激化させ、各国の運動に大きな亀裂と分裂を生じさせることになった。まさに、ソ連邦の一国主義的な外交路線のジグザグが、スターリン派とトロツキスト系を問わず、国際的な革命運動に大きな混乱をもたらした。

トロツキーの立場は、ソ連邦の防衛は最後まで絶対に妥協できない世界戦略の中心であった。その根拠は、ソ連邦はスターリニスト官僚に簒奪されているとしても、「労働者国家」としての質を失ってはいないとの主張にある。

トロツキーは、一九三三年七月に第四インターナショナル創立の必要性を主張した直後の同年一〇月一日付で、論文「ソ連邦国家の階級的性格」を執筆している。この論文と同年七月一五日に執筆したコミンテルンとの訣別宣言は、トロツキズム運動の画期となったものである。この論文の中でトロツキーは、「スターリニスト機構が国際的な革命的要因としての意味を完全に喪失したにもかかわらず、他方、プロレタリア官僚の生み出した社会的成果の番人としてはなお、その進歩的意味を一部保持している」と論じた。その理由として、「スターリニスト官僚の方法は、いかなる分野においても同じ性質のものであるが、しかしこれらの方法がもたらす客観的結果は、外的条件に、力学の用語を使うならば、物質の抵抗力に依存する」として、ソ連邦の労働者国家的性格は維持されているとした。そして、労働者国家であるソ連邦の官僚主義化の要因に関して、「指導部の誤った政策、それも結局は後進性と孤立との反映であるが、それによって加重された後進国における社会主義建設の非常な困難が、官僚が革命の社会的獲得物を官僚の方法で防衛するためにプロレタリアートを政治的に収奪するという結果をもたらした」と論じた。にもかかわらず、官僚に対する「不満が激しい大衆的形態をとらないのは、彼らが抑圧されているせいだけではなく、彼らがもし官僚を転覆するならば、階級敵のために道を清めることになるかもしれないことを恐れているからでもある」。そしてトロツキーは、このような官僚主義を打倒することは、「ただ革命党によってのみ達成できる」ものであり、しかも今や「支配的徒党を除去するための正常な「合憲的」な方法は何ら残されていない。官僚をして権力をプロレタリアートの前衛の手に譲りわたさざるをえなくするものは、暴力しかない」と結論づけた（湯浅赳男『トロツキズムの史的展開』）。

独ソ不可侵条約が発表されたその日、一九三九年八月二三日、第四インターナショナル米国支部である社会主義労働者党（ＳＷＰ）において、幹部の一人であるマックス・シャハトマンが、「［九月三日に予定されている］次回の政治委員会の会議は、われわれのソヴェト国家の性格規定と将来の展望との関連で、ヒットラー＝スターリン条約の評価についての討論から始めるべきである」と要求、さらに第二次世界大戦勃発後の九月三日の政治委員会の会議で、ジェイムズ・バーナムが次の全国委員会でのロシア問題の再検討を要求し、九月五日にバーナムが「戦争の性格について」と題する文書を全国委員会に提出したことから〈労働者国家論争〉が始まった。シャハトマンもバーナムも、一九三七年一月九日にトロツキーがメキシコのタンピコ港に到着した際に、トロツキーを出迎えた人物たちであった。とくに、シャハトマンは、一九三三年五月二三日にプリンキポを訪問し、同年七月にトロツキーがフランスに向けて発ったときに一緒にトルコを去った経緯があった。

米国では、一九二九年にトロツキスト運動が始まったが、その特徴は、発足にあたってジェイムズ・キャノンのような第一次世界大戦前の米国社会党（ASP）以来の労働組合運動の経験ゆたかな活動家を持ちえたという点にあった。トロツキスト・グループは、一九三四年に発生したミネアポリスのトラック運転手組合ストライキを、米国労働運動史上で最も劇的な大衆闘争に発展させて勝利した闘争に介入して影響力を強め、同年末に米国労働者党（AWP）と合同して労働者党（WP）を結成した。その後、一九三六年にWPはASPへの加入戦術を実行したが、共産党（CPUSA）が人民戦線戦術をとっている中で、一九三七年五月に内戦中のスペインで発生した「バロセロナの五月」（アナルコ・サンジカリストとPOUMが、コミンテルンの影響下にあったスペイン共産党とバロセロナで武力衝突した事件。共産党はアナーキスト、トロツキストを弾圧、粛清した）の影響によって、CPUSAからASPに対してトロツキストを排除すべしとの圧力が加えられ、加入戦術は中途で挫折した。だが、ASPの青年組織であった社会主義青年同盟（YPSL）をトロツキズムの影響下に置くことに成功し、一九三八年一月に「第四インターナショナルをめざす運動」の米国支部として新たにSWPが結成された。SWPは同年九月の第四インターナショナル創立に参加し、党員約一〇〇〇名を擁する世界最大のトロツキスト党派であった。しかし、後述のとおり、SWPは独ソ不可侵条約締結に端を発した〈労働者国家論争〉を契機として、トロツキーの思想に従うキャノンらの多数派と離脱していったシャハトマンやバーナムらの少数派に分裂した。

一九三九年九月五日に開催されたＳＷＰ全国委員会において、バーナムは「戦争の性格について」と題する文書を提出した。その中でバーナムが展開した主張の結論は、「いかなる意味においても、ソ連邦を労働者国家とみなすことは不可能である。ソヴェトの［戦争への］介入は、全体としての戦争の一般的な帝国主義的性格に完全に従属するだろう。そしてまた、それはいかなる意味においても社会主義経済の残滓を防衛するものではない」というものであった。スターリニスト支配下のソ連邦が「労働者国家」の質を失っているとの主張は、イタリアのブルーノ・リッツィにも見られたものであり、とくに新味のあるものではなかったが、しかし第二次世界大戦の勃発という危機的な瞬間における問題提起として、それは単なる理論的問題にとどまらず、第四インターナショナルの基本綱領に関わる問題として、重大な意味をもつものとなった（湯浅、前掲書）。

リッツィは、「経営者革命」という概念の最初の着想者であって、シャハトマンやバーナムにも影響を与えた。リッツィの主張を要約すると次のとおりとなる。

「ロシア革命は、フランス革命とおなじように、不平等の廃棄に着手したが、ただひとつの様式の経済的搾取と政治的抑圧を、別の様式のそれと取りかえただけであった。ソ連邦における資本主義的復活の幻想につきまとわれたトロツキーは、新しい形態の階級的支配として、「官僚制集団主義」が確立されたことを見落とした。彼は、官僚が生産手段を所有せず、利潤を蓄積しないがゆえに、これを「新しい階級」として扱うことを拒んだ。だが、官僚は事実上生産手段を所有し、利潤を蓄積している。ただそれを集団的にやっていて、旧有産階級のように、個人的にやっていないだけである。《ソヴェト社会では、搾取者は、資本家が彼の企業の利益配当をポケットにいれるときにやるように、直接剰余価値を着服しないで、国家を通して、間接にそうするだけである。国家は、国家全体の剰余価値の統計を現金にかえて、それを自己の役人の間で分配するのである》。生産手段の事実上の所有、国家をとおして国家を所有することが、法律上の、ブルジョア的所有にとってかわったのである。この新しい事態は、トロツキーが想像したように、官僚的中間期とか、一時的な反動的段階ではなくて、社会的発展における新段階であり、歴史的に必然的な段階でさえある。ちょうど封建主義のつぎに平等、自由、博愛がこなくて、資本主義がきたように、資本主義のあとには社会主義ではなく、官僚制集団主義がつづこうとしているのである。ジャコバン党が彼らの理想を達成することができなかったように、ボリシェヴィキは「客観的にいって」、彼らの理想を達成することはできないのである。社会主義はまだユートピアである。社会主義によって鼓舞された労働者たちは、ふたたび彼らの革命の成果をだましとられたのである。（中略）

官僚制集団主義が社会とその経済を、資本主義が組織したよりも、もしくは組織することができるよりも、いっそう能率的に、かつ生産的に組織するかぎり、その勝利は歴史的進歩をはっきりしめす。したがってそれは、資本主義にとってかわることは必然である。国家の統制と計画は、ヒットラーやムッソリーニのもとでも、ルーズベルトのもとでさえ、支配的である。スターリニスト、ナチス、ニュー・ディーラーたちは、それぞれ程度を異にしながら、やがて全世界に広まる運命にある、おなじ新搾取制度の、意識的ないし無意識的エージェントなのである。官僚制集団主義が社会的生産を促進するかぎり、それは不死身であるだろう。」（ドイッチャー『追放された予言者・トロツキー』）

リッツィの主張に対して、トロツキーは一九三九年九月中頃に執筆した「戦時下のソ連邦」と題する論文で論駁した。トロツキーは、「ソ連邦の社会的政策についてわれわれと意見を異にする同志たちでも、われわれの政治的任務についてわれわれと同意するかぎり、彼らと手を切ることは、途方もなくばかげたことである」と述べた上で、ソ連邦が「労働者国家」であるかないかという議論を「歴史的一般化の高さまで高めた」ことはリッツィの功績であるが、「官僚制集団主義」が資本主義の継承者となる普遍的傾向を論じることは誤りであると論じた。トロツキーはリッツィに反論して、ヒットラーとスターリンの支配手段がどんなに類似していても、経済的、社会的相違は質的であって量的相違ではない、これこそが彼らの支配体制の間によこたわる深淵であり、ただスターリンだけが真に資本主義経済に対する統制を行なっている、そして官僚の増大はいろんな国で、ちがった体制の下で現れているが、はっきり区別される社会秩序としての「官僚的集団主義」は、たとえそれが存在するとしても、まだたった一国すなわちソ連邦に限られている、そしてソ連邦では、官僚制は社会主義革命によってつくりだされた基礎の上に立っている、と論じた（ドイッチャー、前掲書）。

他方でトロツキーはSWPの問題に関して、同年九月一二日付のキャノン宛ての手紙において、独ソ不可侵条約締結によって生じた事態に対処すべき方針を、次のように示した。

「(1)　ソ連邦についてのわれわれの定義が正しいか否かを別にしても、独ソ条約によってこの定義を左右させるいかなる理由も見出しえない。

(2) ソ連邦の社会的性格は、民主主義あるいはファシズムとの友好関係によっては決定されない。こうした観点をとる者は、「人民戦線」時代のスターリニストの思想にとらわれた者である。

(3) ソ連邦はもはや堕落した労働者国家ではなくて、むしろ一つの新しい社会構成体であるという者は、彼がわれわれの政治的結論に何を付加するかをはっきりと語るべきである。

(4) ソ連邦問題は現代の歴史過程全体から無関係なものとして切り離すことはできない。スターリン国家は経過的な構成体、つまり、孤立した後進国における労働者国家の変型であるか、それとも「官僚制集団主義」が全世界で資本主義にとって代わりつつある新たな社会構成体であるか、いずれかである。用語上の諸実験（労働者国家なりや否や、階級なりや否や等々）は、この歴史的視角ではじめて意味を持つ。第二の命題を選択する者は、世界プロレタリアートの革命的能力は一切消耗しつくしたこと、社会主義運動は破産したこと、そして古い資本主義が新しい搾取階級を持った「官僚制集団主義」に転化しつつあること、それらのことを公然あるいは暗黙のうちに認めているのだ。」（湯浅、前掲書）

トロツキーは前出の「戦時下のソ連邦」（一九三九年九月）に続いて、「再説、ソ連邦の性格」（同年一〇月）、「SWPにおける小ブルジョア反対派」（同年一二月）を相次いで発表し、シャハトマンら反対派の諸傾向を論理的に整理しながら、その政治的帰結を自覚させる方向で論争を推し進めた。この間の一一月三〇日、ソ連邦はフィンランドに侵略戦争を開始しているが、トロツキーは「労働者国家」としてのソ連邦の存在は、フィンランドの自決権に優越するとして、ソ連邦を支持する姿勢を変えなかった。

トロツキーは、ソ連邦の性格について第四インターナショナルと異なる評価をもつことが、どのような展望に帰結するかを次のように論じた。

「もしこの戦争が、われわれの確信しているようにプロレタリア革命を惹き起こすならば、それは不可避的にソ連邦における官僚の転覆を導き、一九一七年のそれよりはるかに高度の経済的・文化的基礎の上にソヴェト民主主義の復活をもたらすにちがいない。その時こそ、スターリニスト官僚は一つの「階級」であるか、それとも労働者国家の腫瘍のごときものであるかといった問題は自動的に解決されることだろう。誰の目にも、ソヴェト官僚主義は世界革命の発展過程におけるほんのエピソード的逆行にすぎなかったことが明確となるであろう。」

「もしこの戦争が革命ではなくて、プロレタリアートの敗北を生み出すことになるならば、残る道は一つ、すなわち独占資本主義の一層の腐敗、国家との癒着の進行、そしてまだ民主主義が存在しているところでは、その全体主義体制による交替がそれである。プロレタリアートの権力奪取の無能力はこれらの条件のもとではボナパルティスト的=ファシスト的官僚から新しい搾取階級の発生を導く可能性がある。そしてそれは、あらゆる兆候から見て文明の衰亡を告げる破滅の体制となるであろう。」

「同様な結果は、先進資本主義国のプロレタリアートが権力を奪取したが、それを保持することができなくて、ソ連邦におけるように特権官僚の手に引き渡した場合にも起こるだろう。その時は、官僚主義的逆行の理由はその国の後進性や帝国主義の包囲にではなく、プロレタリアートが支配階級となることの先天的無能力に根を持つことを、われわれは認めざるをえまい。その時は、現在のソ連邦はその根本的性格において、新しい国際的規模の搾取体制の先駆であったことを、さかのぼ

って証明することが必要になろう。」（湯浅、前掲書）

そしてトロツキーは、バーナムらの主張を「俗流的思考」と表現し、批判を続けた。

「俗流的思考の根本的欠陥は、永久的運動からなる一つの現実の動かない痕跡で満足する点にある。弁証法的思考は、一層綿密な接近、訂正、具体化によって概念に豊富な内容と弾力性を与える。（中略）資本主義一般ではなく、所与の発展段階の所与の資本主義、労働者国家一般ではなく、帝国主義包囲のなかの後進国の労働者国家という具合に。」

「非労働者的、非ブルジョア的国家という同志バーナムのソ連邦の定義は、歴史的発展の鎖からねじ切られて宙ぶらりんにされ、社会学の一片すら欠いた純粋に消極的なもので、矛盾に満ちた歴史現象に対するプラグマティズムの理論的降伏を表すものにすぎない。もし彼が弁証法的唯物論者であったならば、次の三つの問いを深く検討したであろう。

(1) ソ連邦の歴史的起源は何か。

(2) この国家はその存続中にどんな変化をこうむったか。

(3) その変化は量的段階から質的段階へと移行したか。すなわち、新しい搾取階級による歴史的に必然の支配を創出したか。

これらの問いに答えることは、バーナムをして唯一の可能な結論――ソ連邦はなお堕落した労働者国家である――を引き出さざるをえなくするだろう。」（湯浅、前掲書）

しかし、反対派はこのように論争を展開することを回避しようとした。前述のとおり、バーナムは九月五日に開催された全国委員会で「戦争の性格について」と題する文書を提出していたが、同月三〇日に開催された全国委員会総会においてこれを撤回し、シャハトマンが反対派の決議案を示した。それは、「ヒットラー＝スターリン協定により惹起された具体的諸問題に対する当面の対応」に争点を限定しようとし、ソ連邦軍の東部ポーランド侵攻（同月一七日開始）は「『ソ連邦の無条件擁護』のわれわれの以前の概念の修正」を必要とさせた「帝国主義的政策」であるとした。そして、これに反対するキャノンら多数派の対応を「官僚的」であるとして、組織問題へ論点をずらそうとし、一二月一三日付の政治委員会の少数派の決議案「戦争と官僚主義的保守主義」において、「この官僚主義的保守主義傾向がしばらく前から党内に存在してきたこと、ここ二、三年のうちにそれは漸次強化され、はじめは痙攣的にだったが、だんだん継続的に現れるようになったこと、戦争の勃発はこの傾向を結晶させたこと」を指摘し、それが新しい事態に対して党（ＳＷＰ）が柔軟に対応することを不可能にしてしまった、と論じた（湯浅、前掲書）。

バーナムは、一九四〇年一月一日付で発表した論文で、次のように述べている。

「ポーランドへの侵入、バルト三国の征服、フィンランドへの侵入、これらは事実としてスターリニスト官僚の反動的戦争である。これらは多くの見地から反動的である。それらはプロレタリアートと農民を帝国主義的愛国主義の腕の内に追い込んだがゆえに、すなわち階級闘争を激化させるどころか、プロレタリアートの階級敵への従属を容易にしたがゆえに、反動的である。それらは、ソ連邦の防衛（すなわち帝国主義的征服と植民地化から国有財産を防衛すること）のためではなく、ヒットラー帝国主義との同意の上に行なわれたがゆえに、反動的である。それらはソ連邦の防衛のためにではなく、反革命的官僚のより多くの栄光、威信、権力、所得のために行なわれているがゆえに、反動的である。それらは防衛戦争――われわれはこの言葉を軍事技術的あるいは外交的ではなく、歴史的＝社会的意味で使っているのである――ではなく、侵略戦争、われわれがスターリニスト帝国主義と呼ぶものの戦争であるがゆえに、反動的である。（中略）もし帝国主義が一〇月革命の最後の残された成果を粉砕し、ロシアを植民地にしてしまおうとソ連邦を攻撃するときは、無条件にソ連邦を支持するとわれわれは宣言する。それはスターリンの指揮のもとでも、スターリンの指揮にもかかわらず進歩的な戦争である。」（湯浅、前掲書）

しかし、トロツキーにとっては、戦争の性格は主体の社会的、階級的構造によって規定されるべきものであり、バーナムの主張するように防衛戦争は進歩的で、侵略戦争は反動的であるという「形式論」は粉砕されるべき主張でしかなかった。他方、シャハトマンは、トロツキーが「第一の場合（スペイン）、官僚は刑吏の方法で社会主義革命を絞殺したが、第二の場合（ポーランド）、それは官僚の方法で社会主義革命を前進させた」と述べたことを批判して、「われわれはくり返す。私は官僚的プロレタリア革命を信じない」と断言し、「プロレタリア革命は大衆として行動するプロレタリアート以外の何ものによっても代行されない」と強調した（湯浅、前掲書）。

こうして和解は不可能となった。決着は一九四〇年四月のSWP党大会でつけられ、第四インターナショナルの綱領を支持することを再確認した。SWPの規律に服従することを拒否したシャハトマンらの少数派は、党機関誌『ニュー・インターナショナル』を奪い、また新しい機関誌『レイバー・アクション』を発行する別個の組織、労働者党（WP）を結成した。

トロツキーや第四インターナショナルの多数派が、ソ連邦がスターリン支配下においても「労働者国家」であり続けているとの性格規定を維持し続けたことの当否はともかくとして、他方でその立場と独ソ不可侵条約やその下で実行された東部ポーランド、バルト諸国、フィンランドに対する侵略を擁護することとの間の論理的整合性を、多くの人々に納得させることは困難であったろう。その意味でも、一九三九年八月二三日の独ソ不可侵条約の締結から一九四一年六月二二日の独ソ戦開始までの期間は、トロツキスト運動にとっても大きな試練の時期であったことは疑いない。

5 トロツキーの遺書

トロツキーは、スターリンがNKVDを通じて彼の暗殺を計画していることをいやおうなく認識させられていたであろう。一九三八年八月に、PCM書記長のエルナン・ラボルデが急遽米国に行き、米国共産党（CPUSA）を通じて何らかの指示を受け取ったらしいとの情報（第4章第3節参照）や、同年一二月二七日付のアレクサンドル・オルロフの手紙（第3章第4節参照）から、同年八月頃にスターリンがトロツキーに対する包囲網を締め付けつつあることを直感的に理解していたように思われる。ニコライ・エジョフの後任として、ラヴレンティ・ベリヤがNKVD長官である内務人民委員に就任した時期（一九三八年一一月、ただし同年八月にすでに委員代理就任。第5章第1節参照）にも相当する。

一九四〇年二月二七日と三月三日に、トロツキーは二通の遺書を書き残している。暗殺や襲撃の可能性を前にして、死の予感は必ずしもそれらを想定したものではなく、高血圧の上にさらに血圧が上昇気味であることから脳溢血が死因になるだろうと予測をしているのだが、そこからは追いつめられた人間の悲痛な叫びが聞こえそうである。

二月二七日の日付が付された遺書は次のとおりである。

「私の血圧が高いことが（それは絶えず上昇しているが）、周囲の者たちに、私の真の健康状態を誤認させている。私は積極的に働いており、またそれに耐えてはいるが、明らかに結末は近づいている。ここに書きのこす文章は、私の死後、公にされるべきものである。

スターリンとその手下どもの愚昧下劣な中傷に対しては、ここでまた反論を加える必要もない。革命家としての私の名誉には一点の汚れもないのだ。いまだかつて、私は、直接的にも間接的にも、労働階級の敵といかなる裏取引をしたこともなく、その交渉に手を染めたことさえない。幾千ものスターリンに対する反対者たちが、同様の捏造された告発の犠牲となって倒れたのだ。つぎの時代の革命的世代が、彼らの政治的名誉を回復し、クレムリンの死刑執行人どもには、それにふさわしい扱いをするであろう。

わが生涯におけるもっとも辛い時期に、私に忠実でありつづけてくれた友人たちに、私は熱烈に感謝している。とくにその友人たちの名をここに挙げることはしない。その名前のすべてを記すことはできないからだ。

けれども、私は、わが伴侶ナターリャ・イワーノヴナ・セドーヴァについてだけは、その名を記すことが許されてよいと信ずるものだ。運命は、私に、社会主義の戦士となる幸福のほかに、彼女の良人となる幸福をも与えてくれた。私たちが共にしたほとんど四〇年のあいだ、彼女は、愛と偉大な魂と優しさとの尽きることなき泉としてありつづけた。彼女は、大きな苦しみを、とりわけ私たちの人生の後半期に、味わうことになった。しかし、私は、彼女がまた幸福な日々をも知っていたのだということで、いくらかの慰めを得るのである。

自分が自覚を抱いてからの四三年間の生活を、私は終始革命家として過ごしてきた。そのうちの四二年間を、私はマルクシズムの旗のもとで戦ってきた。もしすべてを初めからやり直さなければならないというのであれば、もちろん、私は、あれこれの失敗を避けようと努めるだろう、だが、私の人生の本流は変わることがあるまい。私はプロレタリア革命家として、マルクス主義者として、弁証法的唯物論者として、したがってまた一徹な無神論者として死ぬこととなるだろう。人類の共産主義的未来に対して抱く私の信念は、その激しさをいささかも減じてはいない。反対に、今日、それは青年時代以上に、より強固なものとなっているのだ。

ちょうどいま、ナターシャが入って来て中庭に面した窓のところにいった。私の部屋に風がもっとよく入るように、窓を大きくあけたのだ。壁に沿って広い帯のようになった草の緑が見える。壁の上には澄み渡った青空が、そしてすべてに降りそそぐ陽の光が見える。生は美しい。未来の世代に属する人たちが、人間の生活から、すべての悪、すべての抑圧、すべての暴力を拭い去り、そして、そのすべてを享受するように……。

L・トロツキー

一九四〇年二月二七日

コヨアカンにて。

遺　書

私の死後に残るすべての資産と全著作権（本や論文その他の収入）は、わが妻ナターリャ・イワーノヴナ・セドーヴァの手に委ねられる。一九四〇年二月二七日。L・トロツキー。

私たち二人ともに死亡の場合には……（残りは空白のまま）」（トロツキー『亡命日記』）

当時のまま保存されているトロツキーの書斎

また、三月三日の日付のある遺書は次のとおりである。

「私の病気（血圧の高いこと及びその増加）の性質から――私が思うに――、最期のときは、突発的に、まずおそらくは――これもまた私の個人的な仮定だが――脳出血によって訪れることになるはずだ。これは私に考えられる最良の最期だ。けれども、私がまちがっているということもありうる（このことについて、私はいかなる専門書にもあたってみようなどとは思わないし、また、医師たちにしても、もちろん真実のことはいってくれまい）。もしも動脈硬化が長びいて、癈疾状態がつづくおそれがあるようなことになるのであれば（いまのところ、高血圧のために、私はむしろ逆に精神的高揚を感じているのだが、それは長くはつづくまい）、そのときは、自分の死ぬべきときを自分自身で決める権利を私は留保しておく。《自殺》は（もし、このような言葉が、そういう情況にふさわしいならば）、いかなる点からも、絶望あるいは断念の発作的表現とはならないであろう。ナターシャと私は、このことを何度も話し合った。つまり、人間には、自分の生に、あるいはより正確にいえば、あまりにのろい死への過程に、自分自身で結末をつけるほうがいいような、そういう肉体的条件に置かれるときがありうるということを……。しかし、私の死の情況がいかなるものであるにせよ、私は共産主義の未来に対する揺ぎない信念を抱きながら死んでゆくだろう。人間とその未来についてのこの信念は、このいまという瞬間にも、いかなる宗教も与えることのできない、抵抗力を私に与えてくれているのである。

L・TR」

第7章

トロツキー暗殺

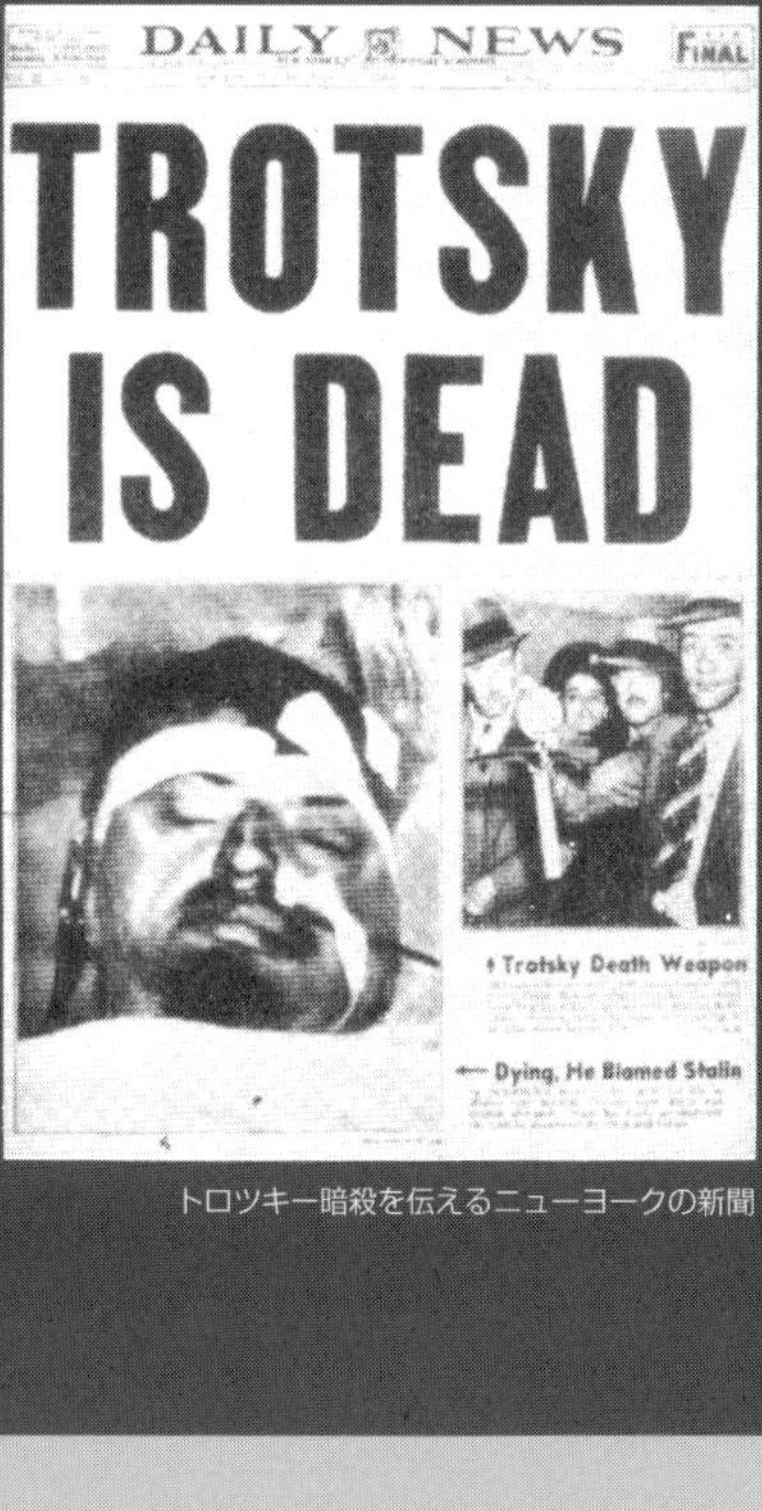
DAILY NEWS
FINAL
TROTSKY IS DEAD
↑ Trotsky Death Weapon
← Dying, He Blamed Stalin

トロツキー暗殺を伝えるニューヨークの新聞

1　シケイロス・グループの武装襲撃

一九四〇年五月二四日午前四時頃、車四台に分乗した約二〇名の武装グループが、ビエナ通りのトロツキー邸を襲撃した。襲撃グループは陸軍将校と警官の制服に身を包み、軍用拳銃と小型機関銃や手榴弾で武装していた。

このとき、トロツキー邸にいて襲撃に立ち会ったトロツキーの孫セーヴァは、のちに二〇〇〇年にアラン・マテューが行なったインタビューの中で次のように語っている。

「五月二四日、テロリストの一団が家に侵入しました。後で、それがメキシコのスターリニスト画家シケイロスとその二五人の仲間からなるグループであって、その中にはスペインへの義勇部隊の国際旅団のかつての隊員たちも含まれていました。ナターリャが夫婦のいた部屋の隅にトロツキーを押しやったおかげで、トロツキーは助かりました。私の方は、弾丸が私の足元まで飛んできました。その後、アメリカ社会主義労働者党（SWP）の同志たちが家を要塞化しましたが、トロツキーはそれが大きな効果を発揮するとは思っていませんでした。」（マテュー「トロツキーの孫　エステバン・ボルコフに聞く」）

また当日、トロツキーの秘書兼護衛として泊まり込んでいたジョセフ・ハンセンは、『第四インターナショナル』一九四〇年一〇月号に掲載された「レオン・トロツキー暗殺未遂事件」において、襲撃時の様子を次のように書いている。

「五月二四日の朝四時頃、スターリンのGPUの命令によって約二五人の男が、コヨアカンにあるレオン・トロツキーの高い壁の邸宅におし入り、トロツキーと妻ナターリャの眠っていた寝室に銃弾の雨をふらせた。当直の任にあたっていた秘書兼護衛のロバート・シェルドン・ハート（社会主義労働者党メンバー）は拉致・殺害され、彼の死体は石灰のつまった穴に投げ込まれてあった。レオンとナターリャのトロツキー夫婦の生命は、この危機の瞬間にも彼らが冷静を保っていたためと、偶然の僥倖——暗殺者たちはおのが任務を完遂したと早合点した——によって、危うく難をまぬがれたのだった。

襲撃の前日、トロツキーは終日仕事に精を出し、こうした場合の常として睡眠薬をのんで就寝した。もうろうとして目覚めながら彼は、コヨアカンの祝祭日におきまりの花火を打ち上げているのだろうなどと、夢うつつに考えていた。だが、爆発の音があまりにも頻繁に続き、はじめ思ったよりもずっと近く、ほとんど室内で起こっているようだった。いがらっぽいにおいがした。トロツキーは悟った。自分が一、二年このかた予期していたことがついに起こったのだ。スターリンはついに、かつて自ら「大きな誤ち」と称した行為——一九二三年の反対派指導者の追放をさす——を訂正すべくGPUに命じたのだ、と。

ナターリャ・トロツキーはすでにベッドから脱け出ていた。彼女と夫は寝室の隅っこに身をよせあった。ナターリャは自分の身体でトロツキーをかばおうとした。トロツキーは、床にピッタリ身を伏せて動いてはいけない、と言った。銃弾が寝室の二つのドアをぶち抜き、ふたりの頭上すれすれに壁にあたった。塀の外に配置されていた警官たちはどこへ行ったのだろう？　内部にいた護衛たちは？——おそらく手足を縛られているか、連れ去られたか、あるいはすでに殺されたか。

トロツキーの孫セーヴァの寝室につづいているドアがふいに開いた。一瞬ののち、焼夷弾の炎がそこにあった飾り棚をなめた。もえあがる炎の中にナターリャは、ひとりの賊のシルエットを見た。焼夷弾が燃える前には、ふたりは賊が入る姿を見かけなかった。しかし部屋の中にいくつかの空薬莢がころがり、空のふたつのベッドの各々に五、六発ずつ射撃があびせられているのをみれば、パティオ［中庭］にむかって開いているフランス式窓と、書斎に通ずるドアとから十字射撃をあびせたあと、この賊は、あらゆる生命の気配を抹殺すべく最終点検するよう命じられていたことがあきらかだ。機関銃の音がやみ、物音一つ聞こえなくなったまっくらな部屋の中で、賊はふくらんだ毛布の形をナターリャとレオン・トロツキーの息絶えたそれとみあやまったのにちがいない。彼は二つの形に最後の掃射をあびせて逃走した。

そのとき二人の老革命家は、彼らにとってその夜のもっとも悲劇的な声、隣室から孫の叫ぶ声を耳にした。「おじいちゃん！」

ナターリャは孫の部屋へ急いだ。部屋は空だった。「あの子がさらわれた！」と彼女は叫んだ。それはもっとも悲痛な瞬間だった。

だがセーヴァは、暗殺者たちが彼の部屋からパティオに出るドアにむけて機関銃をはなち、銃弾が頭上をかすめて壁にあたったときから眼をさましていた。セーヴァはベッドから飛び出てベッドの下に転がりこんだ。賊たちがドアをけやぶって侵入し、彼のベッドのそばを通るとき、一人がそこへ銃を撃ち込んだ。弾はセーヴァの足の拇指にあたった。彼が叫び声をあげたのは暗殺者が去ってしまった後だった。それから彼は泣きながら部屋から馳け出した。おじいちゃんもおばあちゃんもきっと死んじまったんだと思った。彼の歩いたあと、パティオの小径や書庫に点々と血痕が記された。

火が吹いてとびすぎる機関銃に戸口をふさがれて部屋から出られなかった護衛たちも、ようやく出てきてパティオを調べた。暗殺者たちはもういなかった。彼らは自動車を奪い、見張り中だった護衛のロバート・シェルドン・ハートをさらって逃げた。外では警官がしばりあげられ、無抵抗の状態で哨舎の床にころがされていた。

「当夜五人の警官が勤務についていたが、そのうち三人は眠っていた。トロツキーのメキシコ到着以来、警護の警官隊の指揮にあたっていたJ・ロドリゲス・カサス将校は、彼自身の談によれば、襲撃当時自宅で就寝中だった。」

襲撃者たちは、警官姿に変装して見張中のふたりの警官に近づき、「アルマサン万歳！」と叫びながら拳銃を突きつけて五人を縛り上げた。そしてかんぬきをさした門のところへ行った。門は、きわめて異常な事態が起こった場合のほか夜開かれることはなかった。しかも開く場合、立ち入りを求めた人物が当直の護衛のよく知っている人物で、疑わしい点がないことをまずはじめに確認してあるとき以外は、他の護衛も全員起きてこなければならないことになっていた。

社会主義労働者党ニューヨーク支部のメンバーだったハートはここへ来てまだ八週間なるやならずだった。彼は信頼のおける人物で困難な任務にも献身的だ、ということで護衛に選ばれたのだった。この抜擢にハートは感謝し、かつ驚いた。彼はダウンタウン支部の執行委員会の一員で、そこではよく知られた存在だった。

警官でさえ襲撃者たちの変装にまんまと欺されてしまったのだから、アメリカ人が同様にだまされても驚くべきことではない。だがそれに加えて当夜門口のベルを押したものに、ボブ［シェルドン・ハート］――家族の信頼を得て嬉々としているボブ――をよく知っている人物がひとりいた、ということはありそうなことである。警官服というういでたちに加えて、そのような人物の短い言葉――たとえば「ボブ、これらの局員はトロツキーにきわめて重大な伝言を持ってきたんだ」――は人を疑うよりはむしろ信じやすい性格を随所にあらわしていたハートに、充分な心理的効果を与えたことであろう。これと関連して、やはり新参の護衛が取った態度も重要な意味を含む。彼は銃をかまえて襲撃者のひとりに照準を当て、撃鉄を引いたが、結局決断しきれずに銃をおろしてしまったのだ。当家に対してできるだけの好意をさしのべてきているメキシコ警察とできるだけ協同すること、それは護衛の規則の一つであった。この好意に対して銃弾でもって答えることはできなかったのだ。

外で縛られていた警官の一人ラミレス・ディアスの報告によれば、ボブは門を出ていき、襲撃者の二人に腕を抑えつけられながら抗議はしたが抵抗しなかった、という。この陳述はのちに逮捕された者の自供、とくにスターリニスト側の紙上に載せられた陳述とはくいちがっていたが、ディアスはひるがえさなかった。彼はこの事件の尋問のため一ヵ月間拘留されたが、出所後の法廷においてもこう公言した。「ボブは襲撃者たちからひどい扱いを受けなかった。両側から腕をとられてはいたが、自発的に彼らについていったからだ」。この言明は事実にもっとも近いと思われる。」（長田一編訳『トロツキー最後のたたかい』）

トロツキー邸が武装襲撃を受けたとき、邸内にいたのはトロツキー夫妻、セーヴァ、ロスメル夫妻、秘書兼護衛のジョセフ・ハンセン、オットー・シュスラー、護衛主任のハロルド・ロビンス、護衛のロバート・シェルドン・ハート、チャールズ・コーネル、ジェイク・クーパー、メキシコ人の護衛メルキアデス・ベニテス、料理人のカルメン・パルマ、メイドのベレン・エストラーダであった。

トロツキーが信頼していた秘書のエジュノールは、前年一一月五日にメキシコを去り米国に移住していた。シュスラーは一九三二年五月にプリンキポに到着し、約一年間秘書兼護衛を務め、一九三三年四月まで滞在していた経緯がある。シュスラーの後任として同年四月二七日にプリンキポに到着したのが、一九三八年七月にパリで殺害されたルドルフ・クレメントであった。シュスラーは、トロツキーのメキシコ到着後、再びトロツキーらと合流していた。

タイピストのファニィ・ヤノヴィチは、トロツキーが前夜一一時頃まで仕事をしていたため足止めされ、それが終わった後、シェルドン・ハートに車で送られて宿泊先に帰っていた。シェルドン・ハートがトロツキー邸に帰着したのは午前零時前後であった。

当日トロツキー邸にいた人々のうち、拉致されたとみられるシェルドン・ハートと、足の拇指に怪我をしたセーヴァを除いて、奇跡的に誰も傷ついた者はいなかった。

事件発生の知らせを受けて、トロツキーの警護に関する最高責任者であった連邦区秘密警察のレアンドロ・A・サラサール・サンチェス大佐がトロツキー邸に到着した。サラサール大佐は、ほとんど誰も傷ついていないこと、そしてトロツキー夫妻が落ち着いていることから、襲撃が狂言ではないかと疑った。そして、シェルドン・ハートはどのような役割を演じていたのか。

トロツキー邸につねに鍵をつけっぱなしで置かれていた二台の乗用車（一台は古いフォード、もう一台はドッヂ）がなくなっていた。襲撃者たちが逃走のために奪っていったと推定された。やがてフォードは近くのビエナ通りとサンペドロ通りの角に、ぬかるみにはまった状態で乗り捨てられていたのが発見された。フォードの近くにはいろいろなものがばらまかれていた。一一〇〜一二五ボルト用の電気のこぎり、鉄棒が一本、トロツキーの護衛から奪ったと思われるモーゼル拳銃が数丁、多数の四五口径の薬莢、トムソン小型機関銃の挿弾板などである。

もう一台のドッヂは、現場からかなり離れたメリダ通りに乗り捨てられてあったのが発見された。車の中には、紺色の羅紗のズボンと上着、三八口径の拳銃弾のつまった黒と黄色の二つの皮製の弾丸入れ、金属製の鞘《さや》のついた短刀であった（ゴルキン『トロツキーの暗殺』）。

「彼ら［警察］はその襲撃がトロツキー自身の計画によるものであり、メキシコ政府の関心をスターリン主義者に対して向けさせるためのものだと考えつづけた。（中略）調査が始められた。トロツキー邸の警備についていた警官たちはその襲撃の様子を詳細に語った。午前三時を少し過ぎた頃、外回りの警官たちは三人の男が近づくのを認めた。そのうち二人は警官の制服を着け、三人目の男は陸軍の軍服で中尉の徽章を見せていた。担当の警官たちは視察だと思った。」（ゴルキン、前掲書）

三人に近づいた瞬間、警備担当の警官たちは三人から拳銃をつきつけられ、哨舎の中に押し入れられた。そこにはすでに別の三人の襲撃者がいた。そのうちの二人は警官の制服を着て、もう一人は陸軍少佐の軍服を着ていた。少佐の軍服を着た男が指揮をとっていた。この男がシケイロスであったらしい。

警備班長のロドリゲス・カサスの証言によれば、トロツキーのメキシコ到着直後は、トロツキー邸（最初はロンドレス通りの「青い家」）の警備班には三三名が配属されていたが、その警備班の存在が国家財政の負担になるとのPCMやその同調者たちからの抗議を受けつづけたので、人員は八名に減らされ、その後一〇名に固定され、一二時間交代で五名ずつが警備についていた。トロツキーはロドリゲス・カサスを信頼し、外出する際には必ずロドリゲス・カサスを同行させた。

サラサール大佐は、襲撃がトロツキー自身の狂言である疑いをもったことや、現場に居合わせた人々の証言に食い違いがあったため、秘書兼護衛のシュスラーと護衛のコーネル、料理人のパルマ、メイドのエストラーダを警察署に連行して事情聴取を行なった。トロツキーは護衛たちが身柄拘束されたことに立腹し、五月三一日付の手紙でカルデナス大統領宛てに抗議した。

カルデナス大統領は、トロツキーの要請に応え、護衛たちを釈放するようヌニェス警察長官に命じ、サラサール大佐はヌニェス長官に呼び出されてカルデナス大統領の指示を伝えられ、即座にシュスラーとコーネルを釈放した。

この時期、PCMとロンバルドは、襲撃事件はトロツキーの狂言であるとの説を流布することで、嫌疑がPCM関係者に向けられることを回避しようとした。

六月一八日、サラサール大佐はヌニェス警察長官の立ち会いの下で行なわれた記者会見において、襲撃事件の全容を解明しつつあり、襲撃グループは間接的に関与した者を含めシケイロスをはじめとするスペインで国際旅団に参加したPCM党員グループの約三〇名で、大半は逮捕ずみであるが、シケイロスらは国外に逃亡した可能性があると発表した。

トロツキー邸襲撃がシケイロスのグループによって行なわれたことが判明したのは、『トロツキーの暗殺』の著者ゴルキンによると、きわめて細い糸口からであった。サラサール大佐はある日、立ち寄った一軒の飲み屋で、初老の交通局の職員が、先日その店に現れた市内のタクバヤ地区の予審判事が「例の犯人たちが使った二着の警官の制服を貸した」と酩酊状態で言っているのを聞いた、と話しているのを耳にした。サラサール大佐はすぐに職場に戻り、部下のガリンド少佐にその話を伝えるとともに、その判事を連行してくるように命じたところ、偶然にもその判事はガリンド少佐の友人であることが判明、同少佐は一時間後に判事を連れてきた。

サラサール大佐による事情聴取に対し判事は、五月一七日午後四時頃に地区の警察署に判事として行ったところ、知人のルイス・マテオ・マルティネスが訪ねてきて、警官の制服を三着貸してくれるよう頼まれた。しかし、判事は制服を貸すことは適当ではないと判断し、連絡をとらなかったため、結果的には制服を貸さなかったのだと証言した。

この証言に基づいて、マルティネスが警察に身柄を拘束され、制服の調達を命じたのは、スペイン内戦に国際旅団の義勇兵として参加したPCM中央委員会委員であるダビド・セラーノ・アンドネギであったと供述した。そのため、警察はセラーノの妻が取り仕切っていたペンションを急襲してセラーノを逮捕し、大量の書類を押収した。その押収した書類の中から、セラーノと同様にスペイン内戦に参加したネストル・サンチェス・エルナンデスの名が浮かんだ。警察はネストル・サンチェスの叔父のもとを訪ね、五月二八日か二九日頃に甥のネストルが預けていった鞄を開けたところ、連邦区の警察が使用しているものと同じ指揮官用の制服一着のほか、制帽、肩帯、拳銃一丁などが見つかり、しかもその拳銃はトロツキー邸警備の警官から奪われたものの一つであることが判明した。こうして、警察は犯行グループの一角にたどり着いたのである（ゴルキン、前掲書）。

数日後、ネストル・サンチェスが逮捕されたが、彼は国際的な著名人である画家のダビッド・アルファロ・シケイロスの友人であり、シケイロスへの友情からトロツキー邸襲撃に参加したと供述した。また、もう一人の画家であるアントニオ・プホル、ファン・スニハ・カマチョ、マリアーノ・エレーラ・バスケスらが犯行グループのメンバーであると供述した。ネストル・サンチェスは、襲撃グループは二十数名ほどで、シケイロスと、ユダヤ系と思われる「フランス訛りの外国人」が指揮をとっていたと供述した。この外国人は「フェリペ」と呼ばれ、トロツキー邸の護衛と交友関係があったと思われると述べた。警察は、このネストル・サンチェスの証言から、「フェリペ」と呼ばれた外国人らしき人物が襲撃の首謀者であると推論した。

その後、警察はネストル・サンチェスの供述に出てきたプホルとエレーラの捜索を開始した。そして身柄拘束されたエレーラの供述から、トロツキー邸の近くのアバソロ通り八五番地のアパートに住んでいた女性二人の名がアナ・ロペスとフリア・バルラダス・エルナンデスであり、両名はトロツキー邸を監視するとともに、警備の警官と仲良くなることが任務であったことが判明する。フリアは、先述のPCM中央委員会委員ダビド・セラーノの前妻であった。セラーノはスペインとモスクワでNKVDの訓練を受け、帰国後はPCMとソ連邦地下組織の連絡役を務めており、トロツキー邸襲撃にはシケイロスの片腕として参加していた。

また、エレーラは、本人の手違いから襲撃には参加できなかったが、襲撃グループにはシケイロスの義兄のルイス・アレナルと義弟のレオナルド・アレナルが参加していたと供述した。さらに、六月二五日、エレーラの供述に基づいて、彼が待機場所として言及したリオン砂漠の道路沿いにあるサンタ・ロサの荒れ果てた農家を警察が捜索したところ、台所の一角の地面に最近掘られたような形跡が見受けられたことから、そこを掘り返すと石灰に包まれたシェルドン・ハートの死体が発見された。

その後、シケイロスの妻であるアンヘリカ・アレナルがメキシコ・シティからハリスコ州のグァダラハラに向けて旅行しているところが目撃された。このためグァダラハラに向かった捜査員が現地で、シケイロスが六月三日にグァダラハラから同じハリスコ州の炭鉱町オストティパキーリョへ行ったとの情報を得た。こうして、すでにラモン・メルカデルによってトロツキーが暗殺された後の九月末、サンチェス大佐が率いる一隊がグァダラハラに向かい、一三日間の捜索の末に、オストティパキーリョ近郊のシンコ・ミナスに野営していたシケイロスを発見し逮捕した。

シケイロスは一八九六年一二月二九日にチワワ州に生まれ、一七歳のときにメキシコ革命に参加してカランサ派の将校となり、一九二〇年代初頭にはフランスのメキシコ大使館付武官となり、パリで新しい発想と技巧による革命的形式をもった塑型芸術の試みを開始した。その後、モスクワを訪問し、トロツキーがもっていたNKVD情報によれば、一九二八年からNKVDの工作員となっていたとされる。ゴルキンによれば、シケイロスはスペイン内戦に参加し、メキシコ人義勇兵のリーダーとなったが、バロセロナの革命的芸術家同盟に加盟する際に、のちにトロツキー暗殺者となるラモン・メルカデルが世話をしたという（ゴルキン、前掲書）。レヴィンは、シケイロスをラモン・メルカデルに紹介したのは、ラモン・メルカデルの母親であるカリダッ・メルカデルであったとしている（レヴィン『暗殺者の心理』）。

事件の指揮をとっていたとされる「フランス訛りの外国人」と思われる人物に関して、スドプラトフは回想録の中で次のように述べている。

「一九三九年末、ベリヤ［NKVD長官］はメキシコの非合法工作員のネットワークを強化するよう示唆した。彼は私を隠れ家に連れてゆき、ヨシフ・グリゴリエヴィチ（コードネーム「パードレ」）に引き合わせた。彼は西ヨーロッパでの非合法工作を終えてモスクワに戻っていた。（中略）父親がアルゼンチンに大きなドラッグストアを経営していたので、彼がラテンアメリカに現れても不自然ではなかった。グリゴリエヴィチは、一九四〇年一月メキシコに到着、エイチンゴンの指示で、メキシコとカリフォルニアで活動する非合法工作員の三番目の予備ネットワークを組織した。また、グリゴリエヴィチはシケイロスの部隊にも協力し、トロツキーの護衛の一人シェルドン・ハートと会うようこぎつけた。そして、一九四〇年五月二三日［引用者注――二四日の誤記］の夜明け前、ハートが警備に当たっているとき門をノックした。ここでハートは門を半開きにするという致命的なミスを犯した。それに乗じて、シケイロスの襲撃隊が建物に突入した。（中略）グリゴリエヴィチの顔を知っていたハートの線から、われわれの存在が漏れるおそれがあったのでハートは始末された。」（スドプラトフ『KGB衝撃の秘密工作』）

この証言から、ハートに門を開けさせたのはグリゴリエヴィチであったと判断されようが、一方で「フランス訛りの外国人」と同一人物であったかどうかは別問題となろう。ただし、グリゴリエヴィチが武装襲撃に参加したことが事実であれば、彼であった可能性が大である。

他方でグレゴリー・ラビノヴィチ（第5章第2節参照）であったとの説もある（ゴルキン、前掲書）。しかし、駐米ソ連邦赤十字代表を装って工作員網を指揮していたラビノヴィチが、たとえ武装襲撃の時点にメキシコにいたとしても、武装襲撃の実行グループに加わっていた可能性は低いと思われる。したがって、やはりグリゴリエヴィチであった可能性の方が高いと思われる。

またゴルキンは、アメリカからメキシコにやって来たスターリン派の工作員、B・ヘルマンとスタシェルのうちの一人であった可能性も示唆している。この二人の存在は、シルヴィア・エイジロフの妹ヒルダがニューヨークからメキシコに手紙で報告していた。

前述のとおり、シケイロスは九月末に逮捕され、その共犯者とともに九つの罪名で起訴された。しかし、その後の司法プロセスは奇妙な方向に向かい、明らかに政治的配慮を加えたような経過をたどった。まず被告側の弁護団が起訴の却下を二件要求したが、これに対して裁判所は、殺人、殺人未遂、銃火器使用、犯罪謀議、公務詐称の罪を免れさせ、家宅侵入、警官の制服の不正使用、強奪、財産の破損という比較的軽微な罪だけを問うことになった。さらに、これらの軽微な犯罪容疑の告発状が作成されると思われたが、そうこうするうちにシケイロスは保釈された。

裁判では、運転手として参加させられた二名が、トロツキーが無傷だと知ったシケイロスが「何もかも無駄になってしまった」と言ったと証言したにもかかわらず、担当判事はこの証言を無視し、他方でシケイロスが、襲撃は「心理的目的」だけであったと申し立てたことを受けて、裁判所側もその申し立てを受け入れた。また、シェルドン・ハート殺害に関して、生前の被害者が最後に一緒にいたとされるアレナル兄弟の容疑に関しても証拠不充分で却下された。公務詐称に関しても、警官を装いはしたが、警官の職務を偽って実行したわけではないとの判断が下された。

さらにシケイロスが保釈中の期間に、彼をチリに壁画を描くために行かせる手はずが整えられた。チリにおいてはチリ共産党も参加する人民戦線政府が成立しており、メキシコとチリの政府間で調整することは容易な環境にあった。保釈中に国外脱出することはメキシコの法律上においても国外逃亡の罪を問われるにもかかわらず、シケイロスのチリ行きはチリ外務省に対して正式に要請され、受け入れられた。

2　運命の日

シケイロス・グループによる襲撃事件後、ビエナ通りのトロツキー邸は警備をより堅固にし、まさに「要塞」の家へと改造される。秘書兼護衛のジョセフ・ハンセンは一九四〇年一〇月の『第四インターナショナル』で次のように述べている。

「GPUが機関銃でトロツキーの寝室を襲撃した五月二四日事件の後、コヨアカンの邸宅は事実上の要塞に変貌した。護衛を増やし、武装をより強化した。防弾窓も据えつけた。天井や床に防弾装置を施した小砦も築造された。古い木造玄関に代わって、電気スイッチで制御される鋼鉄製二重扉がつけられた。前にこの古い玄関でロバート・シェルドン・ハートがGPUの奇襲を受け拉致されたのである。新しく装甲を施した三基の塔［見張り塔］が、パティオだけでなくあたりを睥睨《へいげい》するように建てられた。有刺鉄条網や防弾ネットも用意されていた。これらの築造のすべては第四インターナショナルのシンパやメンバーの犠牲によって可能となったものである。」

「トロツキー博物館」に現存する監視塔

「私たちがトロツキーの家を要塞に変えつつある間、しばしばトロツキーはパティオを歩きまわって修正や改良を提案したりした。それでもこんな所に住まわされるのを不愉快に思っていた。彼は私によくこう言ったものだ。「あれをみると、私がはじめて入ったキルギスの監獄を思い出す。戸が閉まるときあれと同じ音を立てる。これは家じゃない。中世の牢獄だ」。実際あの家は監獄みたいだった。まるでツァーの監獄で刑期をつとめているみたいだった。二〇フィートある壁に取りまかれた生活に押し込められてしまった。」(長田編訳、前掲書)

襲撃が失敗した日から四日目の一九四〇年五月二八日、トロツキーは自らの暗殺者となるラモン・メルカデルと初めて顔を合わせた。前年八月八日にフランスからセーヴァを連れてきて、その後もトロツキー邸に滞在していたロスメル夫妻が帰国するにあたり、夫妻をベラクルスまで送ると約束していたメルカデルがトロツキー邸を訪れたためであった。メルカデルは、ロスメル夫妻がベラクルスから船に乗る予定を知らされたとき、愛車のビュイックでベラクルス港まで乗せていこうと申し出ていた。メルカデルがトロツキー邸に着いたのは午前八時前であった。ロスメル夫妻を見送りにナターリャと、ジョセフ・ハンセンの妻リヴァ・ハンセンも同行することになっていた。そのときの様子をジョセフ・ハンセンは次のように書いている。

「トロツキーはパティオにいて、「ジャクソン」と初めて会った。二人は握手をした。トロツキーは鶏の囲いのあたりで雑用を続けていた。「ジャクソン」はそこを退出してトロツキーの孫のセーヴァと話し始めた。「ジャクソン」はこの子におもちゃのグライダーを与えた。ナターリャとトロツキーはともに彼がセーヴァの部屋にいるのに気づき、そしてセーヴァにそれはどんな物かと訊ねた。「ジャクソン」はグライダーの動かし方を説明した。

いつも他人に対して思慮深いトロツキーは、ナターリャに「ジャクソン」を食事に招かないでいいかどうか聞いた。彼女は、彼はすでに朝食を済ましたはずですと答えた。しかし彼は儀礼上テーブルに招かれ、腰をおろした。彼はコーヒーを一杯飲んだ。これが、「ジャクソン」がトロツキーと一緒にテーブルについた最初の時であった。」（長田編訳、前掲書）

ベラクルスへの旅によってメルカデルは、ナターリャと親しくなる機会を得た。彼らは五月三〇日にコヨアカンに帰着し、その日メルカデルは午後三時四二分から約三〇分間邸内に滞在したが、トロツキーは午睡中であったため、トロツキーとは会っていない。

メルカデルがその次にトロツキー邸に現れたのは六月一二日であった。その日は、ニューヨークへ行くことになったから、留守中に護衛たちが自分の車を使えるように置いていくと言うために、ほんの数分いただけだった。護衛のジャック・クーパーがメルカデルのビュイックで彼を空港まで送ってゆき、車をトロツキー邸に持ち帰っている。

ニューヨークに行ったメルカデルが、そこで何をしていたかは定かではない。ゴルキンは、シケイロス・グループによる襲撃が失敗したことを踏まえ、ニューヨークにおいてメルカデルはラビノヴィチからトロツキー暗殺の指令を受けたと推測している（ゴルキン、前掲書）。

メルカデルは七月初めにメキシコに戻っていたと推定されるが、シルヴィアがメキシコに帰ってきた後の七月二九日に、メルカデルはシルヴィアとともにトロツキー夫妻にお茶に招待された。この日は、メルカデルがトロツキー邸に最も長く滞在した日であり、午後二時四〇分から三時五〇分まで滞在した。

その後、メルカデルは八月一日、ナターリャとシルヴィアを日用品の買い物のために車で都心まで案内し、帰りは買い物の包みをトロツキー邸に運んだ。ナターリャに指示されて包みを邸内の指定の場所に運び込んだ後、用事があるからと立ち去った。

八月八日、午後六時前にトロツキー邸に入った。この日メルカデルは、花束とキャンデーの箱をナターリャに渡し、約四五分間滞在した。

八月一一日、昼食のあと車でシルヴィアを迎えに来た。外で待つことをやめ、邸内に入ったが護衛たちには当然のように受け取られるようになっていた。

八月一七日、再びトロツキー邸を訪れた。メルカデルは第四インターナショナルにおけるロシア問題をめぐる最近の論争について、すなわちSWPにおけるキャノン派とバーナム＝シャハトマン派の間の抗争に関連して、シャハトマンとバーナムを批判して書いた論文の原稿をトロツキーに見てもらいたいと申し出た。トロツキーは、原稿を読むから一緒に書斎に来たまえとメルカデルを招いた。メルカデルにとって、ようやく命令を実行できる環境に近づくことができたわけである。トロツキーはメルカデルの原稿に二、三の提案を行なった。けれどもトロツキーはナターリャには、その原稿は混乱し、格別妙味をひく代物ではないと語っていた。また、「ジャクソン」にはもう会いたくないとも語った。

トロツキーはその日のメルカデルの書斎の中での無作法な振る舞いに疑いをいだき、この漠然とした疑惑を犯行日の前日にジョセフ・ハンセンに打ち明けていたという。

八月二〇日の火曜日、トロツキーは午前七時に起きると、ナターリャの方を向き、「久しぶりで、体の調子が非常にいい」と言い、「前夜飲んだ睡眠薬がよかったんだな」と言い添えた。そして、「今日は一日、うんといい仕事をするんだ」と言って、急いで着替えて兎に餌をやりに行き、約二時間にわたって兎の世話をした。その後、朝食をとり、各国のトロツキスト・グループの機関紙のために書く予定の「革命的敗北主義」に関する一論文について話してから、書斎に行った。

午前中に届いた郵便物の中に、資料を送ったハーヴァード大学図書館の司書から資料を受け取ったとの電報があったので、トロツキーは非常に上機嫌になり、米国の友人宛てに数通の手紙をしたためた後、彼の最後となった論文を録音機で記録し始めた。

午後一時にメキシコ人の弁護士が、トレダーノ派の機関紙『エル・ポプラール』の攻撃に反駁するよう勧めるためにやって来て懇談した。反駁文を書くために、「革命的敗北主義」の論文の作成を数日間延期することにした。そして、トロツキーは『エル・ポプラール』の記事をノートにとる作業を始め、午後五時過ぎに再び兎小屋にやって来て、餌をやった。メルカデルがトロツキー邸に到着したのは、午後四時二一分であった。

トロツキーの孫のセーヴァは、事件当日の様子を次のように述べている。

「[メルカデルが]午後四時頃に、雲ひとつないのにレインコートを腕にかけて再びやって来ました。ナターリャは、顔色がよくないわよと彼に言いました。トロツキーは兎に餌をやっていましたが、それを中断して、彼といっしょに家の中に入りました。数分後、恐ろしい叫びがとどろきました。防衛隊員たちが急いで駆けつけると、トロツキーが流血に染まっていたのです。メルカデルは次の一撃を加えようと思ったようですが、トロツキーの驚くべき抵抗によって動けなくなり、そうすることができませんでした。防衛隊員たちはメルカデルをおさえつけました。彼は、ほとんど喋らず、「やつらが私にこうするよう強制したのだ。やつらはお母さんを捕まえているんだ」と言っただけでした。

その少し後で学校から戻った私は、メルカデルが、恥も外聞もなく泣きながら二人の警官に支えられているのを見ました。この情景は私の心の中に今なお深く刻み込まれています。（中略）トロツキーは血まみれで床に横たわっていました。彼は私がいるのを認めると、「セーヴァを向こうにやりなさい。彼には見せてはならない」と指示しました。（中略）彼はナターリャに別れを告げ、接吻し、自分の深い愛を彼女に言い残すことができました。彼は、平静さと全面的な落ち着きを示していました。」（マテュー「トロツキーの孫　エステバン・ボルコフに聞く」）

一方、秘書兼護衛のジョセフ・ハンセンは次のように述べている。

「チャールズ・コーネルとメルキアデス・ベニテスと一緒に、私は第一監視塔のそばの屋上に立っていた。われわれはGPUの再度の襲撃に備えて非常警報用電気装置と強力なサイレンを連結させようとしていた。当日午後おそく、五時二〇分から三〇分の間に、「ジャクソン」がビュイックのセダンを運転してやってきた。彼は、第四インターナショナルのシンパとして、かつ前社会主義労働者党員シルヴィア・エイジロフの夫としてわれわれに知られていた。彼はいつもの習慣どおりにラジエーターを家に向かい合わせに駐車することはしないで、正反対に向きを変えて車の頭をコヨアカンに向けて、壁に平行させて駐めた。車から出ると、屋根の上にいるわれわれに手を振って叫んだ。「シルヴィアはもう着きましたか?」

われわれはいささか驚いた。トロツキーがシルヴィアと「ジャクソン」に約束していたとは知らなかったが、その約束をわれわれが知らないのはトロツキーの手ぬかりだと思った。こうした過失は、そんなとき彼に珍しいことではなかった。

「いや、まだだよ、ちょっと待ちたまえ」と私は「ジャクソン」に答えた。それからコーネルが二重扉の電気制御器を操作し、ハロルド・ロビンズが訪問者をパティオに迎え入れた。「ジャクソン」はレインコートを腕にかけていた。雨期なので、日は照っていたけれども南西の山々に厚い雲がかかっていて、大降りが来そうだった。

トロツキーはパティオで兎とひよこに餌をやっていた。やむなく閉じ込められた生活で軽い運動をとる彼の方法がこれであった。いつもの習慣どおり餌を与えてしまうまで、それともシルヴィアが着くまで、トロツキーは屋内に入らないものとわれわれは思っていた。ロビンズはパティオにいた。トロツキーには「ジャクソン」一人とだけ会う習慣はなかった。

メルキアデスとコーネルと私は仕事を続けていた。次の一〇分か一五分のあいだ、私は第一監視塔に座って非常警報用電気装置と各自の部屋をつなぐスイッチにはりつける白ラベルに護衛たちの名前を書きつけていた。

恐ろしい叫び声が午後の静けさをつき破って聞こえた――それは長く尾を引いた、苦悶に満ちた、半分悲鳴で半分すすり泣くような叫び声であった。私の足は引きつり、悪寒が骨の髄まで走った。私は監視室から屋根に走り出た。家屋を建て直している一〇人の人夫の一人が事故でも起こしたのか。激しい格闘の物音がおやじさんの書斎から聞こえ、メルキアデスはライフルの銃先をその窓に向けて構えた。一瞬そこに青い作業服を着たトロツキーが誰かと格闘している姿が映った。

私はメルキアデスに叫んだ。「射つな！　おやじさんに当たるぞ！」　メルキアデスとコーネルは書斎の出口の上の屋根に残った。私は総非常警戒のスイッチを入れ、はしごをすべり下りて書庫に入った。食堂と書庫をつなぐドアを入ってみると、おやじさんはよろめきながら書斎から数フィート出てきたが、血が顔を伝って流れ落ちていた。

「奴らが私に何をやったか見たまえ！」と彼は言った。

同時にハロルド・ロビンズが、そのあとに続いてナターリャが、食堂の北側のドアからかけつけて来た。ナターリャは狂ったようになってトロツキーを抱えながら、彼をバルコニーに連れて出た。ハロルドと私は「ジャクソン」の方を振り向いた。「ジャクソン」は、はあはあと息を切らせながら、顔をこわばらせ腕をだらりとさせて自動拳銃を手にぶら下げて、書斎に立っていた。ハロルドの方が彼のところに近かったので私はこう言った。「君は奴の方を頼む。ぼくはおやじさんの容態を見てくる」。私が向きをかえたとき、もうロビンズはその人殺しを床に倒していた。

トロツキーは食堂の方によろめきながら戻っていた。ナターリャはむせびながら、彼を助けようとしていた。彼女は「彼らが何をやったか見てちょうだい」と言った。おやじさんは居間のテーブルの近くで力つきて倒れ、私は彼を抱きかかえた。

傷ははじめ一瞥したところではかすり傷ぐらいに見えた。銃声はしなかった。「ジャクソン」は何かの道具で殴打したにちがいなかった。何が起こったんですかと私はおやじさんにたずねた。

「ジャクソンは連発銃で私を射った。重傷だ。もうだめだと思うよ。」

「ほんのかすり傷ですよ。よくなりますよ」と私は彼を安心させるよう努めた。

「ぼくらはフランスの統計について話し合っていたんだ」とおやじさんはこたえた。

「あいつはあなたの背後からやったのですか？」と私はたずねた。

トロツキーは返事をしなかった。

私は言った。「いや、奴は銃で射っていないのです。ぼくらには銃声が聞こえなかった。あいつは何かであなたを殴ったのです。」

トロツキーは疑わしそうにして、にぎった私の手に力をこめた。私たちが以上の言葉を交わしている途中、彼はロシア語でナターリャと話した。彼はずっとナターリャの手を自分の唇におし当てていた。

私は屋根にかけ上がって、引き返し壁ごしに警官に大声で「救急車を呼んでくれ！」と叫んだ。コーネルとメルキアデスに「やられたぞ——犯人はジャクソンだ」と告げた。そのとき私の腕時計では六時一〇分すぎだった。

私はもう一度おやじさんのそばに寄った。コーネルもそばにいた。町から救急車が着くのが待ちきれないで、私たちはコーネルにドゥトレン博士を迎えに行ってもらおうと決めた。ドゥトレン博士は近所に住み、以前に訪問客として来たことがあった。私たちの車は二重扉の後ろのガレージに鍵をかけて置いてあるので、コーネルは道路にとまっていた「ジャクソン」の車に乗ることにした。

コーネルが部屋を出ると、ロビンズが「ジャクソン」をつかまえている書斎から新たな格闘の物音がした。

「あれを殺さないようにみなに言いたまえ。あれの口を割らせないといけない」とおやじさんは言った。

私はトロツキーとナターリャをおいて書斎に入った。「ジャクソン」はロビンズから逃れようと絶望的にあがいていた。彼の自動拳銃はそばの机の上にあった。床には血痕のついた器具があったが、私にはそれが鉱山師が使うつるはしのように見えた。しかしピッケルのように後側の部分が打ち延ばされてあった。私は「ジャクソン」との格闘に加わって、彼の口と耳下のあごをなぐって、手にけがをした。

「ジャクソン」は正気に返ると、嘆きうめいた。「奴らが母さんを投獄したんだ……。シルヴィア・エイジロフは関係ない……。いやGPUじゃない、ぼくはGPUと関係ない……」。彼は自分とGPUとの関係を否定する言葉に強調《アクセント》を置いた。自分の役のせりふ書きで、ここで、大声を出せと要求されているのを突然思い出したというふうだった。しかし、そのまえに彼は真実をもらしてしまった。ロビンズに倒されたとき、明らかにこの人殺しはもはやこれまでと観念していた。恐怖にもだえて、押さえんとして押さえ切れないような言葉が唇からもれていた。「奴らがそれをぼくにやらしたんだ」。ここで彼は真実を語っていたのだ。彼にやらせたのはＧＰＵだった。」（長田編訳、前掲書）

取り押さえられたメルカデルの衣服から一通のフランス語の手紙が発見された。中味はタイプで、日付と署名だけが鉛筆で書かれた奇妙な手紙であった。手紙には次のように書かれていた。

「私は、自分の身に事故が起きる場合にそなえて、私が実行しようとしている正義の行為を私にさせるようになった種々の動機を世論の前に説明するために、この手紙を書くものである。

私はベルギーの旧家の出身である。私はジャーナリズムの勉強をしたパリで、自分と同年輩の青年たちと知り合った。彼らは、いろいろな左翼組織で戦闘的に活動し、またしだいに、彼らと考えをともにするように私を導いた。社会の不正の実態に対して他のなにものよりも効果的に闘うことを可能にしたジャーナリズムを職業として選んだことは、私にとって幸福だった。そのようにして、私はトロツキストと親しくなり、また、彼らのイデオロギーの正しさを確信しはじめたのである。喜んで、私は彼らの組織に入ったのである。その時以来、私は自分の全精力と信念とを、革命のために注ぎ込んだ。私はレオン・トロツキーの熱烈な信奉者であり、彼の主義に奉仕するためには自分の血の最後の一滴までも与えたであろう。私は、自分を教育し成長させて、革命の主義に役立てるため、革命運動に関する種々の書物を勉強した。」（ゴルキン、前掲書）

メルカデルが事前に用意していた犯行声明は、自分がいかにしてトロツキストになったかという嘘の説明に始まり、やがてなぜトロツキー殺害を決意するに至ったかを、トロツキーに対する怒りを呼び起こさせるように書かれていた。

「その時期に、私は第四インターナショナル委員会のある委員と知り合った。何度かの会談の後、その人は私にレオン・トロツキーと知り合うためにメキシコへ行くことを提案した。当然、その考えは私を感激させた。すなわち、その旅行は夢の実現であり、私は心からその提案を受け入れたのである。その同志は旅費や身分証明書、その他を準備して、私の出発を容易にしてくれた。私は兵役の義務があったので、自分の本物の身分証明書ではとうてい出発できなかっただろう。

私の出発の前に、何回かの話の中で、その同志は、人々が党のたんなる戦闘的一員という役割以上のものを私から期待していたことを、私を納得させた。けれども、それが何であるかは明確には伝えられなかった。私はまず、合衆国に向かって出発し、次にメキシコに向かった。

メキシコに到着するとすぐに、私は、自分への注目を引かぬため、コヨアカンにあるトロツキーの家から少し離れて住むべきだ、といわれた。私がトロツキー自身の招待で彼の家をしばしば訪れるようになったのは、数カ月たってからであった。トロツキーは、みなが私から期待することに関する詳報をしだいに、私に示し始めた。

それは大きな幻滅であった。私が目の前にしたのは労働者階級の解放闘争を指揮している政治的指導者ではなく、彼の個人的欲望、つまり復讐と憎悪への渇望を満たすことをとりわけ望んでいる人間であった。また彼にとっては、労働者の闘争は、彼の卑俗さと低俗な打算を隠す口実であった。

彼と話した後、私はついに、人々が私に何を期待したかがわかった。その時、かつて私が非常に尊敬していたこの人物に対する私の失望と軽蔑とが増大した。

彼は私に、ロシアへ行って、敵、とくにまずスターリンに対する暗殺計画を組織するよう勧めた。そのことは、私がその時まで誠実で率直なものだと信じていた闘争のすべての原理に反していた。すなわち、私のすべての原則がくつがえされたのである。しかし、私は彼の下劣さや憎悪がどこまで進むかを見るために、そのような私の感情をまったく表さなかった。

とくに、私は、自分がロシアに入国するのに、どのような手段を取るべきかを尋ねた。答えは、ある目的に達するためにはあらゆる手段が使いうるから、心配は無用、ということであった。彼は、ある大国の援助のみならず、ある外国の議会の委員会の支援をも期待し、あてにしていた。

それは私にとって、大胆な決意を抱かせることになった直接の原因であった。その時からすでに、私の気持ちはもはや何の疑いもなかった。トロツキーの唯一のねらいは、彼の個人的な卑俗な目的のために自分の支持者を利用することだった。私は彼が資本主義国の指導者たちと密接な関係をもっていることをとくに不快に思い、また、トロツキーが労働者階級のことなどまったく気にかけていない、とスターリン一派が非難したとき、それはおそらく、真実からそれほどかけ離れていなかったという結論に達した。われわれの話の際に、私は、彼がメキシコ革命について、また、メキシコ的なもののすべてに表明した軽蔑に驚いた。（中略）

一度、要塞に作りかえられた彼の家について彼はこう打ち明けた。「それは、スターリン一派に対してのみでなく、党の少数派に対しても自分を守るためである」。このことは、彼が党員の数名の追放を望んでいることを意味した。

彼がまさにそういっているように、要塞に作りかえられたこの家について、私は、彼がこのような改修工事の完成に必要な資金をどこから引き出したのかを、しばしば怪しんだ。彼の党は非常に貧乏であり、また、ある国においては、党は出版用の資金さえ持っていない。(中略)それでは、いったいどこからその資金は出たのだろうか。彼をたびたび訪れるある大きな外国の領事が、おそらく、その疑問に答えることができるだろう。

最後に、私は、彼が個人的に自分に関係のないことには、ほとんど関心を示さないことのもう一つの証拠を付け加えよう。すなわち、私は、自分がある娘と結婚する前にロシアへ行くことができないし(その娘は立派で忠実であったから私は彼女を心から愛していた)、また、私は自分の妻を伴ってのみロシアへ行くだろう、と彼にいったときに、彼はいら立ち、私が彼女と別れるべきであり、また、私が少数派の仲間に属する人と結婚すべきではない、といったのである。ありうることだが、もしも彼女が私の遂行しようとしている行為の後に、私のことなどは聞くのもいやだ、といったら、労働者の運動に多大の害を与えるその運動の首領を抹殺することに私が自分のすべてを捧げる決心をしたのは、また彼女のためでもあったことを彼女に知ってほしい。また、後日、彼の党のみならず歴史自身も、私が労働者階級の強敵を抹殺したことを正当としてくれるだろう、と私は確信している。

不幸が私の身に起こった場合には、この手紙が公表されることを願う。」(ゴルキン、前掲書)

犯行後、連行された救急病院の診察室で聴取された「モルナール」の自白は、この手紙の内容に沿うものであった。

タイプ書きの部分は以前に書かれ、署名だけはその日に書きこまれた可能性が大きい。その日、ラモン・メルカデルはホテル・モンテッホでシルヴィアと朝食をとった後、米国領事館に行かなければならないと言い、夕方にトロツキー邸に挨拶に行くのでその前に迎えに来ると言って出かけた。午後一時頃、メキシコ市中心部の美術館前にシルヴィアといたときに、休暇をとっていた秘書のオットー・シュスラーと偶然に出会っている。二人は翌日ニューヨークに出発しようと考えており、トロツキーに暇乞いをするため、午後四時半か五時頃にトロツキー邸に行くだろうとシュスラーに告げた。シュスラーは二人を午後七時半に市内で食事に招待したいと言った。まもなくメルカデルは会合の約束があると言って、シルヴィアとシュスラーを残して去った。

夜七時半にシュスラーと彼の許婚者は約束の場所に着き、シルヴィアは一五分ほど遅れて一人でやって来た。シルヴィアは、メルカデルがまだそこに来ていないと知って、不審げに、「私は、彼が何をしているのか知りません。こんな時間に、不思議だわ。ふだんは彼は遅れそうになると思う場合には、ホテルに電話をかけるのに。彼は私に、トロツキーにお別れの挨拶をしに行くから、四時半には迎えにいくといったんです。彼は迎えにもこず、電話もくれなかった」と語った。シルヴィアは何度もホテル・モンテッホに電話をしたが、メルカデルはいなかった。シルヴィアとシュスラーたちはメルカデルを探しに出かけた。午後八時一〇分頃、シュスラーはトロツキー邸に電話しようと提案した。シルヴィアは「ジャクソンがあそこにいることはありえません。彼は私と一緒でなければ、決してトロツキー邸には行きません」と言ったが、シュスラーはトロツキー邸に電話して事件について知った。そして、彼らはタクシーを拾ってトロツキー邸に急行した（ゴルキン、前掲書）。

ラモン・メルカデルがトロツキーに見てもらうために持ってきた論文は、「第三陣営と人民戦線」と題するものであり、世界戦争の「第三陣営」というバーナムやシャハトマンの理論を扱い、その階級的基盤とフランス人民戦線の基盤とを比較するというもので、アイデアは「ジャクソン」のものではなく、ジョセフ・ハンセンによればオットー・シュスラーが初めに表現したものであった（長田編訳、前掲書）。

ラモン・メルカデルが、犯行直後に救急病院で行なわれた尋問に答えて述べた殺害の模様は次のとおりであった。

「犯行の日、私は六時半頃に彼の家についた。ハロルドが私に門をあけてくれた。私が門に入った時、監視所には、他のトロツキーの部下たちがいた。彼らは私に何かききとれないことをいった。私はハロルドに、シルヴィアは来たかどうかと尋ねた。というのは、彼女は前から「おやじさん」を訪ねたがっていたからだ。彼は私に、来てない、といった。私は、「彼女はおそらくあとで来るだろう」と答えた。私は、トロツキーが飼兎にえさを与えているのを見た。濡れた草か乾いた草が——もうよく覚えていないが——兎たちの腹をふくらせる、と彼は私にいった。彼は私にその理由を説明したが、覚えていない。兎のことを私はまったく知らないのだ。彼は私に、合衆国内のトロツキストたちの分裂における理論的問題について私が書くといっていた論文をもってきたか、と尋ねた。彼は私の論文をとって、書斎に入り、仕事机に座った。私は彼の左側にいて、彼は私に背を向けていた。彼は警戒していなかった。私はレインコート（その下に私は短刀とピストルを隠していた）を、ある家具の上に置いた。それがどれであったかは今はもう見分けられず、忘れてしまった。その家具は部屋の東の壁の前におかれ、それに対してトロツキーが背中を向けていたことだけを私は知っている。彼が私の論文を読むことに熱中したときに、私はレインコートの中からピッケルを取り出し、目を閉じて、彼の頭に激しい一撃を加えた。私は彼に一撃しか与えなかったが、彼は苦痛のかん高い叫びを発し、同時に、彼は私に襲いかかって左手に噛みついた。それは私がまだつけている三本の歯のあとによってもわかるだろう。ついで、彼はゆっくりと部屋から出て行った。トロツキーの呻き声を聞きつけて、ハロルドが、次にハンセンとチャールズがやってきた。私は何が起こっていたのかわからず、また無自覚で、逃げることもできなかった。ハロルドは彼の連発ピストルの銃把で、私を打ち始めた。他の連中もやってきたかもしれないが、私は見なかった。やがて、警察がやってきて、私をここまで連れてきた。」（ゴルキン、前掲書）

午後六時過ぎにヌニェス警察長官がトロツキー邸に到着して、「ジャクソン」は逮捕された。警察は護衛たちに殴打され負傷して血を流していた「ジャクソン」を緑十字救急病院に搬送し、治療を受けさせ、一〇名ほどの警官に警護させる一方で、サンチェス大佐が尋問を開始した。二六日には病院と同じビルにある第六区警察署の監房に移された。

他方、トロツキーも同じ病院に運ばれたが、午後七時半頃昏睡状態に陥った。五人の外科医によって頭蓋骨に穴をあける手術が施されたが、傷は七センチに達しており、右の頭頂骨が砕かれて、ピッケルの刃先の破片が脳髄に突き刺さっていた。脳膜は傷つき、脳髄の一部が破れ、砕かれていた。トロツキーは、その翌日、一九四〇年八月二一日午後七時二五分に死亡した。

翌二二日、葬儀がメキシコの習慣に従って執り行なわれた。葬儀式場から墓地まで柩のあとに従って葬列が通り過ぎたが、メキシコにおけるトロツキスト運動の影響力をはるかに超える三〇万人近い人々が街頭に出て葬列を見送った。墓地では、SWPのアルバート・ゴールドマン、元CTM幹部のガルシア・トレヴィーノ、スペインのPOUMのフェルナンデス・グラディソ（ムニス）が演説を行なった。そして、フェルナンデス・グラディソがトロツキーの最後の言葉、「第四インターナショナルの勝利を確信する。前進せよ！」をスペイン語に訳して読み上げた（長田編訳、前掲書）。

遺族と第四インターナショナルは、ニューヨークにおいても葬儀を行なうため、米国政府に許可を求め返答を待った。その間、二七日までトロツキーの遺体は葬儀式場に安置され、労働者たちが柩のそばで二四時間交代で直立不動の姿勢で遺体を警護した。しかし、二六日に米国国務省は、遺体を米国に運び込む許可申請を拒否した。このためトロツキーの遺体は二七日、火葬に付され、遺骨はビエナ通りのトロツキー邸の中庭に葬られた。

ラモン・メルカデルがトロツキー邸に入ったとき、エイチンゴンとメルカデルの母カリダッが、ビエナ通りの近くに停めた車の中で、トロツキー邸から脱出するはずのメルカデルの国外逃走を支援するために待機していた。ラモン・メルカデルは小型飛行機で国外脱出するよう手配されていた。しかし、トロツキー邸での騒ぎが大きくなったため、メルカデルの脱出は不可能と判断して、彼ら自身の安全のためにも、関係者はただちに現場を立ち去り、さらにメキシコを離れた。

スドプラトフによれば、グリゴリエヴィチはメキシコ・シティからカリフォルニアに逃げ、エイチンゴンとカリダッ・メルカデルはキューバに逃げた。とくにカリダッは、かつて一族が住んでいたコネを利用してキューバに隠れたという。エイチンゴンとカリダッは約六カ月間キューバに隠れひそみ、その後、船便でニューヨークに行き、ユダヤ人社会とのコネを利用して新しい書類と身分を獲得した。二人はアメリカを横断して、ロスアンゼルスとサンフランシスコまで行くと、そこから一九四一年二月にウラジオストックに向けて船出した。カリダッはその後シベリア鉄道を経てモスクワに到着したが、一九四一年から四三年の二年間はタシケントに居住した。その地で出会ったスペイン共産党員のエンリケ・カストロ・デルガードに、ラモン・メルカデルによるトロツキー暗殺に関して話したことが、メルカデルの正体が世界的に知られる発端となった。

カリダッのフルネームはエウスタシア・マリア・カリダッ・デル・リオ・エルナンデスという。カリダッは、一八九二年三月三一日にキューバのサンティアゴ・デ・クーバに生まれた。カリダッはフランスの聖心派の学校に入れられ、その後一九〇六年にバロセロナの同系列の学校に転校した。卒業後、カリダッは両親とともにキューバへ帰ったが、その後エルナンデス家は米西戦争によってスペインがキューバを失ったことも一因であったのか、一九一〇年一〇月にバロセロナに永住するためスペインに戻ってきた。カリダッは一九一一年一月、一八八四年生まれの実業家パブロ・メルカデル・マリーノと結婚した。パブロとカリダッの間には、四人の息子ホルへ、ラモン、パブロ、ルイスと一人の娘モントセルラートの五子があった。ラモンは一九一三年二月七日に生まれた。

一九二五年、カリダッは夫との生活に飽き、また夫の事業が下降気味となり家庭の経済状態が悪化したこともあり、子供たちを連れてフランスに行った。彼らはツールーズに落ち着き、その後ボルドーに移った。この頃、カリダッは共産主義者であるフランス人パイロットと知り合い、急速に共産主義運動に接近していった。一九二九年には夫パブロと最終的に決裂した。カリダッはパリに移って、フランス共産党の人々と交わった。

カリダッはスペイン内戦が勃発したとき、バロセロナに戻っていた。反乱軍がバロセロナ市街を占拠したときには、労働者部隊の先頭に立って抵抗戦を指揮して反乱軍を撃退した。その後、ホテル・コロンに設置されたカタロニア統一社会党（ＰＳＵＣ）本部の事務室で、共産主義婦人連合の指導者となった。また、息子たちとともに共和派の人民軍部隊に参加したが、一九三六年一〇月初めにメキシコへの使節として派遣された。他方、ラモン・メルカデルは、中尉の位でアラゴン戦線の第二七区の政治委員になっていた（レヴィン、前掲書）。

一九三六年一一月六日から約二カ月間、カリダッはメキシコに滞在している。スペインのＰＯＵＭの代表団がメキシコを訪問し、そしてトロツキーが亡命先のメキシコに到着したまさにその時点に、カリダッはメキシコに滞在していたのである。カリダッは、ラモン・メルカデルの許婚者とみなされていた当時一九歳のレナ・イムベルトほかＰＳＵＣメンバーからなる一行とともにいた。一行のメキシコ訪問の目的は、内戦で孤児となった子供たちの庇護をメキシコで与えるために、その可能性を模索するとともに、ＰＣＭ系の教員連盟のスペイン共和国政府への支援強化を要請することにあった。

3 ラモン・メルカデルのその後

一九四〇年八月三一日、メキシコ駐在のベルギー臨時代理大使ワルテル・ロリダンほか一名が「モルナール」と会見した。そして、ロリダンは九月二日に報告書をメキシコ警察に提出し、「モルナール」

がベルギー国籍であることを否定する見解を伝えている。ベルギー政府にとっても、トロツキー暗殺犯が自国民であるかどうかに関して真剣に憂慮したのであろう。報告書は、次のように書かれていた。

「私が、容疑者ジャクソン・モルナールと八月三一日の土曜日に行なった会見は、ジャクソンがベルギー国籍ではないこと、彼はベルギーを知らなかったこと、また、その点についての彼のあらゆる供述は嘘だということ、を私に確信させた。

一、容疑者は、ベルギーの全権公使の息子であり、また、テヘランのベルギー公使館で生まれた、と主張する。しかし、モルナールという名のベルギーの外交官は存在しなかったし、また、一九〇四年から一九〇八年まで、ペルシアでのベルギー国の代表者は、マルク・シセルステベンス氏であり、一九〇八年にハベニス氏がその後を継いだ。私がジャクソンに、彼の父親が外交官として順次にどんな地位についていたのか、と尋ねたときに、彼は、自分はまったく知らない、と答えた。自分の父親についての息子のそのような無知は少なくとも驚きである。

二、容疑者は、「領事館書記官」（その称号はベルギーにはない）だと主張した彼の兄のついた地位についても、同様に知らなかった。しかし、彼は、自分の兄がベルギーのブリュッセルで、外務省にではなく休職して実際にいる、と思っている。

三、殺人者は、ブリュッセル大学の理学部で学んだと主張した。私は彼に、自分が同じ大学を出た、といい、また、彼がどんな教授を思い出すかを聞いてみた。彼は私に一人の名前も挙げることができなかった。

四、容疑者は、ディスミュード（どんな軍事学校もないフランダースの小さな町）にある、軍事学校に学び卒業したと主張する。世界中の国々と同じように、ベルギーにおいても、軍事学校の規律は一番厳しいものだ。それにもかかわらず、ジャクソンは聴講生としてブリュッセル大学の講義を聴く資格を獲得した、と主張している。ブリュッセルはディスミュードから一三〇キロある、と付け加えておこう。

五、ジャクソンは、ブリュッセルのワーテルロー通りの森のそばにある聖イグナス・デ・ロヨラ中学（この中学は存在しない）で教育を受けた、といっている。しかし、ブリュッセルのイエズス会の学校は、その町の他の区域にある。

六、容疑者は、自分の父親が長いあいだ「デュ・アブル」通りの一番地に住んでいた、と主張する。ブリュッセルに「デュ・アブル」通りなどはないが、「ド・ヴァーヴル」通りはある。その一番地にはブリュッセルの人々によく知られている百貨店がある。容疑者は初めのうちは、母親が商店には住んでいなかった、といったが、次に、おそらく私の懐疑的な態度に気がついて、「下の方には商店があり、私の母が住んでいたのは上の方だ」とつけ加えていった。

七、ベルギーで軍事学校の講義を最後までつづけて聴いたという、そしてまた、フランダースにあるディスミュードで学んだと主張する人物は、少なくとも、フランドル語の基礎をいくらか知っているはずである。ところが、その容疑者は、私がフランドル語で彼に話したまったく単純な言葉も、ぜんぜん理解しなかった。しかし、それにもかかわらず私に「いいえ」（フランドル語で「ネーン」）と答えようとして、彼はドイツ語で「ナイン」と答えた。ベルギーに――たとえわずかな時間でも――滞在した外国人は、「いいえ」がフランドル語で「ネーン」ということをよく知っている。

以上のことと殺人者による他の答えとから、私の部下のバスタリティ氏と私自身とは、われわれが彼と行なった会見から彼がベルギー人でないこと、また、彼がベルギーを知らないことを確かめることができた。」(ゴルキン、前掲書)

こうして、「ジャクソン・モルナール」がベルギー人ではないことは明白な事実となっていった。しかし、メキシコ警察にはこのトロツキー暗殺犯の正体がつかめない状態が続いた。

九月三日、トロツキー暗殺事件の審問判事ラウル・カランサ・イ・トルヒーヨは、二人の犯罪心理学者、メキシコ国立自治大学社会医学部長であったホセ・ゴメス・ロブレダと、メキシコ大学法律・社会科学部犯罪学教授のアルフォンソ・キロス・キュアロンを暗殺者の心理調査担当に任命した。当時のメキシコの裁判制度によれば、警察・検察の調査とは別に、刑期と禁固の場所に関する判事の判断を補助するために、問診による調査を行なうことが可能であった。二人の犯罪学者は、六カ月間にわたり、計九七二時間をメルカデルとの対話に費やした。しかし、彼らとの対話の中においても、メルカデルは自分の正体を明かすことはなかった(レヴィン、前掲書)。

検察側は予謀殺人で二〇年、武装襲撃で二年、武器の不法所持で一年の計二三年を求刑した。一九四三年四月一七日、メルカデルは「ジャクソン」名のまま、予謀殺人罪で一九年六カ月、武器の不法所持で六カ月、計二〇年の禁固刑を宣告された。メルカデルは判決を不服とし控訴したが、一九四四年五月一九日、控訴審は一審判決を支持し、控訴を棄却した。メルカデルは下獄し、一九六〇年に刑期を終えるまで服役した。

メルカデルを獄中から救出しようとする企てが組織されたこともある。一つは、かつてスペイン内戦時に国際旅団の米国人部隊のリンカーン大隊に参加したヤコブ・エプスタインを中心とするグループが、一九四二年と四三年にニューヨークとメキシコ・シティを結んだ通信網を把握していた。エプスタインはその後、パーヴェル・クラーリンとともにメキシコへ行った。また、米国人女性ジャーナリストのヘレン・レヴィ・サイモン・トラヴィス、ニューヨークの女性高校教師アナ・ボゲル・コロムス、メキシコ側ではエンリケ・デ・ロス・リオス名の人物が関与していた趣である。しかし、米国政府当局が彼らの間で交わされていた通信を察知したため、企ては頓挫した（レヴィン、前掲書）。

他方、カリダッ・メルカデルはソ連邦での生活に不満を募らせたことと、ラモン・メルカデル救出をベリヤやスドプラトフに嘆願したにもかかわらず、NKVDが動かないことに業を煮やして、キューバ大使館に亡命すると脅迫したことが功を奏して、一九四五年三月にメキシコには行かないとの条件つきでキューバへ行くことを許可された。しかし、カリダッは約束を守らずにキューバ到着後にメキシコへ向かい、ラモン・メルカデルの救出を図ろうとした。

トロツキーの死後、メキシコにはポーランド出身のクッペルを責任者とするNKVDの下部組織が置かれていた。その任務は数万人に及ぶ亡命スペイン人の監視と、ラモン・メルカデルの保護の名の下での監視にあった。ラモン・メルカデルの獄中生活はすべての面でクッペルの仲介で行なわれていたが、カリダッ・メルカデルがソ連邦の旅券を所持してメキシコに来たことがクッペルらとの争いの原因となった。クッペルは、正体がまだ判明していないラモン・メルカデルにカリダッが会うことをあらゆる手段を使って妨害しようとした。

他方、カリダッは再審を請求してラモンの減刑を得て、早期釈放を獲得しようとした。しかし、裁判所はラモン・メルカデルが真の身元を隠し続けていることを理由に再審も減刑も拒否した。そのため、カリダッはクッペルに対してラモンの脱獄を企ててくれるよう依頼したが、このようなカリダッの存在がクッペルらには厄介なものになっていった。クッペルはカリダッ殺害をはかろうとしたのか、彼女が奇跡的に自動車事故から免れる事件が起きた。この事件をきっかけとして、一九四五年一一月にカリダッはメキシコを発って、長男のホルへと娘のモントセルラートが住むパリに行き、二度とメキシコには戻らなかった。

ラモン・メルカデルの救出計画が図られたことは事実のようである。だが、詳細は判明していない。弟ルイスはこの件について、「ラモンが後で私に語ってくれたところによると、彼を脱出させる計画が一九四四～四五年に作成されたのですが、母の軽率で無規律な行動のために失敗に終わったそうです。母のしくじりで自分がさらにもう一五年間獄中で過ごさなければならなかったことでラモンは決して母を許すことができませんでした」と述べている（ポロノスキー「ラモン・メルカデル　報われなかったトロツキー暗殺者」）。カリダッの「軽率で無規律な行動」とは何を指しているのか。NKVDとの約束に反してメキシコに行ったことが、全体的な計画を狂わせてしまったということであろうか。

メキシコ滞在中にカリダッは、当時メキシコに住んでいた親しいスペイン人の友人たちの一人に近づいて、支援を求めたこともあった。彼女はモスクワでの苦しい日々の間に、その人物を助けたことがあった。その人物とは、エンリケ・カストロ・デルガードである。カストロ・デルガードは、トロツキー殺害犯がメルカデルであることをゴルキンに告げる人物となる。ゴルキンは、カストロ・デルガードの言説に基づき一九四八年に発表した記事の中で、この事実に初めて言及している。

カストロ・デルガードは一九〇七年にマドリードに生まれ、ジャーナリストとなり、一九二五年にスペイン共産党に入党した。内戦勃発後は第五連隊に所属し、共産党内では中央委員と政治局員にもなった。人民戦線政府の敗北後はソ連邦に逃れたが、一九四四年に共産党と訣別、コミンテルンから追放された。ソ連邦で不安定な状態に陥ったが、モスクワで知り合ったカリダッの援助でソ連邦を脱出し、メキシコに在住していた。

そして、カストロ・デルガードの説を裏づけたのは、メキシコの犯罪心理学者キロス教授であった。一九五三年八月二〇日、刑期の三分の二を終え、仮釈放の資格が発生した日に、連邦刑務所長フロレンシオ・ロヨが、スペインから受け取った公式記録により、「モルナール」がラモン・メルカデルであることは疑問の余地がないと声明した。

ロヨ所長による発表の三年前、一九五〇年九月、キロス教授はメキシコ国立大学の代表としてパリで開催された世界犯罪学会議に出席した。キロス教授は、その機会を利用して「モルナール」の身元を確認してみようと決心し、「モルナール」の指紋のセットをメキシコから持っていった。キロス教授はまずバロセロナの警察本部で指紋照合を依頼したが、スペイン内戦時に、市を支配していた共産主義勢力が政治犯の記録を処分したとの回答を得た。次にキロス教授はマドリードに行き、警察本部の指紋の専門家を訪ね、指紋照合を依頼したところ、専門家は「ハイメ・ラモン・メルカデル・デル・リオ」の指紋に該当するとした。一九三五年六月一二日にメルカデルがバロセロナで共産主義組織のメンバーであるとの告発で逮捕されたときに取られた指紋と一致したのであった。キロス教授は指紋の写しとともに、メルカデル一家の写真資料を入手したが、その中には母親カリダッとメルカデルの写真が含まれていた。このようにして、メルカデルの正体が初めて確認された。そして、一九五三年八月のロヨ所長の発表によって、メルカデル自身も正体がばれた事実を知った。しかし、メルカデルは刑期を終えるまで、それを認めようとはしなかった（レヴィン、前掲書）。

弟ルイスによれば、メキシコの刑務所を出てからのラモン・メルカデルの人生は次のとおりであった。メルカデルはメキシコからキューバに行き、キューバからリガまで船で渡ってソ連邦入りした。モスクワ市内の地下鉄のソーコル駅近くに四部屋家具なしのアパートを割り当てられ、四〇〇ルーブルの年金を支給された。一九六一年にはソ連邦英雄勲章を授与され、マラホフスカの休暇用別荘を使用することも認められた。メルカデルは、メキシコの獄中時代に監房に食事を運んだ女性の娘である先住民系のラケル・メンドサと結婚した。ロシア語のできない二人にはモスクワでの生活は多難であったらしい。ラケルはモスクワ・ラジオのスペイン語アナウンサーとして働いた。一九六三年、二人は父親がメルカデルの友人であったスペイン人亡命者の遺児、一一歳の男の子アルトゥールと生後六カ月の女の子ローラの二人を養子に迎えた。

ソ連邦生活の長い弟ルイスは、兄ラモンがモスクワで住みづらそうにしているのを見て、キューバに行ったらどうかと説得していた。長い間、メルカデルは弟の提案を拒否していたが、ついに考えを変え、フィデル・カストロ首相（当時）に手紙を書いた。カストロから「来たまえ」との返事が来たため、ソ連邦当局がキューバ行きを許可するまで三カ月を要した後、当時のアンドロポフＫＧＢ議長の許可を得て、ようやく一九七四年五月にソ連邦を出発した。

キューバにおいてラモン・メルカデルは、フィデル・カストロの個人的な客として厚遇され、肉体的にも精神的にも回復したので、内務省との協議の下で、二〇年間投獄された経験から現地の刑務所収監者の生活改善に努めることになる。キューバにおいて、メルカデルはようやく安住の地を得たのである。

一九七八年一〇月一〇日、メルカデルはキューバで死亡した。享年六五歳。遺言に基づいて遺体はひそかにモスクワに戻され、葬儀の後、クンツェヴォ共同墓地に「ラモン・イヴァノヴィチ・ロペス」の名で埋葬された（ポロノスキー、同前）。

暗殺者となったラモン・メルカデルの出所後の人生は安らかなものではなかった。ロシアに安住することさえできなかった。殺人を犯したのであれば当然の報いであろう。人間には他の人間を殺す権利はない。ラモン・メルカデルがトロツキーを殺害したことを「正義」と信じ、後悔しなかったとしても、一人の人間の生命を奪った罪はあまりに重い。それに、トロツキーを殺害しても、トロツキズムの思想と運動を抹殺することはできなかった。トロツキズムの運動は、第二次世界大戦後、スターリニズム批判を思想的軸として、各国のスターリン派の共産党を批判する勢力として、ヨーロッパ、北アメリカ、ラテンアメリカ、アジアにおいてトロツキーの生前以上に大きな運動となって拡大していくのである。

補　論

クロンシュタット叛乱とトロツキー

クロンシュタット軍港で蜂起した水兵

一九二一年三月二日、ペトログラードの近郊に存在するクロンシュタット軍港で、ボリシェヴィキの独裁に反対する一万数千人の水兵・兵士・労働者による叛乱が勃発した。叛乱は三月一七日、共産党系部隊の攻撃によって粉砕された。そして、この叛乱において見られた叛乱側の主張と、ボリシェヴィキ側の姿勢の間に、その後のソ連邦の行く先を暗示する問題が存在した。

叛乱はヨーロッパ戦線における内戦終結の三カ月後に勃発した。その当時、ロシアは戦争から平和への移行に向けた不安定な時期にあった。世界大戦、革命、内戦と続いた動乱がようやく終結し、帝国主義列強もボリシェヴィキ政権の崩壊への当面の期待を捨て、干渉戦争を停止した。国外の情勢は急速に改善されつつあり、ソ連邦政府はポーランド、フィンランド、エストニア、ラトヴィア、リトアニア、ペルシア、アフガニスタン、トルコなど周辺諸国との平和友好条約の締結を急いでいた。

しかし、国内的には難局に直面した。内戦の結果、経済的には崩壊状態にあった。そのためボリシェヴィキは、内戦に対処するために構築された「戦時共産主義」体制を継続するか、緩和するかの選択を迫られていた。「戦時共産主義」体制は、社会生活のあらゆる分野における政府統制の極端な中央集権化を特徴とした。とくに、国民の多数を占める農民の憎悪の対象となっていたのは食糧の強制的徴発であった。レーニンは、「戦時共産主義」の本質は、軍隊の需要を満たすため、また労働者の生命を維持してゆくために、農民からその余剰の一切を、またときには余剰ばかりでなく農民が食べるために必要とした穀物をも取りあげたことにあった、と述べている。

プロレタリア独裁を遂行してゆく上で、農民を戦術的同盟者として必要としたボリシェヴィキは、一九一七年一〇月二六日と翌一九一八年二月一九日に土地布告を発して、農地を家族単位によって耕作される小保有地に分割した。しかし、内戦中に「戦時共産主義」体制下で行なわれた食糧の強制的徴発は農民層にボリシェヴィキ政権に対する怨嗟を嵩じさせた。他方で、都市部では労働者層の食糧不足への不満も高まり、闇流通を阻止するために設立された道路遮断分遣隊の活動や、内戦終了により除隊となった赤軍兵士を労働部門に転用した「労働の軍隊化」に対する反発も強く、「戦時共産主義」体制に対する不満が全国的に蔓延しつつあった。とくに農村では、クロンシュタットで叛乱が勃発する直前の一九二〇年一一月より爆発寸前の状態にあり、とりわけ西シベリアに発生した農民騒擾はシベリア鉄道沿線の連絡を途絶えさせ、ヨーロッパとロシアの食糧不足を悪化させていた。各地で発生した農民騒擾で示された要求は強制的徴発の終了に収斂されていた。

こうした中で、一九二一年二月二三日にペトログラードのトルボチニイ工場において、食糧供給援助への諸措置の実施（地域的な市場の再設置、市から半径三〇マイル以内の旅行の自由化等）を求めるストライキが勃発した。ストライキ参加者は街頭における大衆的デモを組織し、バルシスキイ工場、ボーマン工場、ブチロフ工場へとストライキは拡大した。労働者側の要求は、食糧供給改善を求める経済的要求から、言論および出版の自由や、労働者政治犯の釈放など世辞的要求を前面に出すようになっていった。

これに対してボリシェヴィキ指導部は、防衛委員会を設置し、ペトログラード市全域および周辺地域のそれぞれに地方党指導者、地方ソヴェト指導者、各地区の軍事人民委員を中心とした下部委員会を設置した。そして、翌二四日に防衛委員会はペトログラードに包囲状態宣言を発し、夜間一一時以降の外出禁止、集会・会合の全面禁止を布告した。また、党員に総動員令が発令され、特別部隊が編成され、ストライキ指導者の逮捕が開始された。こうしてペトログラードの労働者蜂起は未然に防がれることになるが、これがクロンシュタットの叛乱に影響を与えた。

二月二六日、クロンシュタットの水兵たちは、ペトログラードで進行している事態を知るために代表団を派遣し、この代表団は数多くの工場を訪れて、二八日にクロンシュタットに帰着した。同日、代表団の報告を受けた戦艦「ペトロパブロフスク」の乗組員は、事態を討議した後、以下のような決議を採択した。

「①現在のソヴェトは労働者と農民の意志を表現していない事実にかんがみ、すべての労働者と農民への事前に扇動を行なう自由とともに、即時秘密投票による新選挙を実施すること。

②労働者と農民に、アナキストと左翼社会主義諸政党に、言論および出版の自由を与えること。

③労働組合と農民諸組織に対する集会・結社の自由を確保すること。

④遅くとも一九二一年三月一〇日までに、ペトログラード、クロンシュタット、およびペトログラード県の労働者、赤軍兵士、および水兵の無党派会議を召集すること。

⑤労働運動ならびに農民運動との関連において投獄されているすべての労働者、農民、兵士、および水兵と同じく、社会主義諸政党のすべての政治犯を釈放すること。

⑥監獄と強制収容所に抑留されている者たちに関して再検討を行なう調査委員会を選出すること。

⑦いかなる政党もその理念の宣伝において特権を与えられたり、かかる目的にたいして国家の財

政的援助を受けてはならないがゆえに、すべての政治部を廃止すること。その代わり、地方的に選出された国家によってまかなわれる、文化ならびに教育審議会が設置されるべきこと。

⑧すべての道路遮断分遣隊を即時撤収すること。

⑨健康に害のある職種に雇われている者を除いて、すべての勤労人民の配給量を平等化すること。

⑩工場と作業場において監視の任務につけられている共産党警備隊と同じく、軍隊のすべての部署における共産党戦闘分遣隊を廃止すること。そのような警備隊あるいは分遣隊が必要であると判明したときには、それらは軍隊では卒伍から、工場と作業場では労働者の判断によって任命されるべきこと。

⑪農民が自身の手段で、すなわち、雇用労働を用いることなく経営するという条件のもとで、農民に土地に関する完全な行動の自由を、また家畜を所有する権利を与えること。

⑫われわれの同士士官学校生徒（クルサントゥイ）と同じく、軍隊のすべての部署に、われわれの決議に裏書きを与えるよう要請すること。

⑬新聞がわれわれの決議の一切を広範に報道するよう要求すること。

⑭巡回統制局を任命すること。

⑮自身の労働による自由な手工業生産を許可すること。」（アヴリッチ『クロンシュタット　一九二一』）

この「ペトロパブロフスク」乗組員会議の決議（「クロンシュタット決議」）は、全クロンシュタット水兵総会、および全クロンシュタット労働者大会において賛成され、叛乱の政治的綱領となった。「クロンシュタット決議」の中心的な論点は、ボリシェヴィキ化したソヴェトを否定し、ソヴェトは労働者階級の政治的傾向のすべてに対して完全に公平であらねばならないとの原則にあった。

三月一日、全水兵総会が開催され、ボリシェヴィキから全ロシア・ソヴェト執行委員会議長のカリーニンや、バルチック艦隊政治委員のクズミンも出席して演説したが、二人は出席者を説得できず、総会は「クロンシュタット決議」を採択した。翌二日に代議員大会が開催され、この大会も圧倒的多数で「クロンシュタット決議」を採択し、新たなソヴェトの選出問題の検討作業を開始するとともに、ボリシェヴィキの報復に備えて臨時革命委員会を形成して、市と要塞の行政権を委任した。同日午後、臨時革命委員会の指揮の下にクロンシュタットの水兵・住民は、市の戦略的要所をすべて占領し、国営施設、参謀本部、電信電話局を接収した。すべての軍艦と連隊で委員会が選出された。午後九時までに堡塁や赤軍の諸部隊のほとんどが臨時革命委員会の指揮下に入った。

三月三日朝、『臨時革命委員会イズベスチャ』第一号が発行され、次のような主張を掲げた。

「国家の主人公である共産党は、自らを人民大衆から切り離してきた。党は、この混乱状態から国を救い出す能力がないことを明らかにしている。ペトログラードやモスクワにおいては、党が労働者大衆の信頼を喪失してしまったことを明白に示す無数の事件が、最近続発している。党は、労働者大衆の要求が反革命的活動の結果であると信じているがゆえに、これらの要求を無視し続けている。この点で、党は、深刻な誤謬を犯しているのである。」（メット『クロンシュタット叛乱』）

これに対して、ボリシェヴィキは、クロンシュタットの叛乱を白衛軍や協商国（第一次世界大戦時のイギリス、フランス等）によって組織されたものであると決めつけた。三月一日のモスクワ放送は次のように放送した。

「白衛軍の陰謀に対して闘争せよ。他の白衛軍の叛乱とまったく同様に、前将軍コズロフスキーおよび戦艦「ペトロパブロフスク」乗組員の謀反は、協商国スパイによって組織されてきたものである。このことはコズロフスキー将軍の叛乱の二週間前に、ヘルシングフォルスから送られた「われわれは、最近のクロンシュタット叛乱の結果、ボリシェヴィキ軍当局が、クロンシュタットを孤立させ、クロンシュタットからの兵士、水兵がペトログラードへ入ってくるのを阻止するために、あらゆる措置を講じたという報告をペトログラードから受けとっている」というような記事をフランスの『ル・モンド』紙が発表したという事実からみて、明白である。

それゆえ、クロンシュタット叛乱は、パリから指導されていることは明らかである。フランスの反革命スパイどもは、事件の全体にわたって関係しているのだ。歴史は繰り返される。パリに総司令部を設けている社会革命党は、ソヴェト権力に対する叛乱の土台を準備しつつある。土台は完成され、彼らの真の主人、帝政派将軍が姿を現した。社会革命党に続いて権力の座に座ったコルチャックの歴史が、繰り返されているのだ。」(メット、前掲書)

このようにボリシェヴィキは、叛乱の背後には白衛軍や協商国の存在があると主張した。しかし、それは表向きの姿勢であったにちがいない。レーニンやトロツキーらのボリシェヴィキ指導部は、叛乱が単なる「将軍たちの叛乱」ではなく、クロンシュタットから対岸に拡大した場合には、騒動が全国に広がり、農民との同盟関係を崩壊させ、ひいては革命を挫折させせかねない危険性をもつものであると認識していた。それに、モスクワ放送で流された情報は、正鵠を得たものではないことはボリシェヴィキも承知していただろう。

まず、コズロフスキー将軍が政治的指導力のある人物ではないことをボリシェヴィキは認識していた。アレクサンドル・ニコラエヴィチ・コズロフスキーはクロンシュタットにいた唯一の将軍ではあったが、砲兵出身でボリシェヴィキに最初に帰順した軍人の一人であり、たまたま砲兵指揮官として任務についていたが、共産党員の要塞司令官が逃亡してしまったために、軍事専門家としてアドバイザー的役割で協力するために残留していたにすぎない。しかし、ボリシェヴィキは白衛軍の脅威を誇大宣伝するために実像とはかけ離れたコズロフスキー伝説を流布したのである。

次にボリシェヴィキは、叛乱がメンシェヴィキや社会革命党（ナロードニキの流れをくむ革命政党。革命後、ボリシェヴィキと対立し、弾圧された）に影響され、援助を受けたものであったとの虚像を捏造した。そしてレーニンは、三月八日に開始された全ロシア共産党第一〇回大会における演説で、陰謀はフランス対敵諜報部との連携の下にロシア人亡命者によってパリで策定され、ロシア赤十字も関与している、クロンシュタットが選ばれたのは、ペトログラードへの近接性や西部国境からのアクセス可能性によって決定されたものであると主張した。

レーニンの主張の根拠として、カデット党などの反動団体が一九一八年に結成され、内戦敗北後はロンドン、ベルリン、ゲルシンクフォルスに亡命拠点を置いていた国民中央部（ボリシェヴィキに対する闘争のためにロシア国内において結成された地下組織）が作成したとされる「クロンシュタットにおいて蜂起を組織する問題に関する覚書」（以下、「秘密覚書」）が指摘されている。秘密覚書は無記名だが、一九二一年の日付をもち、予想された叛乱のための詳細な計画が記載されていた。内容的には、ヴィボルグにいた国籍離脱者でロシア赤十字ヴィボルグ支部長のツェドレル元ペトログラード大学教授によって同年一月から二月初旬の間に作成されたものと見られる（アヴリッチ、前掲書）。

秘密覚書は、来春にボリシェヴィキに対する不満から水兵の蜂起が勃発するであろうと予言し、「小さなグループが迅速かつ断固たる行動によってクロンシュタットにおいて権力を奪取するなら」、艦隊と守備隊の多くが彼らに従うであろうし、「水兵の間には、そのようなグループがすでに形成されており、もっとも精力的な行動に出る用意と能力を備えている」とし、もし外部からの援助が確保されるなら、「その蜂起の成功を完全に計算することができよう」と結論づけていた。また、秘密覚書はフランスの援助によって食糧供給を行ない、これをウランゲリ将軍の旧ロシア陸軍や黒海艦隊によって援護する必要性を説いていた。これらの主張から、覚書の作成者は蜂起が解氷後に発生すると予想していたことがわかる。この秘密覚書が、白衛軍による陰謀説の根拠とされてきた。

しかし、秘密覚書が予想したとおりには事態は進展しなかった。すなわち、叛乱は解氷前に勃発してしまったのである。そして、ボリシェヴィキ側も、陸上からの攻撃を困難にし、西部国境からの軍事援助が到達しやすくなり、クロンシュタット軍港内にいる戦艦「ペトロパブロフスク」や同「セバストポリ」が海上を移動することが容易になる解氷前に攻撃を開始することになる。

このような中、社会革命党はチェルノーフ元憲法制定会議議長が、叛乱勃発後に亡命先よりクロンシュタットの臨時革命委員会宛てに電報を打ち、援助を申し入れたが、委員会側は当面援助を辞退すると回答している。他方メンシェヴィキは、内戦中から白衛軍をボリシェヴィキより大きな悪とみなして、体制への武装蜂起に反対し、反革命に加担するメンバーを除名してきたが、クロンシュタットの叛乱に際しても、ボリシェヴィキ体制に対する批判にもかかわらず、ボリシェヴィキ政権に対する武力闘争は反革命勢力を利するにすぎないとの信念を維持し続け、クロンシュタットの水兵には同情しながらも、国民中央部や社会革命党とは異なる態度を示した。

したがって、クロンシュタットの叛乱が外部から組織され支援されたとする外部陰謀説には根拠がない。逆にクロンシュタットの叛乱は、「戦時共産主義」体制に対する不満を背景とした自然発生的な事件であった可能性が高い。

アヴリッチは、次のように述べて自然発生説をとっている。

「蜂起は自然発生性の刻印を帯びており、決意を固めた指導者の一団が前面に立ったという事実は、その反対に証拠を提供しないのである。（中略）クロンシュタットの場合、叛徒の行動にはいかなる注意深い事前の準備を示唆するものもほとんどなかった。もし前もって整えられた計画があったなら、たしかに水兵はもう二、三週間氷が解けるのを待ち、それによって歩兵の攻撃の危険性を除去し、同時に二隻の戦艦を行動のために解放し、そして西からの供給ルートを切り開いたことだろう。」

「クロンシュタットのきわだった特徴はその自然発生性、それが同じ時期の農民一揆および労働者騒擾と分かち合っていた特徴、であったからである。」（アヴリッチ、前掲書）

また、メットも次のように自然発生説をとっている。

「蜂起はあらかじめ立案された計画に従って起こったのではなかった。誰もそれが、必然的に起こるであろうなどとは予期していなかったのだ。」

「クロンシュタットの叛乱者たちは、無色無定形の大衆であった。だが、そのような大衆が、ときたま信じられないほどの政治的覚醒を示すことがあるのだ。かりに彼らのなかに若干の「高度の」政治的分別を有する人びとが存在したとしたら、あの蜂起は決して起こらなかったといってよい。というのも、こうした人びとは、まず第一に叛乱者の要求がクレムリンの政策と最悪の衝突を引き起こすものであること、第二に当時のあの時点においては政府は充分強固に権力を掌握しており、自己の見解や計画に本気で敵対しようとするいかなる傾向をも冷酷無情に打ち倒せると自信をもっていること、を理解していたであろうからである。」（メット、前掲書）

三月七日、ボリシェヴィキ政権は約二万人の共産党部隊、チェカ（CHECA）部隊、士官学校生徒（クルサントゥイ）など忠誠な部隊だけを動員してクロンシュタットに対する猛烈な攻撃を開始した。しかし、クロンシュタット側の防衛は堅く、最初の攻撃は二日間で失敗に帰した。一五日、ボリシェヴィキは第一〇回党大会において強制徴発を廃止して現物税制に代え、「戦時共産主義」体制から脱する第一歩を画した。しかし、叛乱側の中心的な要求である労働者民主主義に関しては何ら改善策は講じられなかった。

第一波の攻撃後、クロンシュタットでは食糧も弾薬も尽きかけていた。ボリシェヴィキ側は、一六日午後二時二〇分、各地から動員された約五万人の精鋭部隊による総攻撃を敢行した。一八日未明まで抵抗した堡塁もあったが、一七日にはクロンシュタットは陥落した。同日夜にはペトリチェンコ臨時革命委員会議長をはじめとする幹部が国境を越えてフィンランド領に逃亡した。その後、フィンランドに越境した逃亡者は水兵と兵士を中心として八〇〇〇人を超えた。ボリシェヴィキ側の死傷者は一万数千人、叛乱側は死傷者一六〇〇〇人、捕虜二五〇〇〇人に達したといわれる。クロンシュタット陥落後にフィンランドに亡命した八〇〇〇名の人々の大半はその後帰国したが、ほぼ全員が家族を含めて監獄や強制収容所で死亡した。

トロツキーはクロンシュタット鎮圧に関する責任を否定している。彼はクロンシュタットの叛乱が発生した際、軍事人民委員兼革命軍事評議会議長であった。確かに、叛乱発生の当日にはトロツキーはウラル地方を視察中であったものの、三月五日に叛乱側に最後通牒が発せられた時点ではペトログラードにいた。共産党部隊はトハチェフスキーが、チェカ部隊はジェルジンスキーが指揮をとり、ペトログラード委員会議長のジノヴィエフが全政治的責任をとるべき立場にあったのは事実であるが、トロツキーは叛乱鎮圧のための全般的責任を行使する立場にあった。そして、少なくともクロンシュタットに対する攻撃を肯定する姿勢をとったことは、その後に行なった発言からも明らかである。

一九三八年一月一五日付で執筆した「クロンシュタットをめぐる非難・弾劾」と題する論稿においてトロツキーは、ボリシェヴィキがクロンシュタットの水兵に武器を向けたことへの非難に対し、一九一七～一八年頃のクロンシュタットの水兵は赤軍の平均以上の水準にあったが、内戦期にペトログラードの労働者とともに前線に動員され、その後に補充された水兵は「まったくやる気のない連中を大勢かかえていた」と述べ、「社会的・政治的な相違点を確認することが不可欠なのだ」と主張して、クロンシュタット攻撃を擁護した。そして、「クロンシュタット蜂起が、社会革命の試練とプロレタリア独裁の厳しさにたいする小ブルジョアジーの武装的抵抗にほかならぬことがはっきりわかるだろう」、「社会革命党=アナキストのソヴェトは、プロレタリア独裁から資本主義の復活への橋渡しの役を果たしえたにすぎない。その参加者の〈理想〉がどうであれ、それらは他の役割を果たすことはできなかったのだ。クロンシュタット蜂起は、このように反革命的性格を持っていたのである」と述べ、叛乱が反革命にすぎなかったと強調した。そして、「ボリシェヴィキは、火がついたときにできるだけ早く消し止め、犠牲者の数を最小限にとどめることが義務だと考えたのである」と論じて、クロシュタット鎮圧をあくまで擁護し続けたのである（メット、前掲書）。

さらにトロツキーは、同年七月六日付の「再びクロンシュタット鎮圧について」と題する論稿においても個人的責任を否定している。

「事件の真相は、私個人はクロンシュタット叛乱の鎮圧にも、それに続く弾圧にも、一切関与していなかったということである。だがこの事実そのものは、私にとって何の政治的意味も、持ってはいない。私は政府の一員だったし、叛乱の鎮圧が必要だとも考えていた、だから鎮圧については責任を負っているのだ。こうした限定のもとに、私はこれまで批判に応えてきたにすぎない。（中略）叛乱は、私がウラル地方に滞在中に起きた。ウラルから私は、第一〇回党大会に参加するためモスクワに直行した。まず平和交渉をし、次に最後通牒を出す、それでも要塞が降伏に応じなければ最終的には叛乱を鎮圧する、という決定——この一般的原則にかんする決定の採用には私も直接参加した。だが、決定が下された後は私はモスクワにとどまり、軍事作戦行動には直接的にも間接的にも関わっていない、それは完全にチェカ（CHECA）の仕事だったのだ。私がクロンシュタットに行かなかったというのは、どういうわけだったのか？　理由は政治的な性質を帯びていた。」（メット、前掲書）

そして、その理由はペトログラード委員会議長のジノヴィエフとの関係にあったとして、「あたかも党内論争で私に反対投票したことに対する〈報復〉に私が来たかのようにクロンシュタットの連中が事態を受け取るおそれがあったのだ。正しかったかどうかはともかくとして、私の態度を決定したのは、じつにこうした配慮であった。私は、この問題から完全にはっきりと身を引いた。鎮圧に関しては、私の記憶する限り、ジェルジンスキーがじきじきにその任務を引き受けたのであり、ジェルジンスキーは彼の仕事に他人が干渉するのに我慢できなかったのである」と述べている。

しかし、トロツキーが「再びクロンシュタット鎮圧について」で述べていることは事実に反するとの説もある。先記のとおり、トロツキーは三月五日にペトログラードに到着し最後通牒の作成に責任を負っているし、また叛乱側が奪取しようとした外縁部のオラニエンバウム堡塁とクラースナヤ・ゴルカ堡塁の視察も行なったとの説もある。叛乱側に最後通牒が発された三月五日から、第一〇回党大会が開始された三月八日の間にトロツキーがペトログラード周辺に滞在していたとする説が多いが（アヴリッチ、前掲書、ドイッチャー『武装せる予言者・トロツキー』）、トロツキーの表明は、ペトログラードに行った事実は否定せずに、クロンシュタットには行かなかったということを主張しているのだろうか？　トロツキーがプリンキポ島滞在中に書き上げ、一九三〇年にドイツで出版された『わが生涯――自伝的試み』には、クロンシュタット叛乱に関してはまったく記述されていない（『トロツキー自伝Ⅱ』）。意図的に触れることを避けたのであろうか？

終　章

スターリニズムとトロツキズム

トロツキーの墓碑（トロツキー博物館）

トロツキーの死は象徴的であった。筆者はそれを「ブーメラン効果」と呼ぶ。トロツキーが暗殺されたのは、トロツキー自身がロシアに構築した政治システムがスターリンによって極端化され、悪用された結果、ブーメランのように自らを傷つける刃として戻ってきたからである。

労働者民主主義を要求して蜂起したクロンシュタットの水兵・兵士たちを鎮圧した時点で、トロツキーは「戦時共産主義」体制という限定つきではあるが、労働者民主主義を抑圧する側に立った。しかも、クロンシュタット叛乱が続いていた時期に開催されていた第一〇回党大会で採択された分派活動を禁止する決議第七項に、トロツキーも賛同している。このように労働者民主主義を否定して、他の社会主義政党や党内フラクションを禁止する路線に賛同したことが、のちに自らの活動を狭めることを結果したと言える。しかし、トロツキーは一九二三年にこの誤りに気づいたとする説もある（佐々木力『生きているトロツキー』）。その説は、マンデルを引用して「理論的水準に関して言えば、一九二一年はボリシェヴィキの歴史の中でも最低の年でした。レーニンもトロツキーも、数多くの誤りを犯した」（マンデル『マルクス主義と現代革命』）が、『テロリズムと共産主義』の中のいくつかの章句や、第九回および第一〇回党大会における彼の演説は、当面の実際的手段の正当化しえぬ理論的弁解であって、マルクス主義理論を豊かにするようなものではないと見るべきである」（マンデル『トロツキーの思想』）として、「トロツキーは（おそらくレーニンとともに）ボリシェヴィキ党以外の党の非合法化、分派の禁止を一時的措置として認めただけであって、それを組織論的原則としたことはないということだろうというのである」と述べ、「完全に正当な指摘である」と論じる（佐々木、前掲書）。

マンデルが理解しているところでは、トロツキーが想定した「労働者国家は、議会制民主主義に基礎を置く国家よりさらに民主主義的であるだろう。それもその国家が、直接民主主義の領域を強力に押し広げてゆくだろうという理由からである」（マンデル『現代マルクス主義入門』）。そうであるなら、トロツキーの思想は、労働者民主主義（＝プロレタリア民主主義）とソヴェトなどを通じた直接民主主義を骨格とするものである。

＊

トロツキズムの運動が第二次世界大戦後に拡大したのは事実である。トロツキズムはスターリニズムと同じ方法論を擁護してきた。すなわち、「目的は手段を正当化する」として革命的暴力を主張する。しかし、人間には人間を殺す権利はない。革命運動であろうと、殺人は正当化されえない。これまでのマルクス・レーニン主義の一部の運動は、革命的暴力を主張して、その是非に関する考察を深めなかったために、自壊せざるをえなかった。革命的暴力を否定するということは、軍事力をもたないということである。軍事力をもつことは裏返しの国民国家の論理でしかない。革命的暴力を行使しない社会変革のあり方こそが、求められねばならない。その意味で、スターリニズムもトロツキズムも同じ誤りを犯してきたのである。

トロツキーは、一九二一年に発生したクロンシュタット叛乱に対する武力弾圧は正当化されるのかとの疑問をトロツキーにぶつけた、モスクワ裁判調査団国際委員会（デューイ委員会）メンバーのヴェンデリン・トマス（元ドイツ共産党国会議員）に対する一九三七年七月六日付回答書簡の中で、「目的は手段を正当化する」と次のように論じている。

「他の多くの人びとと同様に、貴兄もこの原理に悪の根源があると見ている。この原理は、それ自体非常に抽象的かつ合理的なものである。この原理は、大変多様な解釈を許すものなのだ。だが私は、唯物論的かつ弁証法的に――この原理の弁護を喜んで引き受けよう。然り、私は手段というものはそれ自体では善でも悪でもないし、何か絶対的な超歴史的な原理と関係があるとも思わない。自然にたいする人間の力の優位、人を支配する人間の権力の拒否をもたらすような手段は善である。このように広い歴史的な意味からすれば、手段は目的によってのみ正当化されるものである。しかし、このことは、もし〈目的〉に導くものでさえあれば虚偽や奸計、背信といったことがすべて認められ正当化される、ということを意味しはしないだろうか？　すべては目的の性質如何にかかっているのだ。もし目的が人類の解放であるならば、虚偽や背信、奸計といったものはどう見てもそれに相応しい手段ではありえないだろう。エピキュリアンたちは、その敵対者に彼らが弁護する〈幸福〉は豚の理想に堕している、と非難されたことがある。（中略）貴兄は、革命党はその敵対者たちを大衆の目に憎ませ軽蔑させる〈権利〉を持つ、というレーニンの言葉を引用されている。この発言のうちに、貴兄は非道徳主義の原理的な弁護を見ているようだ。だが貴兄は、政治的な陣営が高邁な道徳の代表者である場合があることを指摘し忘れているのだ。私の観察では、政治闘争は一般に誇張、歪曲、虚偽や中傷を広く利用するものである。」（メット『クロンシュタット叛乱』）

また、長男レオン・セドフの死の直後、一九三八年二月一六日の日付を入れて発表した「彼らの道徳とわれわれの道徳　レオン・セドフの想い出に」と題された論稿において次のように論じている。

「手段は、ただその目的によってのみ正当化されうる。だが今度は目的が正当化される必要がある。プロレタリアートの歴史的利益を表現するマルクス主義の見地からは、目的は、もしそれが自然に対する人間の力の増大と人間に対する人間の力の廃棄へと導くならば、正当化される。「しからばわれわれは、この目的を達成するためには何ごとも許されると理解すべきであるのか？」と俗物は皮肉り、彼がなにも理解しなかったことを示す。真に人類の解放へと導くものが許される、とわれわれは答える。この目的はただ革命を通じてのみ達成されうるがゆえに、プロレタリアートの解放の道徳はかならず革命的性格をもっている。それは単に宗教的ドグマとばかりでなく、あらゆる種類の観念論的偶像崇拝、支配階級のこれらの哲学的憲兵とも和解しがたく対立する。それは社会発展の法則から、したがって第一にいっさいの法則についての法則、階級闘争から、行為の規則を引き出す。」

「弁証法的唯物論は手段と目的との間の二元論を知らない。目的は歴史的運動から自然に出てくる。有機的に手段は目的に従属させられる。」(『トロツキー著作集5　一九三七—三八　上』)

このようにトロツキーは「目的は手段を正当化する」と論じるに際して、「目的が正当化される必要がある」と述べ、「社会発展の法則」、「歴史的運動」から、したがって階級闘争から行為の規則が引き出されると主張した。これに対して、デューイ委員会の委員長を務めたデューイが「手段と目的——それらの相互依存とレオン・トロツキーの「彼らの道徳とわれわれの道徳」という論考」においてトロツキーを批判している。デューイは議論を「社会的行為」という文脈に設定した上で、「彼らの道徳とわれわれの道徳」の前出の二ヵ所を引用し、目的は手段を正当化するという原理によってあらゆる手段が許されるわけではなく、「許されうるのは人類の解放に本当に導くものである」とトロツキーが述べているにことに注目し、もしこのような厳命が一貫して追求されるなら、用いられる諸々の手段の綿密な検討に導くであろうから、それは手段と目的の相互依存という健全な原理と一致すると評価する。しかしデューイは、トロツキーが「弁証法的唯物論は手段と目的との間の二元論を知らない」と述べるとき、「目的が特定の手段の使用を正当化してしまう、つまり選択された手段の使用がもたらす実際の帰結が何であるのか検討することを不要として、手段の使用をあらかじめ正当化してしまう」と批判し、目的としての「人類の解放という観念をもつことで、そうした手段が何でなければならないのかについての、いかなる固定された先入見なしに、こうした目的を達成しそうなすべての手段が、つねに検討されるべきである」と論じた（井上弘貴「探求の論理と政治の論理の間」）。

デューイは、トロツキーが示した目的と手段の相互依存性については評価しながらも、その相互依存性を口実として特定の手段が正当化されることに疑問を投じたのである。いずれにせよ、トロツキーは社会発展の法則という限定を付した上で、階級闘争の規則という目的から手段が正当化されると主張した。そして、「戦時共産主義」体制の下でという条件付きではあるが、クロンシュタット鎮圧をも正当化したのである。

トロツキーは一九三六年八月に脱稿した『裏切られた革命』の中で、プロレタリアートに依拠する共産党以外の政党や共産党内のフラクションの存在を許容すべきだと主張した。しかし彼は、クロンシュタットの叛乱に際してはそれを認めようとはせず、軍事人民委員会議長として、レーニンと共産党政治局が決定したクロンシュタットの弾圧を支持し、亡命後もその姿勢を変えなかった。前出のヴェンデリン・トマスへの回答書簡、前出の一九三八年一月一五日付の「クロンシュタットをめぐる非難・弾劾」および同年七月六日付の「再びクロンシュタット鎮圧について」においても、クロンシュタットで生じた武力弾圧を一貫して正当化している。その叛乱が、政治的には労働者民主主義を求める自然発生的なものと思われる事件であったにもかかわらずである。クロンシュタット叛乱は「戦時共産主義」の時期に発生したゆえに例外だとしたのだろうか？　トロツキーがスターリニズムとの闘争の中で、労働者民主主義を主張したのなら、共産党だけでなく、少なくとも他の社会主義政党の存在や党内フラクションの存在も一貫して認めるべきではなかったか。晩年のトロツキーは、このような姿勢に転換したと見るべきなのだろうか？

＊

一九九〇年代に加速化した新自由主義的な経済のグローバル化の下で、新自由主義経済モデルが採用された多くのラテンアメリカ諸国において、反「新自由主義」を掲げる左派・中道左派政権が登場している。一九九九年二月にはチャベス・ベネズエラ政権、二〇〇三年二月にはルラ・ブラジル政権、同年三月にはキルチネル・アルゼンチン政権、二〇〇五年三月にはバスケス・ウルグアイ政権、二〇〇六年二月にはモラレス・ボリビア政権が、それぞれ民主的選挙に勝利して誕生した。これら五つの政権は、キューバと連携しながら、南米における米国主導の自由貿易協定の発足を粉砕しつつ、反米（少なくとも「米国離れ」）的な対抗軸を形成し、さらに国際社会においても、中国、ロシアなどの上海協力機構に参加する諸国や同機構の準加盟国であるインド、イラン、パキスタン等や、さらにはアラブ・イスラム諸国やアフリカ諸国とも連携して、米国主導のグローバル秩序を牽制する対抗軸を形成しつつある。

これらラテンアメリカ諸国の政権は反「新自由主義」を掲げているが、新自由主義経済モデルを代替しうる選択肢をまだ明確には提示しえてはいない。唯一、チャベス・ベネズエラ政権だけが、二〇〇四年末より「社会主義」を論じるようになったものの、その「社会主義」は過渡的に協同組合社会主義の形態を採りつつあるとはいえ、まだ理論的には整合性のある新しい「社会主義」理論を提示できていない状態にある。しかし、重要なことは、新自由主義経済モデルがもたらす諸問題の克服は、資本主義システムの中には見出せないということと、多くのラテンアメリカ諸国において、民主的な選挙を通じて社会変革が実現しつつあるという事実である。過去の社会変革運動やソ連邦・東欧社会主義圏の経験を考慮するなら、非暴力的な社会変革のあり方こそが求められるべき道であろうし、またそうでなければならないだろう。トロツキーがいかに強弁しようとも、「目的は手段を正当化する」ことはできない。

であるなら、できるだけ早く新たな選択肢を作成し、新しい社会変革の方法論を構築してゆかねばならない。その中で再考すべきことは、政治権力の掌握を通じた社会変革の道はいずれは暴力的な衝突を免れないという点である。非暴力的な社会変革のあり方を模索するのであれば、選挙を通じてであれ政治権力の掌握をめざすのではなく、社会の底辺から次の歴史的段階の軸となる経済的・社会的システムを建設してゆくことである。資本主義システムに対抗する非暴力的な社会変革のあり方、これこそが人類が模索しなければならない方向性であろう。

トロツキーが、社会主義体制のあり方を問う視点からスターリニズムやソヴェト官僚主義を批判したことは間違ってはいない。しかし、クロンシュタット叛乱に対する姿勢に見られるように、自身もまた「目的は手段を正当化する」と、革命闘争の中で暴力を否定しない立場をとった。そして、同じ論理によって彼自身も死に至った。その意味で、トロツキーの死はわれわれにとって反面教師であることを忘れてはならないだろう。

主要参考文献

アヴリッチ、ポール『クロンシュタット　一九二一』菅原崇光訳（現代思潮社、一九七七年）
井上弘貴「探求の論理と政治の論理の間――政治における手段と目的をめぐるジョン・デューイとレオン・トロツキーの対話」（『早稲田政治公法研究』第六九号、早稲田大学大学院政治学研究科、二〇〇二年）
ヴォルコゴーノフ、ドミトリ・A『トロツキー――その政治的肖像　上下』生田真司訳（朝日新聞社、一九九四年）
エジュノール、ジャン・ヴァン『トロツキーとの七年間――プリンキポからコヨアカンまで』小笠原豊樹訳（草思社、一九八四年）
エレーラ、ヘイデン『フリーダ・カーロ――生涯と芸術』野田隆／有馬郁子訳（晶文社、一九八八年）
長田一編訳『トロツキー最後のたたかい』（学芸書林、一九七一年）
小田ジェームス『スパイ野坂参三追跡――日系アメリカ人の戦後史』（彩流社、一九九五年）
カー、E・H『コミンテルンとスペイン内戦』富田武訳（岩波書店、一九八五年）
――『ロシア革命――レーニンからスターリンへ、一九一七―一九二九年』塩川伸明訳（岩波現代文庫、二〇〇〇年）
工藤孝史「アンドレ・ブルトンとレオン・トロツキー――『自立した革命芸術のために』をめぐる問題」（『経済と経営』第三〇巻、札幌大学経済・経営学会、一九九九年）
コーソン、ウィリアム／ロバート・クローリー『フェリックスの末裔たち』木村明生訳（朝日新聞社、一九八九年）
ゴルキン、ジュリアン『トロツキーの暗殺』大井孝／星野昭吉訳（風媒社、一九七二年）
斎藤勉『スターリン秘録』（産経新聞社、二〇〇一年）
佐々木力『生きているトロツキー』（東京大学出版会、一九九六年）

写真集トロツキー刊行委員会編『写真集トロツキー——時代の証言［一八七九—一九四〇］ロシア革命を生きて』（柘植書房、一九九〇年）
スドプラトフ、パヴェル他『KGB衝撃の秘密工作　上下』木村明生監訳（ほるぷ出版、一九九四年）
ソ連邦司法人民委員部編『ブハーリン裁判』鈴木英夫／菊池昌典他訳（鹿砦社、一九七二年）
デュークス、ポール／テリー・ブラザーストーン編『トロツキー再評価』志田昇／西島栄監訳（新評論、一九九四年）
ディーコン、リチャード『ロシア秘密警察の歴史』木村明生訳（心交社、一九八九年）
ドイッチャー、アイザック『武装せる予言者・トロツキー　一八七九—一九二一』田中西二郎／橋本福夫／山西英一訳（新潮社、一九六四年）
——『武力なき予言者・トロツキー　一九二一—一九二九』田中西二郎／橋本福夫／山西英一訳（新潮社、一九六四年）
——『追放された予言者・トロツキー　一九二九—一九四〇』山西英一訳（新潮社、一九六四年）
——『大粛清・スターリン神話』大島かおり／菊池昌典訳（TBSブリタニカ、一九八五年）
トマス、ヒュー『スペイン市民戦争』都築忠七訳（みすず書房、一九六二年）
トロツキー、レオン・ダヴィドヴィチ『革命の想像力——トロツキー芸術論』杉村昌昭／金井毅訳（柘植書房、一九七八年）
——『亡命日記——査証なき旅』栗田勇／浜田泰三訳（現代思潮社、一九六八年）
——『スペイン革命と人民戦線』清水幾太郎／沢五郎訳（現代思潮社、一九六九年）
——『裏切られた革命』藤井一行訳（岩波文庫、一九九二年）
——『トロツキー著作集1　一九三九—四〇　上』酒井与七訳（柘植書房、一九七一年）
——『トロツキー著作集2　一九三九—四〇　下』薬師寺亘訳（柘植書房、一九七一年）
——『トロツキー著作集3　一九三八—三九　上』中野潔訳（柘植書房、一九七二年）

――『トロツキー著作集4　一九三八―三九　下』長田一訳（柘植書房、一九七二年）
――『トロツキー著作集5　一九三七―三八　上』古里高志訳（柘植書房、一九七三年）
――『トロツキー著作集6　一九三七―三八　下』初瀬侃訳（柘植書房、一九七四年）
――『トロツキー著作集14　一九三二―三三　下』湯川順夫訳（柘植書房、一九八九年）
――『トロツキー自伝Ⅱ』高田爾郎訳（筑摩書房、一九八九年）
――「ラテン・アメリカ問題――議事録」湯川順夫訳（『トロツキー研究』第三一号、トロツキー研究所、二〇〇〇年）
ナヴィル、ピエール『生けるトロツキー』浜田泰三訳（現代思潮社、一九七一年）
野本一平『宮城与徳――移民青年画家の光と影』（沖縄タイムス社、一九九七年）
藤井一行『レーニン「遺書」物語――背信者はトロツキイかスターリンか』（教育史料出版会、一九九〇年）
ブルーエ、ピエール『トロツキー3　一九二九―一九四〇』杉村昌昭／毬藻充監訳（柘植書房新社、一九九七年）
フルシチョフ、ニキータ・セルゲーヴィチ『フルシチョフ秘密報告「スターリン批判」』志水速雄訳（講談社学術文庫、一九七七年）
堀尾真紀子『フリーダ・カーロ――引き裂かれた自画像』（中央公論社、一九九一年）
ポロノスキー、A「ラモン・メルカデル　報われなかったトロツキー暗殺者」湯川順夫訳（『トロツキー研究』第三二／三三号、トロツキー研究所、二〇〇〇年）
マテュー、アラン「トロツキーの孫　エステバン・ボルコフに聞く」湯川順夫訳（『トロツキー研究』第三二／三三号、トロツキー研究所、二〇〇〇年）
マンデル、エルンスト『現代マルクス主義入門――社会的不平等から階級なき社会へ』山川はじめ訳（柘植書房、一九七八年）
――『マルクス主義と現代革命』水谷驍訳（柘植書房、一九八〇年）

――『トロツキーの思想』塩川喜信訳（柘植書房、一九八一年）
マンデル、エルンスト編『労働者管理・評議会・自主管理　上下』榊原彰治訳（柘植書房、一九七三年）
メット、イダ『クロンシュタット叛乱』蒼野和人／秦洋一訳（鹿砦社、一九七一年）
モズレー、ニコラス『トロツキーを殺した男――暗殺者のメロディー』若林健訳（鷹書房、一九七二年）
湯浅赳男『トロツキズムの史的展開』（三一書房、一九六九年）
――『革命の社会学――非ヨーロッパ世界とマルクス主義』（田畑書店、一九七五年）
――『第三世界の経済構造』（新評論、一九七六年）
ラーリナ、アンナ『夫ブハーリンの想い出　上下』和田あき子訳（岩波書店、一九九〇年）
レヴィン、アイザック・ドン『暗殺者の心理』長谷川正史訳（風媒社、一九七一年）
レヴィン、モッシェ『レーニンの最後の闘争』河合秀和訳（岩波書店、一九六九年）
ロザンタール、ジェラール『トロツキーの弁護人――歴史の闇のなかから』浜田泰三／安部住雄訳（柘植書房、一九七七年）
ロスメル、アルフレッド「地球の上をヴィザもなく（一九二九―一九四〇）」栗田勇／浜田泰三訳（トロツキー『亡命日記』所収、現代思潮社、一九六八年）
――『レーニンの下のモスクワ――革命の在りし日々に』浜田泰三・安部住雄訳（柘植書房、一九七七年）

Aguilar Mora, Manuel, *La Crisis de la Izquierda en México; Orígenes y Desarrollo*, Juan Pablo Editor, México, 1978.
Alexannder, Robert, *Communism in Latin America*, Rutgers University Press, New Brunswick, 1957.
Alva, Víctor, *Historia del Movimiento Obrero en América Latina*, Libreros Mexicanos Unidos, México, 1964.
Anguiano, Arturo/ Guadalupe Pacheco/ Rogelio Viscaíno, *Cardenas y la Izquierda mexicana*, Juan Pablo Editores, S. A., México, 1975.

Barta, Roger y otros, *La Izquierda en los Cuarenta*, Ediciones de Cultura Popular, México, 1985.

Caballero, Manuel, *Latin America and the Comintern 1919-1943*, Cambridge University Press, Cambridge, 1986.

Carr, Barry, *El Movimiento Obrero y la Política en México*, Ediciones ERA, México, 1981.

———, *La Izquierda Mexicana a Través del Siglo* XX, Ediciones ERA, México, 1996.

Chassen de López, Francie, *Lombardo Toledano y el Movimiento Obrero Mexicano 1917-1940*, Extemporáneos, México, 1977.

Clissord, Steven, *Soviet Relations with Latin America*, Oxford University Press, London, 1970.

Córdova, Arnaldo, *La Política de Masas y el Futuro de la Izquierda en México*, Ediciones ERA, México, 1979.

De Neymet, Marcela, *Cronología del Partido Comunista Mexicano 1919-1939*, Ediciones de Cultura Popular, México, 1981.

Dugrand, Alain, *Trotski; México 1937-1940*, Siglo Veintiuno Editores, México, 1992.

Gall, Olivia, *Trotsky en México y la Vida Política en el Periodo de Cárdenas 1937-1940*, ediciones ERA, México, 1991.

Horowitz, Irving Louis/ Josué de Castro/ John Gerassi, *Latin American Radicalism*, Random House, New York, 1969.

Márquez Fuentes, Manuel y Octavio Rodriguez Araujo, *El Partido Comunista Mexicano 1919-1943*, Ediciones El Caballito, México, 1973.

Martínez Verdugo, Arnoldo, *PCM; Trayectoria y Perspectivas*, Ediciones de Cultura Popular, México, 1971.

Millon, Robert P., *Mexican Marxist; Vicente Lombardo Toredano*, University of North Carolina Press, Chapell Hill, 1966.

Peláez, Gerardo, *Partido Comunista Mexicano; 60 Años de Historia I 1919-1968*, Universidad Autónoma de Sinaroa, México, 1978.

Quintanilla Obregon, Lourdes, *Lombardismo y Sindicatos en América Latina*, Ediciones Nueva Sociología, México, 1982.

Ravines, Eudocio, *La Gran Estafa,* Librosy Revistas S. A., México, 1952.

Sánchez Salazar, Leandro A., *Así Asesinaron a Trotsuki*, Populibro La Prensa, México,1955.

Taibo, Paco Ignacio II, *Bolshevikis; Historia Narrativa de los Orígenes del Comunismo en México 1919-1925*, Joaquín Mortiz, México, 1986.

あとがき

私がラテンアメリカと関わりをもったのは、一九六〇年代末に社会変革の運動に参加し始めた頃であった。初めは明確な歴史観も世界観もないままに、それらを求めて未知の世界に足を踏み入れた。キューバ革命政権によるアフリカやラテンアメリカの国々の変革運動に対する支援、チリのアジェンデ人民連合政権による社会正義の模索、ペルーのベラスコ左翼軍事政権の下での参加型民主主義の実験、ニカラグアのサンディニスタ政権による「民族解放」等々、私にとってラテンアメリカはつねに社会的な不公正の元凶である資本主義システムを覆すために社会変革の可能性を探る関心と密接に結びついていた。

私が初めてラテンアメリカの地を踏んだのは、一九七九年九月にペルーを訪れたときであった。リマ市内のペルー人家庭に世話になったが、たまたまその家族の長男が第四インターナショナル国際委員会派の社会主義労働者同盟（LOS）の幹部で、次男が同再建組織委員会派の革命的マルクス主義労働者党（POMR）のメンバーと、いずれもトロツキスト系の党派に属していた。その縁で、ペルーのトロツキスト運動の歴史や系譜について詳細を知る機会を得た。当時、ペルーにおいては、軍事政権下（一九六八～七五年のベラスコ政権と一九七五～八〇年のモラレス・ベルムデス政権）における大衆意識の覚醒と、一九八〇年の民政移管もあって左翼運動が強力で、一九八〇年代初頭にはトロツキスト勢力もウーゴ・ブランコ（邦訳著書『土地か死か——ペルー土地占拠闘争と南米革命』柘植書房、一九七四年）などのカリスマ性のある指導者の存在を通じて左翼勢力の中で大きな位置を占めており、第四インターナショナルのほとんどすべての分派潮流が総花的にペルー支部を有していた。その後、ペルーのトロツキスト各派は、左翼勢力全体の沈滞傾向と強まるナショナル・アイデンティティの模索の中で影響力を低下させ、一九九〇年代初頭には胡散霧消していった。

私は一九九〇年代後半にはメキシコに在勤した。メキシコにおいては、第四インターナショナル統一書記局派のメキシコ支部である革命的労働者党（PRT）をはじめ、かつて左翼勢力の中で重要な一翼を担っていたトロツキスト系の諸グループの多くが、メキシコ革命以来一党支配を継続してきた制度的革命党（PRI）から一九八六年に分離したクァウテモック・カルデナス（本書中のラサロ・カルデナスの子息）をはじめとする民族主義左派と、メキシコ共産党（PCM）の後身であるメキシコ社会党（PMS）を中心とした左翼諸党派の合同によって一九八九年に結成された民主革命党（PRD）に吸収されていった。また、一部は一九九四年一月一日に武装蜂起したマヤ系先住民の武装抵抗組織であるサパティスタ民族解放軍（EZLN）の合法組織であるサパティスタ民族解放戦線（FZLN）に参加していった。こうしてメキシコにおいても、トロツキスト系諸党派は一九八〇年代末には事実上消滅していった。

これらの事実は、一九八九年一一月の東西冷戦構造の終焉から一九九一年一二月のソ連邦解体にいたるプロセスが世界各地の左翼運動に与えた影響を間接的に受けたものであると見ることもできる。しかし、それ以上にトロツキズム固有の諸問題をも内包していたように思われる。とくに、ラテンアメリカ諸国においては、先進資本主義諸国とは異なって産業労働者の形成が小規模にとどまっているために、左翼諸党派は農民層をはじめとする急進的立場をとりうる諸階層と連携した変革論を提起しない限り、社会的孤立を余儀なくされる。それでもなおトロツキズムの原則に固執した場合には、運動自体が空中分解を遂げるケースが多く見られた。

こうした過去の経緯もあって、現在ではトロツキズムの系譜を引く諸グループは労働者民主主義と党内フラクションの存在を最低限尊重する路線をとるケースが多い。過去の経験からの教訓を体得してきていると評価できよう。過去のしがらみからの脱却、これがすべての社会変革運動に求められる歴史の教訓であろう。

＊

一九八〇年代の「失われた一〇年」、そして一九九〇年代の「絶望の一〇年」を経て、ラテンアメリカは現在、世界的な激動の震源地であると同時に、新しい社会変革のあり方を探る実験場になりつつある。現在、ラテンアメリカにおいては、本書で指摘したとおり、一九九〇年代末より反「新自由主義」を掲げる政権が続々と登場し、また政権到達にいたらなくとも、反「新自由主義」を掲げる候補が大統領選挙で接戦を演じるケースが頻発している。二〇〇六年二月のコスタリカ大統領選挙、同年六月のペルー大統領選挙の決選投票、同年七月のメキシコ大統領選挙では、反「新自由主義」派の候補が僅差で敗れた。だが、同年一一月に行なわれたニカラグア大統領選挙およびエクアドル大統領選挙の決選投票において、反「自由主義」を掲げる候補が勝利している。ラテンアメリカ全域において、反「新自由主義」が大きな潮流になりつつあることは間違いない。そうした中で、左翼諸党派は過去のいきさつやしがらみを払拭するために大きな努力を払ってきている。まだまだ克服されていない問題も多い。しかし、自己刷新の能力が社会的な影響力を拡大する上で重要な要素であることをわれわれは学ばねばならない。

ベネズエラのチャベス政権や、ブラジルのルラ政権などが模索している国際的な連携関係は、二〇〇一年の「九・一一」以後に顕在化した米国主導のグローバル秩序に対抗する「もう一つの国際秩序」を提起しつつあると言って過言ではない。二〇〇六年九月にキューバのハバナで開催された非同盟諸国首脳会議で明確な形となって現れたポスト冷戦期における代替的な国際秩序モデルは、イスラム諸国やアフリカ諸国の国際社会での発言力の増大とも相まって、今後さらに影響力を強めてゆくことが予想される。この方向性は、少々大袈裟な言い方をすれば、「世界共和国」へ導く方向性とでも言えようか。

*

私の三十数年にわたるラテンアメリカとの関わりの中で、資本主義システム固有の不正義を克服するための世界的な社会変革に何かしら役立てることがあるならば、私自身も人質経験をしたペルー日本大使公邸占拠事件（一九九六年一二月一七日〜一九九七年四月二二日）の実行グループであったトゥパク・アマル革命運動（ＭＲＴＡ）の人々との対話を契機として、私が再考し始めた左翼運動のあり方に関する議論を進めることであると考える。

身柄を拘束されていた間、私はＭＲＴＡのメンバーと武装闘争や合法路線のあり方や、フジモリ政権がとっていた新自由主義的な経済政策の下で社会格差が拡大していたにもかかわらず反「新自由主義」を掲げる政治主体が存在しないという政治的空白に介入する可能性などについて議論した。彼らは、寛容さのないフジモリ政権が相手では合法路線に転換できる余地はないと論じていた。だが、政治的空白が存在していたのは事実である。フジモリ政権に続いたトレド政権も新自由主義路線を継続したために社会格差の問題はさらに悪化して、二〇〇六年六月に実施された大統領選挙の決選投票では、左派のオジャンタ候補は僅差で敗れたものの善戦した。そして、この選挙戦を契機として左翼運動の再編が進んでいる。

ラテンアメリカに生じた事態は、ドイツ、フランス、スペインなどヨーロッパをはじめとして世界各地で生じている格差拡大に対する対抗運動と通底するものであり、これら各地で生じている動きと連動している。日本においても、改憲問題を契機として、〈活憲〉と反「新自由主義」を掲げる超党派の運動が始動している。ロシア革命から九〇年を経た今、本書が社会変革をめざす議論の発展に資することを願ってやまない。

本書の制作において、メキシコ留学中にトロツキー博物館に関する調査と写真撮影を手伝っていただいた瀬浪恵莉さんの協力に心から感謝する。また、前作『侵略のアメリカ合州国史』に続いて本書の出版をお引き受けいただいた新泉社と、同社編集部の安喜健人氏に深謝申し上げる。

二〇〇七年一月一〇日

小倉英敬

著者紹介

小倉英敬（おぐら・ひでたか）

1951年大阪府生まれ．1982年青山学院大学大学院博士課程中退．1986年外務省入省．中南米局，在キューバ大使館，在ペルー大使館，在メキシコ大使館勤務を経て，1998年末退官．

現在，常磐会学園大学国際コミュニケーション学部教授，国際基督教大学教養学部講師（ラテンアメリカ思想史・社会運動史，国際関係論）．

著書に『封殺された対話——ペルー日本大使公邸占拠事件再考』（平凡社，2000年），『八王子デモクラシーの精神史——橋本義夫の半生』（日本経済評論社，2002年），『アンデスからの暁光——マリアテギ論集』（現代企画室，2002年），『侵略のアメリカ合州国史——〈帝国〉の内と外』（新泉社，2005年）．

共著に『変動するラテンアメリカ社会——「失われた10年」を再考する』（彩流社，1999年），『ポストコロニアリズム』（作品社，2001年），『ラテン・アメリカは警告する——「構造改革」日本の未来』（新評論，2005年），『現代ペルーの社会変動』（国立民族学博物館地域研究企画交流センター，2005年）など．

メキシコ時代のトロツキー ——1937−1940

2007年3月10日　初版第1刷発行

著　者＝小倉英敬

発行所＝株式会社 新 泉 社

東京都文京区本郷2−5−12
振替・00170-4-160936番　TEL 03(3815)1662　FAX 03(3815)1422
印刷・萩原印刷　製本・榎本製本

ISBN978-4-7877-0701-7　C1022